AF226861

PUBLICATION DE LA RÉUNION DES OFFICIERS

MONOGRAPHIES
DES RÉGIMENTS DE L'ARMÉE FRANÇAISE

HISTOIRE

DU

5ᵉ BATAILLON DE CHASSEURS

A PIED

Par G. DE SOURDEVAL

Capitaine adjudant-major au 5ᵉ bataillon de chasseurs à pied

DIJON

PLAICHE, LIBRAIRE-ÉDITEUR
Rue Lamonnoye, 3
1876

HISTOIRE

DU

5ᵉ BATAILLON DE CHASSEURS A PIED

PUBLICATION DE LA RÉUNION DES OFFICIERS

MONOGRAPHIES

DES RÉGIMENTS DE L'ARMÉE FRANÇAISE

HISTOIRE

DU

5ᵉ BATAILLON DE CHASSEURS

À PIED

Par G. DE SOURDEVAL

Capitaine adjudant-major au 5ᵉ bataillon de chasseurs à pied

DIJON

LAPLAICHE, LIBRAIRE-ÉDITEUR

Rue Lamonnoye, 3

1876

REFRAIN

DU

5me B. DE Chasseurs

AUX CHASSEURS DU 5ᵉ BATAILLON

Mes Amis,

C'est à ceux de vos devanciers et de vos camarades qui sont morts pour la patrie que j'ai dédié ces souvenirs, mais c'est pour vous que je les ai recueillis. Ces vieux soldats qui étaient l'histoire vivante de nos guerres disparaissent de vos rangs; et cependant, quand on appartient à l'un des corps de notre armée, il faut en connaître le passé. Le récit de tant de combats vaillamment soutenus, de tant de fatigues endurées avec patience, de tant de souffrances, de tant de privations supportées avec une mâle résignation, n'est-il pas pour nous un salutaire enseignement?

Oui, nous avons le droit d'être fiers de nos aînés! Que ces traditions glorieuses deviennent la légende

de vos chambrées ! Gardons pieusement le culte de
nos morts qui ont donné leur sang pour la France et
conservons toujours les principes d'honneur, de courage et de dévouement légués par ceux qui nous ont
précédés dans la carrière.

G. DE SOURDEVAL,

Capitaine adjudant-major au 5ᵉ bataillon de chasseurs.

Dijon, le 25 mars 1875.

A LA MÉMOIRE

DE SES OFFICIERS, SOUS-OFFICIERS, CAPORAUX ET CHASSEURS

tués à l'ennemi ou morts des suites de leurs blessures

LE 5ᵉ BATAILLON DE CHASSEURS

CONSACRE CES SOUVENIRS

—

1840-1875

5ᵉ BATAILLON DE CHASSEURS A PIED

COMPOSITION DES CADRES DU BATAILLON
au 20 juin 1876

ÉTAT-MAJOR

MM. Cugnier (Auguste-François-Emile), chef de bataillon, command'.
Prévost Sansac de Traversay (Louis-Jules), capitaine adj.-major.
Mariani (Camille), capitaine major.
Labadie (Antoine), lieutenant-trésorier.
Février (Antoine-Marie), lieutenant d'habillement.
Bresson (Marc-Henri-Léon), médecin major.
Juloux (Adolphe-Eugène-Marie), médecin aide-major.

Cⁱᵉˢ	OFFICIERS	GRADES
	MM.	
1ʳᵉ	Régnier (Dominique-Ernest).	capitaine.
	Patron (Benjamin-René).	lieutenant.
	Hélis (Pierre-Victor).	sous-lieutenant.
	Bing (Emile).	officier de réserve.
2ᵉ	Bonzon (Gabriel).	capitaine.
	Sénepart (Alph.-Stéphane-Virgile). .	lieutenant.
	Laithier (Marie-Armand)	sous-lieutenant.
	Bargy (Nicolas-Julien)	officier de réserve.
3ᵉ	Laffou (Charles-Bernard Elie). . . .	capitaine.
	Lorentz (Louis)	lieutenant.
	Guérard (Henri-Augustin-Ambroise)	sous-lieutenant.
	Robert (Paul-Marie-Cyprien).	officier de réserve.
4ᵉ	Salaün (Jacques-Julien)	capitaine.
	Gavart (Jules-Pierre).	lieutenant.
	D'Allard (Joseph-Albert).	sous-lieutenant.
	Marcy-Mongo (Stanisl.-Marie-Roger)	officier de réserve.
Dépôt	Chaffaut (Nicolas-Marie-Lucien). . .	capitaine.
	Cuénin (Marie-Félix-Altidor)	lieutenant.
	Gallo (Fortuné-Alphonse-Amédée) .	sous-lieutenant.

OFFICIERS A LA SUITE

MM. Brun (Jean-Baptiste), sous-lieutenant surnuméraire.
Groffier (Joseph-François), sous-lieutenant de réserve.

HISTOIRE

DU

5ᵉ BATAILLON DE CHASSEURS A PIED

PREMIÈRE PARTIE

Création du Bataillon. — Séjour en Algérie.

(1840-1850)

MELLINET, CANROBERT, SOUMAIN, AUZONY, LEVASSOR, SORVAL

Création des Bataillons de Chasseurs.

1840 — Une ordonnance du roi, rendue le 28 août 1840, prescrivait la création de dix bataillons de chasseurs à pied, appelés à faire le service d'infanterie légère.

Le prince royal, à l'instigation de qui l'on devait cette création, fut chargé, avec le titre d'inspecteur général des chasseurs à pied, de diriger l'organisation des dix bataillons. Un maréchal de camp, M. de Rostolan, était mis à sa disposition comme inspecteur-adjoint.

Le duc d'Aumale, assisté des commandants Jamin et Thiéry, et du capitaine de Failly, avait la direction de l'instruction du tir, partie qui prenait une grande importance, puisque les chasseurs devaient recevoir un armement nouveau, bien supérieur à celui qui était alors en usage dans l'infanterie.

Le Camp de Saint-Omer.

Les dix bataillons de chasseurs furent constitués le 1er novembre 1840, au camp de Saint-Omer.

Les officiers désignés pour en prendre le commandement étaient les chefs de bataillon de Ladmirault, Faivre, Camou, de Bousingen, Mellinet, Forey, Répond, Uhrich, Clère et de Mac-Mahon.

Le 5e bataillon, placé sous les ordres du commandant Mellinet, reçut comme capitaine adjudant-major M. Garnier de Labareyre ; comme capitaine-major M. de Sauville ; comme commandants des huit compagnies, les capitaines d'Exéa, de Jouvencourt, de Luxer, Dubois-Descretons, de Pontual, de Montlouis, de Dorlodot des Essarts et Lecat.

Vingt-neuf corps envoyèrent des détachements pour concourir à la formation du 5e bataillon de chasseurs. Ce sont :

Infanterie légère : 1er, 2e, 6e, 10e, 17e, 20e régiments.

Infanterie de ligne : 2e, 5e, 6e, 7e, 10e, 12e, 19e, 20e, 24e, 26e, 28e, 35e, 39e, 45e, 46e, 47e, 50e, 51e, 55e, 56e, 57e, 60e régiments.

Et le régiment des zouaves.

1841 — Au mois d'avril 1841, l'organisation des bataillons de chasseurs était assez complète pour qu'on pût les appeler à remplir le rôle en vue duquel ils avaient été créés, celui d'éclaireurs à pied de l'armée d'Afrique.

Le Camp de Saint-Ouen.

Mais avant de les disséminer dans les trois provinces de l'Algérie, le roi Louis-Philippe et le maréchal Soult, alors ministre de la guerre, voulurent les voir et se rendre compte par eux-mêmes de l'effet des manœuvres aux allures vives, et des résultats de tir des armes nouvelles.

Le camp de Saint-Omer fut levé au milieu du mois d'avril, et tous les bataillons se dirigeant sur Paris vinrent camper dans la plaine de Saint-Ouen.

Le 4 mai, le roi passa, dans la cour du Carrousel, une grande revue et remit le drapeau de l'arme au 2e bataillon, désigné pour tenir garnison dans le fort de Vincennes que l'on considéra dès lors comme le quartier-général et le grand dépôt des chasseurs à pied.

Le 7 mai, des manœuvres et des exercices de tir eurent lieu dans la plaine de Saint-Ouen, en présence du ministre de la guerre, des maréchaux de France et de tous les généraux présents à Paris.

Quelques jours après, une partie des bataillons de chasseurs étaient dirigés sur l'Algérie. Le 5e et le 8e bataillon furent destinés à la province d'Oran, le 3e et le 6e à la province d'Alger.

Le 5e Bataillon part pour l'Algérie.

Parti de Paris le 11 mai, le 5e bataillon de chasseurs arrive le 26 à Chalon, où il s'embarque sur la Saône.

Ses magasins et la section hors rangs venus directement de Saint-Omer l'attendaient à Lyon. Il fallut séjourner dans cette ville du 27 au 29 mai pour constituer définitivement les compagnies actives et le dépôt. On laissa au dépôt la 6e compagnie (capitaine Dorlodot des Essarts), et la 7e compagnie (capitaine de Montlouis).

Le 29 mai, l'état-major et les six compagnies de guerre s'embarquent sur le Rhône pour continuer leur voyage.

Le même jour, le dépôt se mettait en route pour aller tenir garnison à Grenoble. D'Avignon, où il est débarqué, le bataillon de guerre gagne Toulon en traversant la Provence. Le 6 juin, l'état-major, les trois premières compagnies et la compagnie de carabiniers montaient à bord de la corvette l'*Oise*. Ce bâtiment, retardé par le calme, mit quatorze jours pour traverser la Méditerranée.

La 4e et la 5e compagnie (capitaines de Luxer et Dubois), embarquées seulement le 10 juin sur le vapeur le *Véloce*, firent le même voyage en cinq jours.

Arrivée à Mostaganem.

Le 22 juin, le 5ᵉ bataillon de chasseurs se trouvait réuni à Mostaganem, où le 8ᵉ bataillon l'avait précédé de quelques jours.

Les nouveaux débarqués allaient commencer immédiatement cette existence de fatigues, de périls et d'aventures qui dura neuf années consécutives pour le 5ᵉ bataillon, et qui fut terminée pour le 8ᵉ par le glorieux désastre de Sidi-Brahim.

Coup d'œil sur la situation de l'Algérie en 1841.

Avant d'entrer dans le détail de ces expéditions, il semble indispensable d'indiquer en quelques lignes quelle était la situation de l'Algérie et particulièrement de la province d'Oran, lorsque le 5ᵉ chasseurs y débarqua.

Dans la province centrale, nous étions maîtres du Sahel d'Alger, nous avions pris pied dans la Mitidja, occupé Cherchell, Milianah et Médéah ; mais les routes de la Mitidja n'étaient pas sûres, et les garnisons de Milianah et de Médéah étaient en quelque sorte bloquées par les tribus du voisinage.

Dans l'est, la situation était meilleure. La prise de Constantine, en 1837, et la fuite du bey Achmet, venaient de poser assez solidement les bases de notre domination.

Dans l'ouest, au contraire, l'empire arabe fondé par Abd-el-Kader, et un moment reconnu par la France, servait de lien à tous les éléments de résistance. Les quelques tribus soumises à l'autorité française et réfugiées aux portes de nos villes, comme les Douairs, les Smelas et les Medjehers, étaient en toute occasion attaquées, pillées et razées par les partisans de l'émir.

En 1841, nous ne possédions réellement, dans la province d'Oran, que les ports de la côte : Oran, Arzeu, Mostaganem, quelquefois coupé de son poste avancé de Mazagran, et le petit poste de Djemâ-Ghazaouat. A l'intérieur des terres, nous venions d'occuper Tlemcen, chef-lieu d'un beylik particulier, et Mascara, capitale de l'empire d'Abd-el-Kader ; mais, on ne pouvait, sans courir le risque d'une mort à peu près certaine, dépasser la zone battue par l'artillerie de ces places. Le blocus en était permanent et il fallait faire escorter par de fortes colonnes les convois de ravitaillement qu'on y conduisait de temps en temps.

La situation des choses allait cependant changer grâce à l'arrivée d'un homme doué d'un coup d'œil militaire aussi juste que sûr, disons le mot : d'un homme de génie.

Lorsqu'en 1836, le général Bugeaud fut envoyé dans la province d'Oran pour prendre le commandement des troupes bloquées dans le camp de la Tafna, le futur gouverneur de l'Algérie reconnut de suite les vices de la tactique employée jusqu'alors contre les Arabes.

Se débarrassant de l'artillerie et des voitures de l'administration qui, faute de routes carrossables, constituaient des impédimenta funestes et paralysaient les mouvements de l'armée, il organisa des colonnes légères, aussi mobiles que les hordes arabes.

De l'attitude passive que subissaient les troupes bloquées, il passa hardiment à l'offensive, et la sanglante défaite qu'Abd-el-Kader éprouva sur les bords de la Sickah montra bientôt combien le nouveau système de guerre était juste et bien approprié au pays.

Devenu gouverneur de l'Algérie au commencement de 1841, le général Bugeaud tint la main à ce que ce système, qu'il exposait à tous avec une merveilleuse clarté, fût rigoureusement suivi. Comme tous les bons capitaines, le général Bugeaud avait d'ailleurs fait école ; aussi fut-il dignement secondé par des lieutenants qui s'appelaient La Moricière, Changarnier, Bedeau, Cavaignac, Pélissier, Saint-Arnaud, etc.

Dans chacune des places que nous occupions, on constitua une division active et mobile dont le commandement fut donné à l'un de ces officiers d'élite.

Sans cesse en mouvement, ces colonnes légères devaient faire la guerre suivant la tactique arabe, c'est-à-dire en razant impitoyablement les tribus ennemies. Les Arabes avouaient eux-mêmes que, seul, ce système était efficace. Pour les atteindre et opérer avec succès, il fallait marcher

sans charrois, presque sans bagages, n'emmenant en fait
d'artillerie que quelques pièces de montagne. Les grosses
carabines des bataillons de chasseurs constituaient
d'ailleurs une véritable artillerie de main qui allait bientôt entrer en jeu et se faire redouter de l'ennemi.

Parmi les généraux qu'avait produits la guerre d'Afrique,
le général de La Moricière se distinguait entre tous par
la sûreté de son coup d'œil, la justesse de ses prévisions,
la sage coordination de ses plans, la rapidité de leur exécution. Bien qu'il fût un des plus jeunes maréchaux de
camp, il commandait la province d'Oran lorsque le 5ᵉ bataillon de chasseurs arriva de France. Sous un tel chef,
les nouveaux venus pouvaient se dire que, fatigues, périls
et gloire ne leur feraient pas défaut.

Aperçu géographique de la région dans laquelle le 5ᵉ Bataillon de Chasseurs va opérer.

La partie orientale de la province d'Oran, dans laquelle
le bataillon va opérer pendant plusieurs années, est formée
par le bassin du Chéliff. Ce fleuve, le plus grand de nos
possessions algériennes, naît dans le Djebel-Amour, montagne qui fait partie de la chaîne du Grand-Atlas. Il arrose,
par lui-même ou par ses affluents, la moitié orientale de
la province d'Oran, et la moitié occidentale de la province
d'Alger.

Après avoir coulé vers le N.-E , dans le Sersou (région
des hauts plateaux), il décrit une courbe en entrant dans
le Tell, aux environs de Boghar ; puis, arrivé à hauteur
de Médéah, il change encore de direction et coule vers
l'ouest en suivant le pied des pentes méridionales du Petit-
Atlas. Son cours est d'environ 700 kilomètres.

On peut diviser le bassin du Chéliff en trois parties : le
Haut-Chéliff (région des hauts plateaux dans les provinces
d'Oran et d'Alger), le Moyen-Chéliff, de Boghar au confluent de l'Oued-Isly (Tell, province d'Alger), le Bas-Chéliff,
du confluent de l'Oued-Isly à la mer (province d'Oran).

Le Chéliff, surtout dans son cours moyen et inférieur,

ne reçoit d'affluents que sur sa rive gauche. A droite, il serre de près le Petit-Atlas et le Dahra, d'où descendent seulement pendant l'hiver des torrents engendrés par les grandes pluies ou par la fonte des neiges.

Les affluents de gauche sont au contraire très importants. Pour ne parler que de ceux du cours moyen du fleuve, nous devons mentionner :

1º L'Oued-Dourdeur formé par deux rivières qui passent, l'une près de Tasa, l'autre à Teniet-el-Haad ;

2º L'Oued-Rouina, qui traverse le territoire des Beni-Zoug-Zoug ;

3º L'Oued-Fodda, dont la vallée encaissée et profondément ravinée, est d'un accès difficile ;

4º L'Oued-Isly (qu'il ne faut pas confondre avec la rivière marocaine du même nom) est formé par deux rivières, l'Oued-Krached et l'Oued-Ardjem.

Entre ces deux cours d'eau et l'Oued-Fodda, s'élève le massif abrupt de l'Ouar-en-Sénis, dont les sommets atteignent 2,000 mètres d'altitude. Les montagnards de l'Ouar-en-Sénis forment plusieurs tribus farouches et indépendantes que les Turcs n'ont jamais pu soumettre. Ce sont les Sendjess, les Beni-Bou-Khanous et les Beni-Bou-Sliman ;

5º L'Oued-Riou qui sépare le territoire des Kerraïch et des Beni-Ouraghs, placé sur la rive droite, de celui des Beni-Messelem, placé sur la rive gauche. La partie haute de la vallée de l'Oued-Riou, sans être aussi élevée que l'Ouar-en-Sénis, est très accidentée et d'un accès difficile, surtout près de la chaîne de Keff qui sépare le Tell du Sersou. C'est dans le voisinage des sources de l'Oued-Riou que se trouve le col de Guertoufa, un des passages les plus importants pour aller dans le sud ;

6º La Djidioua qui longe pendant la moitié de son cours les montagnes des Flittas, tribus non moins indépendantes que celles qui habitent l'Ouar-en-Sénis ;

7º La Mina, le plus considérable des affluents du Chéliff. Le bassin de cette rivière, dont le cours a plus de 200 kilomètres de longueur, se divise en deux parties bien distinctes : la haute Mina, des sources de la rivière aux gorges par lesquelles elle traverse les montagnes des Flittas ; la basse Mina, de ces mêmes gorges au Chéliff. Sur la basse Mina se trouvent Relizane et Bel-Assel.

A l'ouest du Chéliff, la province d'Oran est arrosée par la Macta, formée par deux rivières que nous devons mentionner : le Sig et l'Habra. En 1841, les magnifiques travaux que l'on a exécutés pour capter et aménager les eaux du Sig, n'existant pas encore, les marais de la Macta, surtout pendant la saison pluvieuse, étaient plus étendus et plus noyés qu'ils ne le sont aujourd'hui.

Dans la partie supérieure de leur cours, la Mina et l'Habra, flanquées de nombreux affluents, arrosent une riche et vaste plaine qui, en 1841, devait jouer un grand rôle dans les opérations militaires. Cette plaine, longue de cinquante lieues et large de vingt environ, présente à peu près la forme d'un arc bien tendu. La corde placée du côté du sud, est représentée par la chaîne de hauteurs qui sépare le Tell du Sersou. L'arc est formé au nord-est par le Guerboussa et les montagnes des Flittas, au nord par celles des Beni-Amer, à l'ouest par celle des Djafras.

On ne peut donc pénétrer dans cette région que par un petit nombre de passages ou de cols qui ont une grande importance stratégique. Plusieurs de ces passages, le col de Bordj, au nord, le défilé de Tifour et le col de Tiaret, à l'est, ont été souvent le théâtre de combats acharnés.

Plusieurs tribus puissantes habitent depuis longtemps cette plaine.

Au centre, ce sont les Hachem auxquels appartient la famille d'Abd-el-Kader, à l'est les Sdamas, au nord les Amers.

La grande et riche plaine de la Mina était le cœur de l'empire arabe fondé par Abd-el-Kader en 1833. La ville la plus importante de cette région, Mascara, avait été sa capitale à l'époque où nous traitions avec lui de puissance à puissance.

Chassé de Mascara, que le général de La Moricière venait de lui enlever, l'émir avait transporté sa capitale à Takedempt, petite ville arabe qui commande un des cols du Sersou. Presque tous les cols qui donnent accès dans le sud étaient défendus par des forts qu'Abd-el-Kader avait construits ou réparés.

État des opérations militaires dans la province d'Oran en juillet 1841.

En 1841, le général Bugeaud, qui venait de prendre le gouvernement de l'Algérie, commença par s'emparer de plusieurs de ces postes : Boghar, Taza, Teniet-el-Haad, et même de Takedempt, qu'il détruisit pendant que le général de La Moricière, après avoir installé le chef des Douairs, Mustapha, comme bey de Mascara, allait surprendre, auprès du col le plus occidental, le fort de Saïda.

Ces expéditions s'achevaient au moment où le 5e bataillon de chasseurs débarquait à Mostaganem.

La ville de Mostaganem, située sur le bord de la mer, à quatre lieues de l'embouchure du Chéliff, avait en ce moment une grande importance, parce que la vallée du Chéliff, dont elle occupe une des extrémités, est la voie naturelle des communications par terre entre Oran et Alger.

Les troupes de la division d'Alger, après avoir franchi le Petit-Atlas au col de Mouzaïa et au col des Gontas, occupaient depuis quelques années les villes de Milianah et de Médéah qui, des hauteurs où elles sont placées, commandent le cours du Chéliff. Il n'y avait donc qu'à soumettre la vallée entre Milianah et Mostaganem pour rattacher solidement la province d'Alger à celle d'Oran. Ce sera le but d'opérations auxquelles le bataillon prendra part pendant plusieurs années (1).

L'histoire du 5e bataillon de chasseurs, pendant les neuf ans de son séjour en Algérie, se trouve intimement liée à celle des nombreux corps à côté desquels il est appelé à combattre.

Ce sont principalement : le 1er de ligne, colonel Paté ; le 41e de ligne, colonel Roguet ; les 3e, 13e et 15e légers, colonels Gachot, Della Torre et Tempoure. Ensuite, il aura

(1) Nous aurions voulu joindre à ce travail une carte de l'Algérie dont la vue aurait rendu cette description plus claire. L'obligation de faire un livre à bon marché, puisqu'il est destiné à nos soldats, ne permet pas d'ajouter cet utile complément.

comme compagnons d'armes : le 6e léger, colonel Renault ; le 56e de ligne, colonel Gery ; le 53e, colonel de Saint-Arnaud ; les zouaves, colonel Cavaignac, lieutenant-colonel Leflô, colonel Canrobert ; la légion, colonel d'Epinoy, puis colonel Carbuccia ; les chasseurs d'Afrique, des colonels Marey-Monge et Tartas ; les spahis, de Yussuf ; son homonyme le 5e chasseurs à cheval ; et, parmi les bataillons de chasseurs à pied débarqués en même temps que lui, le 6e, le 8e, le 3e et le 9e bataillon.

Premières opérations auxquelles le 5ᵉ Bataillon prend part.

Le soir même de son débarquement, le 5e bataillon de chasseurs se mettait en route ainsi que le 8e. Ils faisaient partie d'une petite colonne commandée par le colonel Gachot du 3e léger. Pendant cette sortie qui ne dura que deux jours, le 8e bataillon perdit un de ses officiers, le capitaine Leroy, tué d'un coup de feu pendant la nuit.

Huit jours plus tard, le 1er juillet, le gouverneur général, rentrant de l'expédition dirigée contre Abd-el-Kader au sud de Mascara, vint à Mostaganem. Après avoir passé en revue les deux bataillons de chasseurs, il réunit les officiers pour leur faire une longue conférence sur la manière dont il fallait comprendre, en Algérie, le service des grand'gardes et des avant-postes. Rien n'était plus utile et plus profitable que ces théories faites sur les lieux par un homme qui jugeait si bien le pays et qui s'exprimait avec autant de justesse que de facilité.

Ravitaillement de Mascara.

Dans la soirée du 1er juillet, le 5e bataillon de chasseurs se séparait définitivement du 8e et se mettait en route, faisant partie d'une colonne qui, sous les ordres du général de La Moricière, devait conduire un ravitaillement à Mascara.

Cette petite expédition fut rendue très pénible par une chaleur extrême dont le siroco augmentait les effets.

Le 4 juillet, on franchissait le col de Bordj, sans avoir

d'engagement sérieux, et le lendemain on arrivait à Mascara.

Les moissons de la plaine d'Eghris qui entoure cette ville étant mûres, le général de La Moricière donna l'ordre de les couper et de les rentrer pour approvisionner les magasins. Nos chasseurs à pied, chargés de protéger les moissonneurs, eurent presque chaque jour à tirailler contre des partis ennemis.

Combat de Sidi-Daho.

Le 13, auprès du marabout de Sidi-Daho, le combat fut même assez sérieux. Cinq compagnies se trouvèrent engagées. La compagnie de carabiniers et la 4e, vigoureusement enlevées par les capitaines d'Exéa et de Luxer, poursuivirent pendant près d'une lieue les Arabes qui laissèrent une trentaine de morts sur le terrain.

Le 15 juillet, le ravitaillement en grains étant terminé, la colonne reprend la route de Mostaganem après avoir relevé la garnison de Mascara. La 1re compagnie du bataillon, capitaine de Jouvencourt, se trouve désignée pour faire partie de la nouvelle garnison.

Pendant les cinq étapes que l'on parcourt pour revenir à Mostaganem, on est continuellement harcelé par les Arabes.

Le 17, le bataillon se trouvant à l'extrême arrière-garde fut vivement attaqué, et cet engagement donna aux capitaines d'Exéa et de Pontual, ainsi qu'au lieutenant de Lastic, l'occasion de se signaler de manière à mériter l'honneur d'une mise à l'ordre du bataillon.

Rentré le 19 juillet à Mostaganem, le 5e bataillon de chasseurs fut désigné par le général de La Moricière pour faire partie de la garnison de cette ville, dont le colonel Tempoure était commandant supérieur.

Pendant ce premier mois de séjour en Algérie, le bataillon, venu de France pendant la saison la plus chaude de l'année et lancé de suite dans une fatigante expédition, avait été fort éprouvé. De 667 hommes comptant dans les rangs, le 22 juin, l'effectif des présents était descendu à 350 à la date du 29 juillet. L'hôpital était encombré de malades. Parmi les victimes du climat, se trouvait le capitaine Dubois, de la 5e compagnie, enlevé par un accès de fièvre pernicieuse.

Le grand nombre des indisponibles rendait le service des hommes valides d'autant plus pénible qu'il fallait travailler sans relâche aux fortifications de la place et à l'emmagasinement du matériel et des subsistances que les navires apportaient de France.

La vie de garnison est donc très active ; sans cesse, le colonel Tempoure exécute avec la cavalerie, les chasseurs à pied et les compagnies d'élite du 41e, de rapides excursions dans la vallée du Chéliff. Pendant ces petites expéditions, nos chasseurs qui, peu à peu, s'acclimatent à l'Algérie, se font plus en plus apprécier.

Aussi, lorsque le 6 août, le général Bugeaud repasse par Mostaganem, il adresse au 5e bataillon de chasseurs de chauds éloges et met à l'ordre de l'armée le commandant Mellinet, le capitaine des carabiniers d'Exéa, le lieutenant Chopin, le sergent-fourrier Lesueur et le chasseur Geudot, de la 4e compagnie ; ces trois derniers, à propos d'une affaire qui vient d'avoir lieu le 1er août sur les bords du Chéliff.

Campagne d'automne.

La saison des grandes chaleurs étant passée, le gouverneur décide que l'on doit opérer de nouveaux coups de main contre les tribus hostiles de la plaine de Mascara.

Les troupes disponibles sont divisées en deux colonnes. Le général Bugeaud conduit en personne la plus importante, l'autre, dont le 5e bataillon fait partie, est placée sous les ordres du général de La Moricière.

Cette colonne, dont les opérations commencent le 23 septembre, doit tout d'abord conduire à Mascara plusieurs convois destinés à ravitailler cette place.

Pendant ces voyages, le bataillon de chasseurs forme tantôt l'avant-garde, tantôt l'arrière-garde. Le 29, la colonne revenant à Mostaganem est sérieusement attaquée. Un groupe de cavaliers arabes, pénétrant par un vide trop considérable, se jette sur une poignée de tirailleurs isolés pour les enlever. Les officiers montés du bataillon, le commandant Mellinet, les capitaines de Labareyre et d'Exéa, et le chirurgien-major Brisset, auxquels se joignent immédiatement quelques officiers d'état-major, le commandant Pélissier (1), le capitaine de Malroy (2), les lieutenants Renson (3) et Cassaigne (4), et deux officiers d'artillerie, MM. de Laumières (5) et de Croix, mettent le sabre à la main et s'élancent au secours des tirailleurs. Ces neuf cavaliers, chargeant vigoureusement les Arabes, les ont bientôt rejetés au delà de la ligne des flanqueurs.

Un soldat de la compagnie de carabiniers nommé Rivron se signala particulièrement dans cette journée. Doué d'une souplesse et d'une vigueur de jarret peu communes, Rivron suivit au pas de course les chevaux lancés au galop et ne quitta pas le commandant Mellinet. Bien qu'atteint d'une balle à la tête, ce brave soldat ne voulut entrer à l'ambulance qu'après l'arrivée au bivouac.

Le soir même, il était nommé caporal de carabiniers et mis à l'ordre du bataillon. Le lieutenant de Lastic, qui commandait la section d'arrière-garde, partagea avec le caporal Rivron les honneurs de la citation.

Tout le mois d'octobre se passa en courses incessantes dirigées tantôt par le général de La Moricière, tantôt par le général Levasseur, tantôt par le colonel Gery, commandant supérieur de Mascara.

Rentré à Mostaganem le 5 novembre, le 5ᵉ chasseurs séjourna dans cette ville pendant trois semaines, mais sans prendre beaucoup de repos, car les travaux de la place prélevaient tout l'effectif disponible.

Campagne d'hiver.

A la fin de novembre, le général de La Moricière se décide à entreprendre une campagne d'hiver pour ne pas laisser

---

(1) Devenu maréchal de France, duc de Malakoff. — (2) Devenu général de division. — (3) Général de division, chef du personnel au ministère de la guerre. — (4) Tué en Crimée, étant lieutenant-colonel, aide de camp du maréchal Pélissier. — (5) Tué au siège de Puebla, étant général de brigade.

aux tribus dissidentes, surtout aux Hachem et aux Sdamas, le temps et les moyens de se remettre des pertes qu'elles avaient éprouvées pendant la campagne d'été.

Cette campagne de l'hiver 1841 à 1842 est restée dans les souvenirs de l'ancienne armée d'Afrique comme une des plus pénibles et des plus fatigantes du temps de la conquête, mais aussi comme une des plus fécondes en heureux résultats pour l'accroissement de notre influence.

Nul chef n'avait poussé aussi loin que le général de La Moricière le principe d'allégement des colonnes, préconisé par le général Bugeaud. Il n'emportait, comme vivres, que du sucre et du café. Tout le reste devait être fourni par les pays que l'on traversait. Les troupeaux enlevés aux tribus dissidentes assuraient le service de la viande; le blé, retiré des silos dans lesquels les Arabes cachent leurs moissons, était distribué comme pain ou comme biscuit. On se procurait de la même manière l'orge nécessaire aux chevaux.

Quand la viande manquait, on forçait la ration de grains; si le sucre et le café venaient à faire défaut, on augmentait encore la part de blé et tout était dit. Chaque escouade avait reçu un moulin portatif avec lequel ces grains étaient broyés et réduits en farine pour faire une bouillie baptisée du nom de couscouss.

Nos soldats avaient acquis bien vite un flair merveilleux pour découvrir les silos. Il fallait aussi, pour avoir du sel, trouver les cachettes dans lesquelles les Arabes déposent cet indispensable condiment. Quelquefois, on tombait sur des dépôts considérables de beurre conservé comme le blé dans les silos.

Alors c'était jour de liesse dans les camps, on fricassait avec tous les raffinements imaginables, et l'événement était regardé comme tellement important que ces découvertes sont presque toujours enregistrées sur le journal de marche des corps.

En 1841, l'usage général était que le corps qui avait fait une de ces heureuses trouvailles vendait aux corps voisins l'excédant de ce qui était nécessaire à sa propre consommation. Le 5ᵉ bataillon de chasseurs, pour payer sa bien-

venue en Algérie, fut un des premiers qui voulût renoncer
à ce commerce et partager fraternellement ses prises avec
les autres corps de la colonne.

Dans ces courses forcées qui duraient plusieurs mois,
l'habillement et la chaussure s'usaient rapidement. Lorsqu'on en avait le loisir, on rapiéçait tant bien que mal les
vêtements en lambeaux, et lorsque les chaussures leur faisaient totalement défaut, les soldats s'enveloppaient le
pied dans un morceau de peau de bœuf attaché autour du
bas de la jambe, comme le mocassin des Indiens.

La colonne avec laquelle le général de La Moricière en-
treprit sa campagne d'hiver comprenait dix bataillons
d'infanterie (1) formés en deux brigades, et trois escadrons
de spahis aux ordres du colonel Yussuf.

Du mois de décembre 1841 à la fin du mois de mars 1842,
la division de La Moricière n'eut ni repos ni trêve. Malgré
le froid, la pluie et la neige, elle parcourait presque
chaque jour de longues étapes et, fréquemment, faisait des
marches de nuit pour aller surprendre les douars ennemis.

1842 — Le 19 janvier, à l'occasion d'une pointe dirigée contre 300 cavaliers rouges d'Abd-el-Kader, la marche
dure quinze heures consécutives et, malgré cela, personne
ne reste en arrière. Il est vrai que tout homme qui s'écarte
de la colonne ou qui s'éloigne du camp disparaît à jamais.

Plusieurs chasseurs imprudents en firent cruellement
l'épreuve pendant cette première année.

Le 4 février, la colonne poursuivant Ben-Thamy, un des
khalifats de l'émir, est arrêtée par l'Oued-Froha, débordé
et changé par les pluies en un torrent impétueux. Les
fantassins se déshabillent, attachent leurs vêtements au
bout des fusils et, malgré le courant, malgré la hauteur
de l'eau qui leur monte jusqu'aux épaules, tous traversent
la rivière à gué sans qu'on ait entendu un seul murmure.

Le retard causé par cet obstacle permet à Ben-Thamy
de s'enfuir, mais nous nous emparons de sa réserve de

(1) 8ᵉ bataillon de chasseurs, bataillon d'infanterie légère d'Afrique,
6ᵉ, 13ᵉ, 15ᵉ légers, 41ᵉ de ligne.

poudre et d'armes, ainsi que de grands approvisionnements de grains.

Deux jours après, les tribus qui avaient accueilli le khalifat étaient impitoyablement razées. Une partie de la famille de Ben-Thamy et plusieurs des parents d'Abd-el-Kader tombaient en notre pouvoir. Le butin, les troupeaux et les approvisionnements de toute sorte, enlevés dans cette journée, étaient tellement considérables que la colonne fut obligée de regagner Mascara pour y conduire ses prises.

Le 27 février, un détachement des réguliers de l'émir et un poste des cavaliers rouges sont surpris et enlevés à la suite d'une longue marche de nuit. Ben-Thamy, traqué d'asile en asile, n'a bientôt plus avec lui que quelques cavaliers dévoués.

Mais le général de La Moricière n'est pas homme à se reposer après un demi-succès. Il a remarqué d'ailleurs que, même pendant les expéditions les plus pénibles, l'état sanitaire est meilleur dans les colonnes que dans les garnisons de la côte où les soldats sont lentement empoisonnés par les débitants de liqueurs frelatées.

Le 10 mars, la colonne se remet en route. Le 15, elle raze complétement les Hachem-Cheragas (1) qui tenaient encore pour l'émir. 80 prisonniers et 6,000 têtes de bétail sont ramenés à notre camp. Toutefois, Ben-Thamy s'échappe encore et se réfugie dans les montagnes des Flittas, tandis que d'autres dissidents vont demander asile aux Sdamas.

On n'hésite pas à les poursuivre malgré les difficultés que présente la contrée montagneuse dans laquelle il faut pénétrer au cœur de l'hiver.

Le 25 mars, les Sdamas, surpris dans la vallée de la Medroussa, sont enveloppés par trois colonnes opérant un mouvement concentrique.

Après un combat dans lequel l'ennemi subit de grandes

(1) Le mot Cheragas, appliqué à une partie de tribu, indique la fraction qui habite l'est (Cheurg), par opposition aux Gharabas qui habitent l'ouest (Gharb).

pertes, une partie de la tribu des Sdamas est faite prisonnière. 12,000 têtes de gros bétail sont en notre pouvoir avec un immense butin. Le succès, si bien préparé par l'intelligente activité du général de La Moricière, est complet. Mais soudain un accident qu'on n'avait pas prévu semble en compromettre les suites.

Vers midi, le ciel se couvre de gros nuages, et une véritable tourmente de neige commence. En quelques heures, la couche de neige tombée sur la terre dépasse un pied d'épaisseur; accumulée dans les ravins, dont elle dissimule les mauvais passages, elle occasionne de nombreux accidents. Nos troupes ne gagnent qu'avec des peines infinies le marabout de Sidi-Ali-Mohamed, où l'on devait bivouaquer. La cavalerie du colonel Yussuf, lancée à la poursuite des fuyards, erre dans la campagne jusqu'à la nuit, et même une section du 13ᵉ léger, commandée par le lieutenant Deligny (1), reste égarée pendant vingt-quatre heures.

Dans le court trajet qui restait à faire pour gagner le bivouac, une grande partie des troupeaux, pris le matin, se perdent en roulant au fond des ravins.

On atteint enfin, vers quatre heures, le marabout autour duquel on s'installe. Vainement, on fait allumer de grands feux, la lueur des foyers perce à peine le brouillard et l'obscurité. Le général de La Moricière ordonne alors de tirer le canon pour indiquer aux égarés la direction du camp, mais les échos des montagnes, répercutant le son, les induisent en erreur.

Groupé autour de l'énergique commandant Mellinet, le 5ᵉ bataillon est arrivé tout entier, mais la neige continuant toujours à tomber, les hommes, épuisés de fatigue et transis par le froid, se laissent choir sur le sol sans avoir le courage d'entretenir les feux du bivouac.

Le commandant Mellinet, le capitaine de Jouvencourt qui venait de remplacer à la tête de la compagnie des carabiniers M. d'Exéa, nommé chef de bataillon, le lieutenant de Lastic, l'adjudant Debras, le sergent Vivot et le caporal des carabiniers Rivron, donnèrent pendant cette terrible

____

(1) Aujourd'hui général de division.

veillé l'exemple du plus noble dévouement. Toute la nuit ils furent sur pied, surveillant l'entretien des brasiers, ranimant par leurs paroles et leur exemple le courage de chacun, et apportant eux-mêmes devant les feux, ceux que le froid et l'épuisement empêchaient de se traîner jusque-là.

C'est peut-être à leur dévouement que le bataillon dut de ne perdre personne, car dans les autres corps de la division, et parmi les prisonniers, on compta vingt-six hommes morts de froid pendant cette fatale nuit.

Au point du jour, le général de La Moricière donna l'ordre de se remettre en route pour aller chercher un asile dans la petite ville arabe de Fremda.

Cette marche fut bien pénible. Beaucoup d'hommes étaient complétement pieds nus ; leurs vêtements usés, mouillés, presque en lambeaux, les garantissaient mal du froid, mais le courage et l'énergie de nos chasseurs furent à hauteur de la situation.

A Fremda, que l'on trouva évacué à la hâte par les habitants qui s'étaient enfuis à notre approche, les douars des Sdamas, échappés au coup de main de la veille, vinrent apporter leur soumission. L'importance du résultat obtenu fit oublier les fatigues et les souffrances qu'on avait endurées.

Le 31 mars, la division rentrait à Mascara. Cette campagne d'hiver, conduite avec tant de vigueur par le général de La Moricière, avait en grande partie soumis et pacifié le pays.

Avant de se séparer des troupes qu'il avait commandées, le général mit à l'ordre de la division comme s'étant en toute circonstance signalés par leur courage, leur fermeté et leur abnégation : le commandant Mellinet, les capitaines de Labareyre, de Jouvencourt et de Pontual, les lieutenants de Lastic et Chopin, le sous-lieutenant Guilhem (1), l'adjudant Debras, les sergents-majors Pelletent et Alimondy, les sergents Vivot, Lajus, Bourzeix, Demangeot, Parès, et le caporal Rivron.

(1) Tué au siége de Paris, étant général de brigade.

Après un court séjour à Mascara, le 5e bataillon de chasseurs rentrait le 7 avril à Mostaganem, nu-pieds et couvert de vêtements en lambeaux, mais dans le meilleur ordre et sans avoir un traînard ou un écloppé.

Les repos, à cette époque, n'étaient jamais de longue durée.

Dès la fin d'avril, le bataillon se remettait en campagne sous les ordres du colonel Marey-Monge. Un mois auparavant, la colonne avait failli périr de froid dans la neige, et maintenant, les premières chaleurs étaient accablantes. Le 28 avril, un bataillon du 13e léger, qui venait d'arriver de France, perd quatre hommes morts d'insolation. Ce jour-là et les jours suivants, nos chasseurs d'arrière-garde, rompus à toutes les fatigues, portent sur leurs bras jusqu'au bivouac, vingt hommes de ce régiment que leurs camarades, épuisés eux-mêmes, avaient abandonnés sur le bord de la route.

Expédition du général Bugeaud dans la vallée du Chéliff.

Le mois de mai amène une expédition plus longue.

Le général Bugeaud, décidé à ouvrir définitivement les communications entre Alger et Oran par la vallée du Chéliff, arrive à Mostaganem pour diriger en personne les opérations de la colonne qui doit remonter le cours du fleuve pendant qu'une autre colonne, commandée par le général Changarnier, doit descendre à sa rencontre.

Le général Bugeaud avait sous ses ordres deux brigades d'infanterie. Le 5e bataillon de chasseurs, le 1er de ligne et la légion étrangère, composaient la première brigade commandée par le général d'Arbouville.

On se mit en route le 15 mai. Comparée à la rude campagne de l'hiver précédent, cette expédition n'était qu'une promenade.

Après avoir poussé une pointe chez les Sbeahs, grande tribu qui habite au pied du Dahra dans la vallée du Chéliff, et après avoir reçu une soumission trop facilement obtenue pour qu'elle fût durable, la colonne remonte lentement cette belle vallée du Chéliff, toute jalonnée par les ruines d'établissements romains.

Le 30 mai, au confluent de l'Oued-Rouina, elle donne la main à la division Changarnier dans laquelle se trouve le 6e bataillon de chasseurs. Quelques jours après, on campait au pied de la montagne de Milianah, et le 5e chasseurs recevait un fraternel accueil du 3e bataillon de l'arme, tenant garnison dans cette ville sous les ordres du commandant Bisson (1).

Le 8 juin, la colonne, allégée de son artillerie qu'elle laisse à Milianah, gravit la montagne du haut de laquelle on embrasse, dans un immense horizon, la mer et le sahel d'Alger. On bivouaque ce soir-là près de l'entrée du col de Mouzaïa. Loin de chercher à disputer le passage, plusieurs chefs des tribus de l'Atlas sont venus saluer le gouverneur et lui apporter la diffa.

Le lendemain, le général Bugeaud ayant pris le 5e chasseurs pour escorte, franchit le col. Le 53e de ligne l'attendait au bas de la montagne pour l'accompagner à Blidah où les troupes du général d'Arbouville, arrivées seulement le 10, devaient prendre quatre jours de repos.

L'expédition, dirigée par le gouverneur, étant terminée, la brigade d'Arbouville reprend donc le 14 juin la route de Mostaganem et revient sur ses pas en passant par Milianah et la vallée du Chéliff. Bien qu'on n'eût guère fait parler la poudre, l'expédition du gouverneur portait alors ses fruits, car plusieurs tribus, jusqu'alors hostiles ou indépendantes, celle des Beni-Zoug-Zoug entre autres, vinrent faire leur soumission au général d'Arbouville. Le déploiement de nos forces leur avait donné, paraît-il, matière à de sages réflexions.

Le 1er juillet, le bataillon rentrait à Mostaganem, après une absence de six semaines.

Quelques jours après, le général de La Moricière envoyait la colonne d'Arbouville opérer dans le haut de la vallée de la Mina. Mais la chaleur était tellement intense et causa

____

(1) Aujourd'hui général de division.

un si grand nombre d'accidents que le 22 juillet, le général d'Arbouville rentrait à Mostaganem.

Mort du duc d'Orléans.

En arrivant dans cette ville, le bataillon apprit la mort du duc d'Orléans. Ce triste événement produisit une grande sensation dans l'armée d'Afrique que le prince avait quittée si peu de temps auparavant, et surtout dans les bataillons de chasseurs qui perdaient en lui l'instigateur de leur création et leur protecteur le plus zélé (1).

Heureusement que, depuis leur arrivée en Algérie, les bataillons de chasseurs avaient su conquérir l'estime de l'armée, et que les corps, qui leur avaient témoigné tout d'abord une certaine jalousie, leur rendaient maintenant justice.

Le 18 août 1842, une ordonnance du roi décidait qu'en mémoire du prince royal, son fils, les bataillons de chasseurs à pied porteraient à l'avenir le nom de chasseurs d'Orléans.

Expédition chez les Flittas.

Le jour où le roi rendait cette ordonnance, le 5e bataillon quittait encore une fois Mostaganem. Le général d'Arbouville, ayant appris que les Flittas étaient en armes et menaçaient Mascara, avait résolu de les prévenir en se portant sans délai sur leur propre territoire.

Cette petite campagne fut vivement menée. Il y eut quelques engagements assez sérieux, entre autres le 30 août. Ce jour-là, une section de la 3e compagnie fut bien compromise pendant quelques instants.

Un groupe de 20 chasseurs était posté sur un petit mamelon isolé, lorsque le capitaine de Pontual, placé en arrière sur une autre élévation avec 25 hommes, s'aper-

---

(1) Le duc d'Orléans était inspecteur général des chasseurs à pied. Depuis sa mort cet emploi n'a plus été occupé, et c'est regrettable à plus d'un point de vue. En Prusse, une inspection permanente des chasseurs fonctionne depuis longtemps et produit les meilleurs résultats, grâce au contrôle incessant qu'elle exerce sur le recrutement et sur l'instruction de tous les bataillons de chasseurs.

eut qu'une troupe de Kabyles, en partie masqués par un pli
de terrain, se dirigeait rapidement contre son poste
avancé. M. de Pontual, jugeant qu'on ne pouvait rappeler
ce dernier sans l'exposer à être assailli et enveloppé pendant son mouvement de retraite, s'élance avec le groupe
qu'il a sous la main pour aller renforcer le point menacé.
A peine y arrive-t-il, que l'attaque commence. Les Kabyles,
au nombre de plusieurs centaines, avaient cru pouvoir enlever facilement ce faible détachement. Irrités de la résistance qu'ils rencontrent, ils se ruent sur nos chasseurs
avec une telle rage, qu'ils viennent d'eux-mêmes se jeter
sur les baïonnettes.

Le capitaine de Pontual, blessé d'un coup de feu à la
poitrine, tenait bon et dirigeait toujours la défense, lorsque le commandant Mellinet, arrivant avec les deux sections de carabiniers, entraînées au pas de course par le
lieutenant de Lastic et le sous-lieutenant Guilhem, dégagea
la 3e compagnie par une charge impétueuse.

Le bataillon, rentrant à Mostaganem le 8 septembre, fut
passé en revue par le gouverneur général, qui lui adressa
de chaudes félicitations au sujet de ce combat.

Après la revue, le général Bugeaud mit à l'ordre de
l'armée d'Afrique le commandant Mellinet, les capitaines
de Labareyre et de Pontual, l'adjudant Debras, le sergent
de carabiniers Vivot, le sergent de tir Pautard et les sergents Rivron et Bourzeix, qui s'étaient particulièrement
distingués le 30 août.

Pendant que la division de Mostaganem regagnait cette
ville, l'émir s'était jeté sur ses derrières dans le pays des
Flittas, qu'il avait encore une fois appelés aux armes.

Il fallut donc repartir. Cette nouvelle expédition ne fut
du reste qu'une longue et fatigante promenade de cinq semaines. L'ennemi, profitant des difficultés du terrain pour
se dérober, ne tint sérieusement nulle part. Abd-el-Kader,
que le général de La Moricière pourchassait de son côté
avec la division de Mascara, se sauva dans l'Ouar-en-
Sénis, entraînant à sa suite une partie des Flittas et plusieurs fractions des tribus de la plaine de Mascara.

Rentré le 22 octobre à Mostaganem, le bataillon trouva

dans cette ville le général Favier, qui était venu de France pour passer l'inspection générale.

Le 12 novembre, le commandant Mellinet, ayant reçu le brevet qui le nommait lieutenant-colonel au 41e de ligne, faisait de touchants adieux 'au bataillon qu'il avait organisé avec tant de zèle, et auquel, depuis l'arrivée en Algérie, il avait toujours donné un si noble exemple.

Le Commandant Canrobert.

Son successeur dans le commandement du 5ᵉ chasseurs d'Orléans était le commandant Canrobert, capitaine adjudant-major du 6e bataillon au moment de la formation des chasseurs, et en dernier lieu, chef de bataillon au 13e léger.

Le mois de décembre fut employé à parcourir, sous les ordres du général Gentil, successeur du général d'Arbouville, les vallées de la Mina et du Riou, dans le but de protéger les tribus qui s'étaient ralliées à nous au printemps contre les coups de main des Flittas toujours insoumis. On vida pendant cette expédition un grand nombre des silos dans lesquels l'ennemi avait caché les grains de la dernière récolte.

1843 — Pendant les quatre premiers mois de l'année 1843, le 5ᵉ chasseurs d'Orléans, faisant partie de la colonne Gentil, ne cesse de parcourir les vallées de la Mina et du Chéliff, courant sus aux tribus insoumises ou se montrant à l'improviste chez celles que l'on sait être chancelantes dans leur soumission.

Au mois de février, Abd-el-Kader s'était jeté dans le Dahra pour soulever les montagnards de cette région. Les Sbeahs lui ayant offert leur concours, l'émir vint assiéger la ville de Mazouna, qui depuis deux ans avait reconnu notre autorité, mais sans avoir reçu garnison française.

Le Chéliff, enflé par les pluies, n'était pas guéable pour l'infanterie. Le général Gentil le traverse néanmoins avec sa cavalerie et va dégager Mazouna; puis, afin d'être toujours maître du passage, il fait construire un solide pont de chevalets, qui fut terminé le 15 mars (1).

Le lendemain, les Sbeahs étaient impitoyablement razés. Les jours suivants, on châtiait quelques-unes des tribus qui habitent les premières pentes du Dahra.

Avec le mois d'avril reviennent, comme l'année précédente, les grandes chaleurs, si pénibles pour les colonnes expéditionnaires. Le 8 avril, la petite division de Mostaganem, forte seulement de six bataillons, perdait 11 hommes frappés d'apoplexie. Deux de ces malheureux étaient de jeunes soldats du 5ᵉ chasseurs.

Fondations d'Orléansville.

A la fin d'avril, le général Bugeaud, venu d'Alger avec une division, donnait la main à la colonne du général Gentil, sur les bords du Chéliff, et créait le poste d'Orléansville, destiné à servir de station entre Mostaganem et Milianah.

Quittant la colonne placée sous les ordres du général Gentil, le 5ᵉ chasseurs d'Orléans passe dans la colonne du gouverneur. Réuni à un bataillon de zouaves, il forme un régiment de marche commandé par le lieutenant-colonel Leflô.

Les autres corps de la brigade, qui est placée sous les ordres du colonel des zouaves Cavaignac, sont le 3ᵉ léger, lieutenant-colonel Camou, et le 6ᵉ léger, lieutenant-colonel Renault. La cavalerie (4ᵉ chasseurs d'Afrique) est placée sous les ordres du général de Bourjolly. En face du camp qui entoure la nouvelle ville s'élève, sur la rive droite du Chéliff, la chaîne du Dahra.

Le Dahra.

Le Dahra est un vaste massif de montagnes abruptes occupant l'angle compris entre la Méditerranée et le Bas-Chéliff. Il est limité du côté de l'est par une forte dépression

(1) Ce pont fut jeté par le lieutenant d'artillerie Jean Brunet, aujourd'hui député à l'Assemblée nationale.

le séparant du Petit-Atlas. L'ancienne ville turque de Tenez et le village arabe d'El-Esnam, sur l'emplacement duquel on vient de créer Orléansville, sont les deux débouchés de ce col; Tenez, du côté de la mer, Orléansville, sur le grand fleuve de l'Algérie.

Plusieurs tribus belliqueuses et turbulentes, dont les principales sont les Ouled-Youness, les Beni-Zerouals, les Madjounass et les Achachas, occupent ce pâté montagneux.

Ces tribus, favorisées par les difficultés que le pays présente aux envahisseurs, n'ont jamais reconnu l'autorité des Turcs.

En cas d'invasion, elles cherchent au besoin un refuge dans les nombreuses cavernes dont leurs montagnes calcaires sont parsemées. Plusieurs de ces grottes, situées dans des ravins presque inaccessibles, ont été regardées pendant longtemps comme un asile défiant toute attaque.

Sur les pentes inférieures de ces montagnes et dans la vallée du fleuve se trouve cantonnée la grande tribu des Sbeahs, qui a déjà été châtiée plus d'une fois.

Occupation de Tenez.

Le 28 avril, le général Bugeaud met la division en mouvement et traverse la rivière. Laissant le Dahra sur la gauche, la colonne franchit le col qui sépare ce massif de la chaîne du Petit-Atlas et vient tomber sur Tenez, qui ouvre ses portes sans résistance.

Tenez, devant être le port de la nouvelle ville que l'on crée sur le Chéliff, la colonne expéditionnaire quitte le fusil pour la pioche et commence immédiatement à ouvrir une route carrossable à travers les montagnes qu'elle a traversées. De plus, le général Bugeaud, trouvant peu favorable l'emplacement de la ville maure, qui est éloignée de la mer de plus de 2 kilomètres, désigne, sur un plateau que la nature du sol met à l'abri d'une attaque, l'emplacement du nouveau Tenez.

Toutes les troupes prirent activement part aux travaux de terrassement et de construction que dirigeait le colonel du génie Charon (1). Les chasseurs d'Orléans furent spécialement chargés des travaux de mines, qui demandaient plus de soins et d'attention.

Sachant l'armée tout occupée à ces grands travaux, la tribu des Sbeahs qui, bien que razée au mois de mars, n'avait pas fait sa soumission, ne se tenait pas sur ses gardes autant que d'habitude.

Soudain, le 12 mai, le gouverneur général lance contre elle deux colonnes légères dirigées par le lieutenant-colonel d'état-major Pélissier. Surpris, enveloppés, les Sbeahs mettent bas les armes après avoir opposé quelque résistance. D'immenses troupeaux et plus de 1,000 prisonniers tombent en notre pouvoir.

La conséquence de cet heureux coup de main fut pour le bataillon une corvée bien désagréable, celle de conduire par une chaleur excessive un troupeau de 7,000 moutons que le gouverneur envoyait à Mostaganem.

Ces diables d'animaux causèrent à nos chasseurs plus de tribulations que 7,000 Kabyles n'auraient pu le faire. Un jour entre autres qu'on longeait le Chéliff, un mouton s'avisa de sauter dans le fleuve, aussitôt la bande entière se mit en devoir de le suivre. Il fallut qu'une vingtaine des meilleurs nageurs du bataillon se jetassent à leur tour dans le Chéliff pour ramener à grands coups de trique l'indocile troupeau vers la rive. Il y eut bien quelques bêtes noyées ou assommées, mais on n'en parla pas.

Ayant enfin terminé cet ennuyeux voyage et conduit son troupeau à bon port, le commandant Canrobert fut chargé d'escorter un convoi qui se rendait de Mostaganem à Orléansville.

A Bel-Assel, où le bataillon fit séjour, il rencontra le 9° chasseurs d'Orléans qui, récemment arrivé de France, l'avait remplacé à Mostaganem.

A peine de retour à Orléansville que l'on continue à bâtir, le bataillon est appelé à faire partie d'une petite brigade qui, sous les ordres du colonel Pélissier, doit aller ravi-

(1) Aujourd'hui général de division, ancien gouverneur général de l'Algérie.

tailler les colonnes légères opérant au nord-est d'Orléans-ville, dans les montagnes des Menacer, sous les ordres du lieutenant-colonel de Ladmirault et du lieutenant-colonel de Saint-Arnaud.

Création d'Ami-Moussa.

Au mois de juin, le gouverneur conduit en personne sa division dans la vallée de l'Oued-Riou, sur les bords duquel il crée un nouvel établissement, le bordj d'Ami-Moussa.

La création de ce poste, le combat de Karnachin dans lequel le bataillon est engagé le 15 juin, un autre combat livré le surlendemain, décident l'importante tribu des Beni-Ouraghs à faire sa soumission. Cette tribu s'était déjà soumise l'année précédente, mais, comme nous n'avions pas créé d'établissement fixe sur son territoire, Abd-el-Kader l'avait soulevée de nouveau après avoir enlevé l'agah Mohamed-Bel-Hadj, qui voulait rester fidèle à la France.

Bel-Hadj, chargé de fers et retenu captif dans la smalah d'Abd-el-Kader, devait la vie et la liberté au combat de Taguin, à la suite duquel, le 10 mai dernier, toute cette smalah venait de tomber au pouvoir du duc d'Aumale. Son retour chez les Beni-Ouraghs contribue autant que la défaite de l'émir à la soumission de la tribu qui nous fournit même des contingents pour marcher contre les Flittas, que le général de La Moricière et la division de Mascara rabattent de notre côté.

Plusieurs engagements et les razzias qui sont la consé-quence de cette habile manœuvre amènent la soumission de diverses tribus jusqu'alors hostiles, entre autres les Hallouias et les Kerraïch.

Pendant ce temps, Ben-Thamy et Sidi-Embareck, les deux principaux khalifats d'Abd-el-Kader, étaient venus se poster sur le Haut-Riou pour entraver par leur présence les soumissions que recevait le gouverneur. Celui-ci tenta de les faire enlever par deux colonnes légères. Le régi-ment de marche du lieutenant-colonel Lelló, guidé par le colonel Pélissier, se mit à la poursuite de Ben-Thamy, pendant que le général Tempoure prenait, avec le 4e chasseurs d'Afrique, la piste de Sidi-Embareck.

Ben-Thamy, averti de notre approche, put s'échapper après un engagement très vif. Le rapport adressé par le gouverneur au ministre de la guerre cite le commandant Canrobert, les capitaines de Jouvencourt et Doré, ce dernier blessé, et le sergent de tir Pautard, grièvement blessé, comme s'étant particulièrement distingués dans ce combat.

Le colonel Pélissier s'était, aussitôt après l'engagement, remis à la poursuite de Ben-Thamy que l'on serra de près pendant plusieurs jours. On apercevait souvent dans le lointain les nuages de poussière soulevés par les émigrants qui fuyaient devant nous, mais on ne put les atteindre, d'autant plus qu'on fut retardé par quelques combats livrés à la tribu des Sendjess qui nous disputait le passage.

Le 9 juillet, le lieutenant-colonel Renault, du 6e léger, fut grièvement blessé dans un de ces engagements. Le gouverneur, renonçant enfin à poursuivre Ben-Thamy, déjà très éloigné dans la direction du sud, se rabattit sur Orléansville et, chemin faisant, châtia sévèrement les Sendjess qui furent obligés de faire leur soumission.

Plus heureux que le colonel Pélissier, le général Tempoure avait pu, après une chasse à outrance, joindre Sidi-Embareck qui fut tué dans le combat.

Dès le lendemain de la rentrée de la colonne d'Orléansville, le général Bugeaud, rappelé à Alger par des affaires urgentes, prenait congé des troupes et remettait la direction des opérations à son chef d'état-major, le colonel Pélissier.

Celui-ci reprit aussitôt la campagne. Le 15 juillet, nous nous mettions en route pour aller châtier les Bou-Sliman qui avaient accueilli chez eux Ben-Thamy. Cette tribu ne demanda l'aman qu'après avoir perdu tous ses troupeaux et après avoir vu livrer aux flammes ses moissons encore sur pied.

Malgré la chaleur qui atteignit 41°, et malgré le siroco qui soufflait fréquemment, le colonel Pélissier s'avança jusqu'à la ville naissante de Tiaret, que le général de La Moricière venait de créer à peu de distance de Takedempt pour se rendre maître d'un des principaux passages du Djebel-Keff.

Pendant presque tout le mois d'août, la colonne continua ses courses, faisant rentrer l'impôt chez les tribus soumises, et razant celles qui refusaient de le payer.

Le 25 août, le 5e chasseurs d'Orléans rentrait à Orléansville pour prendre quelques jours de repos et se préparer à l'inspection générale qui fut passée par le général Changarnier.

Le repos ne fut pas long. Dès le 6 septembre, le 5e chasseurs, de nouveau réuni au bataillon de zouaves du lieutenant-colonel Leflô, se remettait en route sous les ordres du colonel Cavaignac, commandant la subdivision d'Orléansville.

Jusqu'au mois de novembre, on n'eut pas un instant de répit. Tantôt il fallait se présenter inopinément chez les Sbeahs ou chez d'autres tribus de la rive droite du Chéliff, qui, bien que soumises, avaient donné asile à des chefs ennemis, tantôt il fallait se montrer aux populations de la Mina ou de l'Oued-Riou pour les empêcher de se laisser entraîner par les prédications des agents d'Abd-el-Kader.

Après avoir donné la main au gouverneur général venu d'Alger avec une division pour visiter l'Ouar-en-Senis, soumis l'année précédente par le général Changarnier, on se rabattait vers la mer pour châtier quelques tribus de montagnards qui inquiétaient Tenez.

La mauvaise saison ayant enfin suspendu les opérations, le 5e chasseurs reste à Orléansville pendant les mois de novembre et de décembre. Il occupe ses loisirs en prenant part aux travaux d'utilité publique et construit notamment l'aqueduc qui amène les eaux potables dans la ville.

1844 — Ces travaux continuent pendant les premiers mois de l'année 1844. On n'en est distrait que par une petite excursion que le régiment de marche du lieutenant-colonel Leflô fait au commencement de février dans les montagnes voisines de Tenez. La pluie, la boue et les rivières débordées, qu'on a beaucoup de peine à traverser, rendent cette courte expédition très pénible.

Au mois d'avril, croyant le temps devenu plus propice, le colonel Cavaignac conduit en personne la colonne expéditionnaire dans le massif de Dahra, chez les Beni-Youness. Quoique le temps se montrât moins pluvieux qu'en février, cette campagne de 15 jours n'en fut pas moins des plus dures. Malgré cela, le bataillon n'envoya que 3 hommes aux ambulances, tant il était endurci aux fatigues et aux privations. Le 15 mai, le colonel Cavaignac, qui vient de rentrer à Orléansville avec ses troupes, apprend la grande levée de boucliers des Marocains.

Le gouverneur général, élevé à la fin de l'année précédente à la dignité de maréchal de France, venait d'envoyer l'ordre de concentrer toutes les forces disponibles vers la frontière du Maroc. Il était à craindre que les tribus le plus récemment soumises ne profitassent de la circonstance pour essayer de reconquérir leur indépendance. Malgré les razzias qu'ils avaient subies, les Sbeahs, les Flittas, les Hachem, les Sdamas étaient encore puissants et pouvaient au besoin mettre sur pied de nombreux contingents.

Le colonel Cavaignac dut par conséquent redoubler d'activité et de vigilance pour maintenir la vallée du Chéliff dans la soumission.

Le 16 mai, il se met en route avec les forces dont il peut disposer. Après s'être montré aux tribus voisines de l'Ouar-en-Senis et après avoir créé un nouveau poste retranché sur le Haut-Riou afin d'assurer le maintien des communications entre Tiaret et Teniet-el-Haad, il se rabat vers le Bas-Chéliff. A notre approche, une partie des Sbeahs, qui ont encore une fois pris les armes, s'enfuient dans la montagne où des grottes profondes leur servent de refuge.

On avait cru jusqu'alors que ces cavernes étaient un asile inviolable. Le colonel Cavaignac résolut de détruire cette opinion.

Le 10 juin, après avoir étudié la position, il chargea la

compagnie de carabiniers, commandée par le capitaine de Jouvencourt et le lieutenant Chopin, de s'établir sur les hauteurs opposées à l'ouverture des grottes, afin d'y refouler les Arabes par un feu bien dirigé. Ce résultat fut bientôt obtenu.

La deuxième section de la compagnie, conduite par le lieutenant Chopin et le sergent Lajus, réussit alors, en passant par des sentiers dérobés, à s'approcher d'une des ouvertures devant laquelle les chasseurs entassèrent à la hâte des broussailles et des matières combustibles auxquelles on mit le feu dans l'espoir que la fumée, envahissant les grottes, forcerait les insurgés à se rendre.

Pendant ce temps, le capitaine de Jouvencourt, voulant reconnaître le terrain, s'était avancé tout seul vers d'autres ouvertures que les obusiers de montagne avaient canonnées sans résultat. Soudain on le voit chanceler et tomber à terre ; une balle l'avait frappé un peu au-dessus du cœur. Les Kabyles, sortis de la grotte, allaient s'emparer de lui lorsque deux sergents, Vivot et Ravail, et quatre carabiniers, Mercier, Bomont, Rattier et Bellevoie, s'élancent au secours de leur chef expirant. Rattier reçoit un coup de feu qui lui casse la jambe et roule dans le ravin, les autres continuent leur course.

Mercier, un homme connu de tout le bataillon pour sa vigueur corporelle et son courage, arrive le premier auprès de son capitaine. Pendant qu'il le charge sur son dos, une balle lui brise la main, mais il n'en continue pas moins à emporter son précieux fardeau jusqu'au moment où une seconde balle lui traverse la cuisse et le jette à terre (1). Vivot et Ravail, aidés par Bomont et Bellevoie, sont assez heureux pour rapporter le corps du capitaine de Jouvancourt et ramener leurs deux camarades blessés.

La tentative faite pour réduire les Arabes au moyen de la fumée n'avait pas réussi. Le colonel Cavaignac, jugeant que l'enlèvement des grottes par une attaque de vive force lui coûtera trop de monde, se décide à employer un autre

______

(1) Proposé pour la croix d'honneur, le brave Mercier reçut, le 5 juillet 1848, la récompense dont il était si digne.

moyen pour amener les défenseurs à capituler. Un cordon de tirailleurs étant embusqué vis-à-vis de l'entrée des grottes, avec la mission d'y refouler les Kabyles, le reste de la colonne va s'installer au-dessus des cavernes, et le commandant du génie Tripier (1), commence immédiatement à faire creuser des trous de mine pour pétarder et faire effondrer les galeries.

On travailla tant qu'il fit jour, et le soir on doubla le cordon des vedettes, précaution qui n'était pas inutile, car, pendant la nuit, les Kabyles essayèrent de sortir. Reçus par une fusillade meurtrière, ils furent bientôt rejetés à l'intérieur des cavernes.

Lorsqu'au point du jour ils entendirent de nouveau les explosions des pétards qui ébranlaient les voûtes des grottes et commençaient à produire des éboulements, les malheureux, terrifiés et déjà tourmentés par la soif, se rendirent à discrétion.

Le 15 juin, le corps du capitaine de Jouvencourt, que le bataillon avait ramené avec lui, fut enterré dans le cimetière d'Orléansville, en présence du colonel Cavaignac et de toutes les troupes de la garnison. Il fut inhumé à côté du brave sergent de tir Pautard, mort à l'ambulance des suites de la blessure qu'il avait reçue un an auparavant au combat du 4 juillet 1843. Quelques jours après sa rentrée à Orléansville, le colonel Cavaignac recevait du maréchal Bugeaud, dont toute l'attention se portait alors vers les affaires du Maroc, une lettre dans laquelle le gouverneur lui disait : « Les événements survenus sur la « frontière du Maroc nécessitant la présence de troupes « solides et aguerries dans l'est de la province d'Oran, « faites partir de suite le 5ᵉ bataillon de chasseurs d'Or-« léans. »

Dès le lendemain de la réception de cette lettre, le bataillon quittait Orléansville pour se diriger sur Mostaganem en compagnie d'un escadron du 4ᵉ chasseurs d'Afrique.

____

(1) Devenu général de division.

Le petit dépôt fut, quelques jours après, transporté d'Orléansville à Tenez.

Chemin faisant, le commandant Canrobert reçut l'ordre de venir rallier à Bel-Assel, sur la Mina, le général de Bourjolly qui, avec la division de Mostaganem, avait dû bivouaquer au milieu de tribus dont l'attitude paraissait inquiétante.

Le 1er juillet, la colonne de Bourjolly rentrait à Mostaganem, le pays paraissant plus calme. C'est pendant le séjour de six semaines qu'il fit dans cette ville, que le bataillon reçut la nouvelle de la victoire d'Isly remportée le 14 août sur l'armée marocaine.

Le bruit se répandit à cette époque chez les Flittas que les Français avaient été vaincus par les Marocains, et que le général de La Moricière était prisonnier de l'émir. L'agitation causée par ces fausses nouvelles força le général de Bourjolly à se transporter chez les Flittas vers le milieu de septembre. Plusieurs tribus, qui avaient hautement manifesté leurs sentiments hostiles ou qui n'avaient pas acquitté l'impôt, furent frappées de fortes amendes. Le principal instigateur de ces menées, arrêté et jugé par un conseil composé de grands chefs arabes, fut passé par les armes le 18 septembre.

Le même jour, pendant que toute la division était rassemblée sous les armes, le général de Bourjolly remettait la croix de la Légion d'honneur au capitaine adjudant-major de Labareyre et au brave sergent de carabiniers Vivot.

Rentré à Mostaganem le 10 octobre, le 5e bataillon de chasseurs part bientôt après pour Orléansville, où le général Comman procède, le 21 novembre, aux opérations de l'inspection générale.

Quelques jours auparavant, la 6e compagnie venant de Grenoble était arrivée à Orléansville sous les ordres du capitaine de Dorlodot des Essarts. Le cadre de la 4e compagnie s'embarquait à la même époque à Tenez pour rentrer en France et rejoindre le dépôt transféré de Grenoble à Toulouse. Jusqu'à la fin de cette année 1844, le bataillon séjourne tantôt à Tenez, tantôt à Orléansville, employé sans relâche aux travaux du génie dans ces places. Plusieurs compagnies sont, à tour de rôle, détachées sur les chantiers de la route que l'on construit pour relier ces deux villes. Au point culminant de cette route, près du col qui sépare le massif du Dahra de la chaîne du Petit-Atlas, on établit un camp destiné à commander le passage et à assurer la sécurité des convois qui circulent entre Tenez et Orléansville. On l'appelle le camp des Gorges.

1845 — Le bataillon continue à mener, pendant les trois premiers mois de l'année 1845 la même existence qu'il a menée pendant les derniers mois de l'année précédente. On tenta, vers le milieu de janvier, de se montrer dans le Dahra où régnait, disait-on, une sourde agitation ; mais l'état affreux des chemins défoncés par la pluie rendit toute expédition impossible.

Le chériff Bou-Maza.

Cependant, dans les premiers jours d'avril, l'agitation du Dahra devint très sérieuse. Un nouveau chériff, qui se faisait appeler Bou-Maza, prêchait la guerre sainte et entraînait sur ses pas toutes les tribus de la montagne. Le soulèvement était d'autant plus important, qu'il pouvait gagner les Sbeahs et les autres tribus de la vallée du Chéliff.

Le colonel de Saint-Arnaud, qui avait remplacé le colonel Cavaignac comme chef de la subdivision d'Orléansville, et le général de Bourjolly, qui commandait à Mostaganem, se donnèrent rendez-vous pour commencer sans délai les opérations.

Le 14 avril, le colonel de Saint-Arnaud quitte Orléansville et rallie les troupes de Tenez, commandées par le lieutenant-colonel Claparède, au camp des Gorges.

Ce camp, faiblement retranché, devait servir de base d'opération. Une section de la 6ᵉ compagnie, composée presque entièrement de jeunes soldats arrivés de France peu de mois auparavant, y fut laissée sous les ordres du sous-lieutenant Balland pour garder les bagages et les provisions qu'on y déposa.

Pendant que le colonel de Saint-Arnaud s'engageait dans les montagnes, Bou-Maza en sortait d'un autre côté et se dirigeait vers Orléansville, comptant entraîner la vallée du Chéliff dans la révolte s'il parvenait à surprendre cette place.

Fort heureusement que le chériff rencontra notre cavalerie d'Orléansville, qui, bien qu'en marche depuis dix heures pour rejoindre la colonne, n'hésita pas à le charger, le culbuta et le força à regagner la montagne.

Trois jours plus tard, le 17, il y eut un nouvel engagement dans lequel le lieutenant Béatrix, chef du bureau arabe de Tenez, surpris pendant une reconnaissance, fut tué ainsi que ses cavaliers d'escorte.

Le lendemain, 18 avril, le colonel de Saint-Arnaud pénètre chez les Ouled-Youness, tribu belliqueuse à laquelle appartenait Bou-Maza.

Il faut lire, dans les charmants récits du comte Pierre de Castellane, la relation de cette journée dans laquelle le commandant Canrobert se montra si bien à hauteur de la réputation d'intrépidité qu'il avait acquise.

Combat de Bâl.

Le camp venait d'être installé vers deux heures sur le haut plateau de Bâl, lorsque le colonel de Saint-Arnaud ordonna aux chefs des quatre bataillons de sa petite colonne de faire des reconnaissances dans la direction des quatre points cardinaux. Le commandant Canrobert devait se porter vers le sud. Il prit avec lui les trois premières compagnies de son bataillon et les carabiniers.

Cette troupe, dont l'effectif n'arrivait pas à 300 hommes, traversait un passage difficile, lorsqu'elle fut soudainement assaillie sur son flanc gauche par une multitude de Kabyles qui, comme une avalanche, descendaient de la montagne en brandissant leurs armes et en poussant d'affreux hurlements.

Il était à peu près impossible de faire sa retraite sans être enveloppé par cette foule et peut-être écrasé par elle.

Le commandant Canrobert n'hésite pas à prendre le seul parti qui peut le sauver ; celui de courir au-devant de l'ennemi qui vient à lui avec autant de désordre que d'intrépidité.

Ralliant à la hâte les carabiniers qui sont dispersés en tirailleurs, il s'élance à la rencontre des Kabyles qui, étonnés de tant d'audace, s'arrêtent pendant un moment. Ce répit, si court qu'il est, permet aux chasseurs de prendre position sur un petit plateau, où ils se postent en un instant derrière les pierres et les buissons pour répondre au feu nourri que l'ennemi ouvre sur eux.

A plusieurs reprises, les Kabyles, excités par leurs chefs, se ruent à l'assaut de cette position ; alors, c'est la baïonnette qui fait son jeu pour les refouler. Le commandant Canrobert est partout, dirigeant la défense, veillant à tout, animant ses chasseurs de la voix et du geste. Le capitaine de Dorlodot, qui remplace l'adjudant-major absent, et l'adjudant Pelletent sont à ses côtés et le secondent avec énergie. Déjà le bataillon a perdu plusieurs de ses meilleurs soldats, entre autres le sergent Bomont, un de ces carabiniers qui, l'année précédente, avaient été arracher aux Kabyles le corps du capitaine de Jouvancourt.

Un autre brave sous-officier, Lajus, se précipitant au milieu des Kabyles pour voler au secours de chasseurs blessés qu'ils entraînent, tombe frappé de deux blessures. Il va lui-même être enlevé par l'ennemi quand le clairon Darot (1) accourt à son aide et larde avec sa baïonnette les trois Kabyles qui l'ont saisi.

Le combat durait avec acharnement depuis une heure, quand on entend à quelque distance des clairons sonnant la charge. C'est le lieutenant Bonnet qui arrive au pas de course avec tous les chasseurs qu'on avait laissés au camp. D'un autre côté débouche, presque en même temps, le lieutenant-colonel Claparède, attiré par le bruit de la fusillade.

<hr>

(1) M. de Castellane estropie dans ses récits le nom de ce brave soldat, qu'il appelle Danot. Nous faisons cette rectification dans l'intérêt d'une famille qui a le droit d'être fière d'un tel homme.

Laissant la 2ᵉ compagnie à la garde des blessés et des morts, le commandant Canrobert, qui se voit soutenu, fait aussitôt prendre l'offensive par le reste de ses chasseurs. Il balaye en un instant le terrain qui s'étend devant lui. Mais il faut avoir l'œil partout, car une troupe de Kabyles défilée par un ravin vient de se précipiter sur la 2ᵉ compagnie restée seule sur le petit plateau tout à l'heure si bien défendu. Le commandant y revient en toute hâte avec les carabiniers et dégage la 2ᵉ. Les Kabyles, refoulés par nos baïonnettes et décimés par le feu des carabines, se tiennent dès lors à distance. Le bataillon rentre tranquillement au camp de Bâl en rapportant cinq morts et dix hommes grièvement blessés. Parmi les morts étaient deux braves et excellents sous-officiers, Gilmaire et Bomont.

Le brave Lajus échappa, grâce au clairon Darot, au sort terrible qui attendait deux chasseurs blessés tombés entre les mains de l'ennemi. Les malheureux furent brûlés la nuit suivante, sur un mamelon très élevé, à la vue de nos avant-postes, dont le bruit du tam-tam et les hurlements sauvages des Kabyles avaient attiré l'attention.

Le commandant Canrobert, qui s'était prodigué plus que personne dans cette chaude affaire, cita comme s'étant distingués sous ses yeux par leur courage et leur énergie, les capitaines de Dorlodot, Esmieu, de Cargouet, Olagnier (1) ; les lieutenants Chopin, Bonnet, Courson ; les sous-lieutenants de Roquefeuil, Alaiseau, Étournaud ; l'adjudant Pelletent ; les sergents-majors Alimondy, Bignon, Bonjour et Alexandre ; les sergents Lajus, Bourzeix, Viallet, Cordé, Morlaas ; les clairons Darot et Biron ; les caporaux Miolane, Piednoir, Leveillé et Kuntz ; les chasseurs Papillon, Estran, Baudon, Augé, Vallière, Tardivel, Levavasseur, Boisson, Dopeux et Robert.

____

(1) M. Esmieu avait remplacé le capitaine de Jouvencourt tué l'année précédente. — M. de Cargouet avait remplacé le capitaine Dubois, de la 5ᵉ compagnie, mort à l'hôpital de Mostaganem. — M. Olagnier, ancien garde du corps du roi Charles X, était venu du 4ᵉ de ligne en permutant avec le capitaine de Luxer.

Surprise du camp des Gorges.

Cinq jours après, la colonne de Mostaganem faisait sa jonction avec celle d'Orléansville. Pendant que le général de Bourjolly et le colonel de Saint-Arnaud se concertent pour arrêter le plan des opérations que l'on doit exécuter, un émissaire du caïd de Tenez vient leur annoncer que les Beni-Hidjas, et d'autres tribus du Petit-Atlas, se sont soulevés et que, le 20, le camp des Gorges, sur la route d'Orléansville à Tenez, a été attaqué et enlevé par les Kabyles.

Le colonel de Saint-Arnaud se met aussitôt en route pour ce camp, où l'on arrive le 25 avril. On trouve le sous-lieutenant Balland retranché dans le blockhaus avec sa section. Il raconte que, cinq jours auparavant, les Kabyles s'étant approchés du camp en se défilant derrière un pli de terrain, l'ont assailli si brusquement qu'avant qu'on eût pu courir aux armes le lieutenant du génie Commandeur, directeur des travaux de la route, était massacré ainsi que deux de nos chasseurs. Onze autres chasseurs de la 6ᵉ compagnie étaient blessés.

Grâce à la rapacité des Kabyles qui se jetèrent sur les bagages restés sous les tentes pour les piller, le sous-lieutenant Balland put rallier son monde dans le blockhaus, et, en tirant par les meurtrières, il parvint à chasser les Arabes de l'enceinte du camp.

Une malheureuse enfant de six ans, fille d'un cantinier, n'ayant pas à temps cherché un asile dans le réduit, avait été mise en pièces par les Kabyles et coupée par quartiers à la vue de nos jeunes soldats terrifiés de cet acte de sauvagerie.

Le colonel de Saint-Arnaud fit tracer autour du blockhaus une redoute à laquelle on donna le nom du lieutenant Commandeur. Cet ouvrage, dont la construction demanda deux jours, étant achevé, le capitaine de Pontual fut chargé de l'occuper avec 200 chasseurs pendant que le colonel reprenait sa course, ravageant et détruisant tout sur le territoire des tribus révoltées.

Se voyant châtiés si sévèrement, les Hidjas ne tardèrent

pas à faire des ouvertures de soumission. Ils consentaient bien à payer l'amende dont le colonel de Saint-Arnaud voulait frapper leur tribu, mais ils refusaient d'accéder à la remise de leurs armes qu'il exigeait également. C'était la première fois que l'on prenait, vis-à-vis de tribus insurgées, cette mesure énergique qu'elles regardaient comme un grand déshonneur.

On ne put donc se mettre d'accord et la colonne continua ses opérations en brûlant les villages, en coupant au pied les arbres fruitiers et en vidant les silos.

Ruinés et découragés, les Beni-Hidjas, chez qui nous avons repris bon nombre des objets pillés le 20 avril au camp des Gorges, finissent par remettre leurs armes. Nous leur assurons en échange protection complète contre leurs ennemis.

La colonne se transporte alors dans l'ouest du Dahra, au milieu de tribus chez lesquelles Bou-Maza entretient l'insurrection par sa présence.

Le mois de mai et le mois de juin se passent en courses incessantes à la poursuite du chériff qui se dérobe toujours à notre approche, mais qui nous harcèle sans relâche. Les engagements d'avant-garde et d'arrière-garde sont continuels.

Combat du 1ᵉʳ juin.

Le 1ᵉʳ juin, il y eut même une affaire assez chaude pendant laquelle une compagnie du 2ᵉ bataillon d'Afrique formant l'extrême arrière-garde fut sur le point d'être enlevée.

Le commandant Canrobert, averti de son danger, s'élance à son secours avec la 6ᵉ compagnie et les carabiniers qui abordent l'ennemi à la baïonnette. Dans cette mêlée, le sous-lieutenant Étournaud, de la compagnie de carabiniers, est tué d'un coup de feu tiré à bout portant. On lutte corps à corps. Le sergent Maignien, de la même compagnie, était entraîné par deux Kabyles qui l'avaient renversé à terre, tout étourdi par un coup de crosse sur la tête, son camarade Vivot le sauve en tuant ces deux ennemis à coups de baïonnette.

Dégagée par cette intervention vigoureuse, la compagnie du bataillon d'Afrique, un moment si compromise, put rallier la colonne sans être inquiétée.

Accablées par les pertes qu'elles subissent dans ces luttes continuelles, ruinées par la destruction de leurs maisons et de leurs vergers et par l'enlèvement de leurs troupeaux, les tribus prennent le parti de chasser Bou-Maza de leur territoire et se décident l'une après l'autre à faire leur soumission.

Tout le mois de juin est employé à faire rentrer l'impôt et les amendes et à procéder au désarmement.

Le mois de juillet fut un moment de repos pour les troupes de la subdivision d'Orléansville. Le 5e bataillon de chasseurs le passa tout entier à Tenez, consacrant ses loisirs aux travaux du génie.

On pouvait espérer que la rude et laborieuse campagne du printemps, suivie du désarmement de la plupart des tribus hostiles, assurerait pour quelque temps la tranquillité du Dahra. Il n'en fut rien.

Nouvelle insurrection du Dahra.

Dans les premiers jours d'août, l'infatigable Bou-Maza reparaît chez les Sbeahs et les entraîne à prendre les armes. L'agah et les caïds à qui nous avions donné le burnous d'investiture sont massacrés.

À cette nouvelle, le colonel de Saint-Arnaud quitte Orléansville avec le 53e de ligne, rallie le bataillon du commandant Canrobert et donne au chériff une chasse à outrance. Pour mieux dominer le pays, on établit au milieu du territoire des Sbeahs la redoute d'Aïn-Meran, destinée à servir de point de ravitaillement. Pendant six semaines, les colonnes légères commandées par le lieutenant-colonel d'Allonville, par le lieutenant-colonel Claparède et par le commandant Canrobert sillonnent le pays en tout sens, châtiant les révoltés, les traquant jusque dans les grottes de la montagne où ils croient trouver un asile, razant leurs troupeaux, imposant de sévères conditions et le désarmement à ceux qui par épuisement sont obligés de se rendre à discrétion. Au milieu de septembre, le 5ᵉ chasseurs d'Orléans quittait le camp d'Aïn-Meran pour rentrer à Tenez, où le général de Bar l'attendait pour passer l'inspection générale.

Insurrection de la province d'Oran.

Cette inspection était à peine achevée que le colonel de Saint-Arnaud appelait en toute hâte le bataillon à Orléansville. Les nouvelles de l'ouest de la province d'Oran étaient des plus graves.

Abd-el-Kader, revenu du Maroc à la tête de nombreux contingents, avait rallié autour de lui plusieurs tribus. Le soulèvement s'était étendu rapidement dans le sud de la province.

Combat de Tifour.

Bou-Maza chassé du Dahra s'était jeté dans les montagnes des Flittas, où le général de Bourjolly, attaqué pendant qu'il traversait le défilé de Tifour, avait éprouvé des pertes sérieuses. Le commandant Clère, du 9ᵉ bataillon de chasseurs, et le colonel Berthier, du 4ᵉ chasseurs d'Afrique, étaient au nombre des morts.

Le colonel de Saint-Arnaud, averti de ce qui vient de se passer, marche au secours de la colonne de Mostaganem qui a dû se replier sur Bel-Assel. Aussitôt renforcé par notre arrivée, le général de Bourjolly reprend l'offensive.

Mais peu de jours après, les deux divisions sont obligées de se séparer, car le colonel de Saint-Arnaud vient d'être averti qu'un soulèvement paraît imminent dans la subdivision d'Orléansville. Il y revient donc en toute hâte.

Combat de Sidi-Brahim.

Le 1ᵉʳ octobre, le 5ᵉ chasseurs apprenait avec une douleur mêlée d'admiration le désastre de Sidi-Brahim, dans lequel le 8ᵉ bataillon avait trouvé une fin héroïque.

Jusqu'aux premiers jours de décembre, on peut dire que les troupes de la subdivision d'Orléansville n'eurent pas un moment de repos. Pourchassant sans relâche l'insaisissable Bou-Maza, elles sillonnent dans tous les sens les vallées du Chéliff, de l'Oued-Riou, de l'Oued-Isly, de la Djidioua, tantôt se montrant à l'improviste dans les montagnes, tantôt se rabattant non moins rapidement vers la plaine.

Grâce à cette activité, la grande révolte de 1845 fut plutôt prévenue que réprimée dans la subdivision commandée par le colonel de Saint-Arnaud. Il n'y eut qu'un seul combat sérieux, livré le 11 octobre à une fraction des Beni-Ouraghs.

Le 20 novembre, le comandant Canrobert, nommé par un décret du 26 octobre lieutenant-colonel au 16e de ligne, remettait au plus ancien capitaine le commandement de ce 5e bataillon de chasseurs auquel son nom doit rester à jamais attaché.

Départ du commandant Canrobert.

Le lieutenant-colonel Canrobert étant en même temps nommé commandant supérieur du cercle de Tenez, le bataillon va continuer d'ailleurs à servir sous ses ordres.

Son successeur désigné était le commandant de Saint-Germain Mais cet officier supérieur, employé dans les affaires arabes où il désirait continuer sa carrière, permuta avec le commandant Soumain, du 56e de ligne.

Arrivée du commandant Soumain.

M. Soumain vint prendre le commandement du 5e chasseurs à Tenez le 1er décembre 1845. Sous la direction d'un chef comme le nouveau commandant du cercle de Tenez, l'hiver fut laborieux.

Outre son ancien bataillon, le lieutenant-colonel Canrobert avait à sa disposition un bataillon du 64e de ligne, commandé par le chef de bataillon d'Aurelle de Paladines, et un peloton de cavalerie.

Une importante tribu des montagnes voisines de Tenez, celle des Beni-Hidjas, si sévèrement châtiée après la surprise du camp des Gorges, avait commis de nouveaux actes d'hostilité. Son ancien caïd Ben-Hinni s'était mis à la tête d'une troupe nombreuse de mécontents et de maraudeurs qui interceptaient souvent les communications entre Tenez et Orléansville.

Le colonel Canrobert jura d'en avoir raison.

Le 15 décembre il tombe, après une marche de nuit, au milieu de la fraction des Hidjas qui donne asile à Ben-Hinni, et la disperse après un combat dans lequel le bataillon a trois tués et six blessés. Les villages, à peine relevés de leurs ruines, sont de nouveau livrés aux flammes.

1846 — Vers la fin de janvier, le colonel apprend que Bou-Maza a reparu dans le Dahra, où Ben-Hinni est allé le rejoindre.

Ayant obtenu comme renforts un bataillon du 36ᵉ et un peloton de chasseurs d'Afrique, le commandant du cercle de Tenez se met en campagne.

Campagne du lieutenant-colonel Canrobert dans le Dahra.

Le 29 janvier, le colonel Canrobert, laissant le commandement des troupes au chef de bataillon Soumain, était parti de bon matin pour aller s'entendre avec le chef de la subdivision d'Orléansville. Vers 10 heures, le commandant Soumain reçoit du capitaine Lapasset (1), chef du bureau arabe de Tenez, un billet l'informant que Bou-Maza est installé à Tadjena, village peu éloigné de notre camp.

Combat de Tadjena.

Aussitôt deux compagnies du 5ᵉ bataillon de chasseurs, appuyées par une compagnie d'élite du 36ᵉ, partent sans sacs et se portent rapidement et en silence vers l'endroit indiqué. Les Kabyles surpris opposèrent une vive résistance. Bou-Maza réussit à s'échapper après avoir montré une grande bravoure dans la lutte, mais l'agah de sa cava-

---

(1) Devenu général de division.

lerie, Ouled-Derbal, et l'agitateur Ben-Hinni restèrent sur le terrain parmi les morts.

Nos deux compagnies, engagées sous les ordres des capitaines de Cargouet et Esmieu, eurent 8 tués et 20 blessés, parmi lesquels 2 sous-officiers.

Le soir même, le colonel Canrobert rentrait au camp, précédant quelques compagnies de zouaves qu'il avait obtenues à Orléansville.

Le 30 au matin, il apprend qu'au lieu de s'éloigner, Bou-Maza rallie ses contingents dispersés la veille. On se met aussitôt en marche pour l'atteindre. Arrivé à quelque distance du point où l'on sait que le chériff a pris position avec 700 ou 800 hommes, le colonel se met à la tête de sa cavalerie pour tourner l'ennemi que le commandant Soumain doit charger à fond avec son bataillon, aussitôt que les cavaliers auront suffisamment gagné de terrain.

Ce plan, bien exécuté, réussit à merveille. Les Kabyles laissent plus de 100 cadavres sur le plateau qu'ils occupaient ou dans les ravins qui l'entourent.

Pendant le mois de février et le mois de mars, il n'y eut pas un moment de trêve.

« Les savants, dit M. de Castellane qui faisait partie « du peloton de chasseurs d'Afrique opérant dans le Dahra, « les savants nient le mouvement perpétuel : évidemment, « les illustres membres de l'Académie des sciences n'ont « point fait, à cette époque, les campagnes d'Afrique : ils « ne douteraient plus de son existence. Une course finie, « dans la nuit même une autre commençait. »

Aussi, est-il bien difficile de suivre les colonnes dans toutes ces marches et ces contre-marches. Le récit en est forcément décousu, comme les opérations l'étaient elles-mêmes dans leurs détails.

Le 15 mars, la cavalerie placée sous les ordres du capitaine des spahis Fleury (1) court un grand danger. Faisant l'avant-garde avec 150 chevaux, le capitaine Fleury tombe dans une embuscade préparée par Bou-Maza qui a autour de lui 800 cavaliers et une quantité de Kabyles à pied.

(1) Devenu général de division.

Charger cette masse était difficile et bien imprudent. La cavalerie fait donc au grand trot tête de colonne à gauche pour gagner un mamelon facile à défendre, où spahis et chasseurs mettent pied à terre, s'embusquent et font le coup de feu en attendant l'arrivée de l'infanterie.

L'affaire fut chaude. Le capitaine Fleury tombant avec son cheval tué sous lui se démet le pied ; son capitaine en second a la cuisse traversée ; mais les cavaliers bien embusqués tiennent bon. Enfin on entend les clairons ; zouaves et chasseurs d'Orléans arrivent au pas de course et balayent les environs du mamelon.

Pendant que la colonne continue sa marche après la fin du combat, notre compagnie de carabiniers est chargée de flanquer le convoi des blessés que Bou-Maza tente d'enlever. Quelques salves des grosses carabines dispersent le groupe de cavaliers qui escorte le chériff, et le soir, on apprend par un déserteur qu'une de nos balles a cassé le bras de Bou-Maza.

Le 23 avril, l'agah des Beni-Zerouals, qui commande les insurgés en l'absence de Bou-Maza, vient avec 300 cavaliers et 700 ou 800 Kabyles attaquer le camp du colonel Canrobert par ses quatre faces à la fois.

Les grand'gardes tinrent longtemps l'ennemi en respect et à distance. Soudain, à un signal convenu, les petits postes d'une des faces abandonnent leur position et s'enfuient en toute hâte vers le camp.

Aussitôt, les Kabyles embusqués se démasquent et les poursuivent en jetant des cris de triomphe. C'était ce qu'espérait le colonel Canrobert qui leur avait tendu ce piége. Tout à coup la cavalerie qui se tenait à cheval, prête à charger, débouche du camp et tombe sur les Kabyles en désordre dont elle sabre un bon nombre.

Dans le rapport qu'il adressa au gouverneur à la suite de cette affaire, le colonel Canrobert signala que les grand'gardes du 5ᵉ chasseurs d'Orléans montrèrent une grande vigueur. Il cite à l'ordre les noms du commandant Soumain, du capitaine Esmieu, des lieutenants Bonnet et Chopin et du brave caporal Mercier qui, grièvement atteint à la tête, était blessé pour la troisième fois depuis un an.

Ben-Keka, l'agah des Beni-Zerouals, était resté sur le terrain grièvement blessé par le sabre d'un chasseur. On le ramena prisonnier dans notre camp.

Le lendemain, la colonne Canrobert faisait pour quelques jours sa jonction avec la colonne d'Orléansville.

Toutes ces colonnes, sans cesse en mouvement, se portaient ainsi un mutuel appui et réunissaient par moments leurs forces pour frapper un coup décisif.

Les tribus pourchassées sans relâche commençaient à se rendre à discrétion. La colonne de Mostaganem, commandée par le général Pélissier, les serrait d'un autre côté en opérant près de la côte.

Au mois de mai, les Ouled-Youness et les Cheurfas ayant demandé l'aman, il ne restait plus à soumettre que les Achachas qui habitent la partie de la montagne la plus voisine de la mer. Pivotant sur la colonne de Mostaganem qui les empêche de s'échapper vers l'ouest, le colonel Canrobert rabat la tribu vers la côte. Un dernier combat eut lieu le 10 mai. Les Achachas, refoulés de position en position et décimés par le feu de nos chasseurs, laissent sur la place plus de 60 cadavres. Un grand nombre de ces malheureux se précipitent du haut des falaises pour chercher un refuge dans la mer. Les courants les saisissent et les entraînent vers le large. On les voit se débattre, puis disparaître l'un après l'autre sous les flots.

Soumission du Dahra.

Ce fut le dernier épisode de l'insurrection du Dahra. Le soir, ceux des Achachas qui avaient échappé au massacre vinrent implorer l'aman.

La colonne Canrobert put rentrer à Tenez pour prendre quelque repos et réparer l'équipement et l'habillement mis complétement en pièces pendant ces mois de marches forcées et de luttes incessantes.

Le 1er mai, M. de Labareyre, nommé chef de bataillon au 56e de ligne, avait fait ses adieux au 5e bataillon de chasseurs. Il fut remplacé dans son emploi d'adjudant-major par M. le capitaine Duplessis, venant du 1er bataillon de l'arme.

Au mois de septembre, M. le général Magnan vient passer à Tenez l'inspection générale du bataillon. Le 15 décembre, le 5e chasseurs d'Orléans perd un de ses officiers, M. le lieutenant Romagnesi, employé au bureau arabe de Tiaret, qui succombe à la suite d'un accès de fièvre pernicieuse.

1847 — La fin de l'année 1846 et les trois premiers mois de 1847 furent tranquilles dans la subdivision d'Orléansville. Le 5e bataillon de chasseurs, employé tantôt aux travaux du génie ou de l'administration dans la place de Tenez, tantôt aux travaux de réparation qu'il fallait exécuter sur la route d'Orléansville très dégradée par les fortes pluies de l'hiver, ne quitta sa garnison que pour faire de courtes apparitions chez les tribus auxquelles on réclamait l'impôt. Il contribua également aux travaux exécutés dans le camp d'Aïn-Meran transformé en bordj pour le nouvel agah que nous avions donné aux Sbeahs.

Dans les premiers jours d'avril, on eut un moment d'alerte. Le bruit courut tout à coup que Bou-Maza venait de reparaître dans les montagnes du Dahra, d'où le colonel Canrobert l'avait chassé dix mois auparavant.

Depuis cette époque, le chériff avait erré dans les trois provinces, prêchant partout la guerre sainte. Le prestige qu'il exerçait amena, fort heureusement, une rupture entre lui et Abd-el-Kader, toujours jaloux de sa propre influence. Traqué d'asile en asile, chassé tour à tour des montagnes du Djebel-Amour et des oasis des Zibans, Bou-Maza s'était, en dernier lieu, réfugié dans l'extrême sud auprès du caïd de Tuggurt.

Soumission de Bou-Maza.

Dès que le bruit de son retour dans le Dahra parvint à Orléansville et à Tenez, deux colonnes se mirent en marche pour pénétrer chez les Ouled-Youness, au milieu desquels le chériff s'était présenté. Mais bientôt le 5e chasseurs reçut un contre-ordre motivé par une nouvelle qui causa une surprise générale. L'indomptable Bou-Maza s'était constitué prisonnier entre les mains du colonel de Saint-Arnaud en lui disant : « C'est à toi que j'ai voulu me rendre, « parce que tu es celui des Français contre lequel j'ai le « plus souvent combattu. »

Le 17 avril, le chériff partit pour Tenez, où un navire l'attendait pour le conduire en France. Le 5e bataillon de chasseurs se trouvait ce jour-là campé aux portes d'Orléansville, près du bord de la route. Officiers et chasseurs, tout le monde était accouru pour voir passer cet ennemi à qui l'on avait donné de si rudes chasses. C'était un beau jeune homme de vingt-cinq ans environ, ayant la taille élancée, une tournure élégante et des traits réguliers animés par des yeux ardents et pleins d'expression. Cavalier incomparable, il maniait admirablement les chevaux les plus fougueux.

En reconnaissant les uniformes sombres du bataillon, le chériff s'écarta et dit au colonel de Saint-Arnaud placé à côté de lui : « Ce sont eux qui m'ont cassé le bras l'année dernière. » S'avançant ensuite vers le capitaine de Pontual, qui commandait le bataillon en l'absence de M. Soumain alors en congé de convalescence, Bou-Maza lui tendit la main en signe de réconciliation et le complimenta sur le courage et l'énergie dont les chasseurs d'Orléans avaient fait preuve dans la campagne du Dahra. On put remarquer que le bras gauche du chériff, cassé dans le combat du 15 mars 1846, était complétement ankylosé.

Après avoir séjourné à Orléansville jusqu'au 30 juin, le bataillon revint à Tenez.

Le général Baraguey-d'Hilliers y vint passer l'inspection générale, à la suite de laquelle le capitaine Esmieu partit avec les cadres de sa compagnie pour rejoindre le dépôt à Toulouse.

Le capitaine Olagnier prit le commandement de la 1re compagnie qui arrivait du dépôt avec 250 jeunes soldats.

L'automne se passa sans incident notable. Le pays était tranquille et soumis.

Soumission d'Abd-el-Kader.

1848 — Comme étrennes, le 1er janvier 1848 nous apporta la nouvelle de la reddition d'Abd-el-Kader. L'émir, brouillé avec l'empereur du Maroc et rejeté sur nos possessions par l'armée marocaine, s'était trouvé complétement à bout de ressources. Désespérant de sa cause et de la nationalité arabe, il s'était remis au pouvoir du duc d'Aumale, récemment nommé gouverneur de l'Algérie.

Le 5ᵉ bataillon de chasseurs à Blidah.

A la fin du mois de janvier, le 5ᵉ bataillon de chasseurs reçoit l'ordre de quitter Tenez pour se rendre à Coléah. Il ne passe que six semaines dans cette petite ville et va, le 10 avril, s'installer à Blidah. Pendant le séjour à Coléah, le bataillon perd le sous-lieutenant Régis, mort de la fièvre, le 29 février, à l'hôpital du dey.

Expédition dans le Sud.

A peine arrivé à Blidah, le 5ᵉ bataillon de chasseurs reçoit l'ordre de boucler les sacs et de se préparer à partir. Le général Marcy-Monge, commandant de la subdivision de Médéah, venait d'apprendre que, par suite des événements politiques qui avaient eu lieu en France, il se manifestait une sourde agitation dans le sud de la subdivision. Plusieurs tribus, entre autres celle des Righas, refusaient de payer l'impôt. Un soldat du train revenant de Boghar avec ses mulets avait été assassiné sur la route de Médéah en traversant leur territoire. Appelant à lui le 5ᵉ bataillon de chasseurs et un bataillon du 64ᵉ pour les joindre au 8ᵉ léger et à 300 chevaux qu'il a sous la main, le général Marcy se porte chez les Righas qui sont frappés d'une forte amende et contraints de livrer les assassins du soldat du train.

Pendant qu'on procède à l'enquête sur les troubles et qu'on fait les arrestations, le général apprend que les tribus du sud, notamment la grande tribu des Ouled-Naïls, sont aussi en fermentation.

Laissant le bataillon du 64e pour achever de recevoir les amendes, il se porte avec le reste de ses troupes sur Boghar où la colonne, arrivée le 24 avril, s'arrête pendant quelques jours pour se préparer à la course dans le sud.

C'était la première fois que le 5e bataillon de chasseurs, qui jusqu'alors n'avait pas dépassé les limites du Tell, allait pénétrer dans les immenses steppes qui couvrent la région des hauts plateaux. Au printemps, grâce à l'action bienfaisante des pluies d'hiver, c'est une véritable mer de verdure qui s'étend à perte de vue. L'été, cette herbe, qui porte le nom d'alfa, se dessèche sous l'action du vent et du soleil et les hauts plateaux prennent l'aspect d'un désert. En toute saison, l'eau potable y est rare, et presque partout de mauvaise qualité. Aussi ce sont les puits et les fontaines qui jalonnent les routes et indiquent aux colonnes la direction qu'il faut suivre.

Le 27 avril, la colonne, forte de 1,300 hommes d'infanterie et de 300 chevaux, se met en route. Un goum d'environ 1,500 cavaliers l'éclaire et la précède. Les bagages sont portés par un convoi de 1,400 chameaux. Cette promenade à travers les steppes dure un mois entier sans qu'on tire un seul coup de fusil. En revanche, les hommes se fatiguent beaucoup en parcourant au milieu de ces hautes herbes des étapes de 6 à 7 lieues par jour. L'approche des goums suffit pour faire rentrer tous les impôts. Le 17 mai, on arrivait au Ksour ruiné de Cherf, situé chez les Ouled-Naïls, au pied du Grand-Atlas. C'était la limite de notre itinéraire. Le surlendemain, la colonne reprenait la route de Médéah, où elle rentra le 29 mai.

Après être resté six semaines dans cette ville ou dans les camps établis aux environs pour les travaux des routes en construction, le 5e bataillon de chasseurs regagne Blidah où il retrouve sa 1re compagnie.

Le 27 août, le bataillon recevait un nouveau commandant, M. Auzony, désigné pour remplacer M. Soumain, promu par décret du 13 juin au grade de lieutenant-colonel.

1849 — Jusqu'au mois d'avril 1849, le 5e chasseurs séjourne à Blidah, ou plutôt est censé y séjourner. Presque toutes les compagnies sont détachées, les unes aux ateliers qui réparent la route des gorges de la Chiffa, les autres aux villages que l'administration fait construire pour les nouveaux colons que le gouvernement vient d'envoyer en Algérie. Les villages d'El-Affroum et de Bou-Roumi, aujourd'hui si riches et si prospères malgré le tremblement de terre du 2 février 1867, furent en grande partie créés et construits par nos chasseurs. Sur ces chantiers le soldat, déposant un moment ses armes, reprend son ancien métier. Les maçons, les forgerons, les serruriers, les charpentiers, les menuisiers travaillent de leur état et forment des apprentis. D'autres, enfants de la campagne, s'attaquent à la terre, la défrichent, font des clôtures, plantent et taillent des arbres fruitiers.

Après avoir été forcé d'incendier tant de villages indigènes, de détruire tant de plantations utiles, on est heureux de travailler à ces établissements nouveaux qui vont concourir à la prospérité d'une colonie arrosée de tant de sueurs et de tant de sang.

Suppression de la compagnie de carabiniers et modifications dans l'armement des bataillons de chasseurs.

Au mois de mars 1849, on opère un tiercement général par suite de la suppression de la compagnie de carabiniers qui devient 8ᵉ compagnie. La 2ᵉ compagnie, venue du dépôt, remplace la 3ᵉ dont le cadre, commandé par le capitaine de Pontual, rentre en France et se rend à Toulouse.

Le 20 mars on distribue aux six compagnies de guerre de nouvelles armes. C'est la carabine à tige modèle 1846, qui remplace la carabine à chambre.

Par suite du tiercement les deux premières compagnies se trouvent commandées par le capitaine Olagnier et le capitaine Cambriels, la 3ᵉ et la 4ᵉ compagnie qui forment le dépôt sont commandées par MM. de Pontual et Bernard, les quatre dernières compagnies sont placées sous les ordres des capitaines de Cargouet, Courson, Lecat et Perès.

M. Lecat s'étant fait employer dans le service du recrutement dut quitter l'arme des chasseurs. Il permuta au mois d'août avec le capitaine Bocher, du 66ᵉ de ligne. M: Perès fut, à la même époque, remplacé au bataillon par M. Alpy.

Le printemps de l'année 1849 fut tranquille. On fit seulement, vers le milieu d'avril, une petite razzia chez les Beni-Silem qui habitent entre les sources de l'Arrach et celles de l'Isser. La colonne qui se rendit dans leur pays pour les forcer à payer les impôts en retard ne se composait que de trois bataillons, un de zouaves, commandant Espinasse ; un de tirailleurs algériens, commandant de Wimpfen, et le 5ᵉ bataillon de chasseurs.

Au mois de mai commencent des opérations plus sérieuses auxquelles le bataillon, scindé en deux fractions, est appelé à prendre part.

Situation de la colonie en 1849.

Depuis la soumission d'Abd-el-Kader, la province d'Oran était complétement tranquille ; la valée du Chéliff, pacifiée, se couvrait de nouvelles cultures ; la Mitidja se colonisait activement. La province de Constantine n'était pas moins prospère.

La Kabylie.

Il n'y avait plus guère que la Kabylie qui ne reconnaissait pas notre autorité. Cette région montagneuse, dont la haute chaîne du Djurjura occupe le centre, est une des plus riches et des plus fertiles du Tell algérien. Admirablement cultivée et bien arrosée, elle nourrit une population brave, active et industrieuse.

Les principales rivières de la Kabylie sont l'Isser, le Sebaou, l'Oued-Bou-Youssef, qui arrosent le versant nord du Djurjura, et l'Oued-Sahel, qui coule au pied du versant sud de ces montagnes. La vallée de l'Oued-Sahel, qui porte dans son cours inférieur le nom d'Oued-Assouman, sépare la grande Kabylie de la petite. La petite Kabylie ou Kabylie orientale renferme la haute chaîne des Babors, et s'étend vers l'est jusqu'au delà de l'Oued-el-Kébir ou

Rummel inférieur. Elle est principalement arrosée par l'Oued-Amazih, affluent de l'Oued-Sahel, par l'Oued-Agrioun et par l'Oued-Endja, puissant cours d'eau qui forme avec le Rummel, dont il est un affluent, la partie du fleuve désignée sous le nom d'Oued-el-Kébir.

La possession de la vallée de l'Oued-Sahel devait nous permettre de séparer les deux Kabylies et faciliter, par conséquent, leur soumission.

Déjà en 1839, lors de l'expédition des Bibans, le duc d'Orléans avait traversé, sans rencontrer trop d'obstacles, la vallée de l'Oued-Sahel dans sa partie moyenne, en passant par le Bordj-Mançour et le Bordj-Bouïra qui s'élève à l'entrée de la riche plaine d'Hamza.

En 1844, le maréchal Bugeaud avait, en une laborieuse campagne, soumis la partie occidentale des montagnes kabyles.

Les Krachnas, voisins de la Mitidja, les Beni-Djaad et les Flissas, grandes tribus fixées sur les montagnes qui dominent l'Oued-Isser, avaient à peu près régulièrement payé l'impôt depuis cette époque. L'occupation de Dellys nous donnait pied chez eux pour y maintenir l'ordre.

Par contre, les montagnards de la grande chaîne du Djurjura, entre l'Oued-Sebaou et l'Oued-Sahel, étaient toujours indépendants et se montraient fort hostiles. Les tentatives faites pour pénétrer chez eux n'avaient pas réussi et, tout récemment encore, les Guetchoulas, qui habitent le revers nord du Djurjura, au-dessus de Bordj-Boghni, avaient insulté et provoqué le commandant de la subdivision d'Aumale.

En 1849, nous possédions près des sources de l'Oued-Sahel cette ville naissante d'Aumale, chef-lieu d'une subdivision placée sous les ordres du colonel des zouaves Canrobert. Plus bas, sur la rivière, nous avions conservé le fort de Bouïra, occupé une première fois par le duc d'Orléans. Enfin près de l'embouchure du fleuve nous étions maîtres, depuis 1833, du port de Bougie, bien déchu de son ancienne importance par suite du blocus établi par les Kabyles des montagnes voisines.

Au sud de Bougie, de l'autre côté de la petite Kabylie,

on avait relevé de ses ruines la colonie romaine de Sétif qui, de même qu'Aumale, devait nous assurer une solide position sur la route de Constantine à Alger. Il était non-seulement devenu indispensable de soumettre la vallée de l'Oued-Sahel entre Bougie et Aumale. mais aussi d'ouvrir de libres communications entre Sétif et Bougie, qui est son port de mer naturel. Tel était le double but que l'on se proposait dans la campagne d'été de 1849.

Deux colonnes partant de Bougie, sous les ordres du général de Saint-Arnaud, et de Sétif, sous les ordres du général de Salles, devaient marcher à la rencontre l'une de l'autre et se donner la main dans la vallée de l'Oued-Amazin, un des principaux affluents de l'Oued-Sahel. La soumission des tribus de cette région montagneuse devait permettre d'ouvrir entre les deux villes la route dont on sentait vivement le besoin.

En même temps, une colonne partant d'Aumale, sous les ordres du général Blangini, était chargée de réduire les Guetchoulas, dont la soumission devait étendre notre influence dans la partie supérieure du bassin de l'Oued-Sahel. Cette diversion avait aussi pour but d'empêcher les montagnards de cette région de se porter au secours des tribus voisines de Bougie.

Le général de Saint-Arnaud avait demandé au gouverneur de lui envoyer le 5ᵉ bataillon de chasseurs que le général Blangini, commandant de la division d'Alger, réclamait de son côté.

La question fut tranchée par un jugement digne de Salomon. Les deux premières compagnies, commandées par le capitaine Olagnier, furent envoyées par mer au général de Saint-Arnaud, tandis que les quatre autres se dirigeaient vers Aumale sous les ordres du commandant Auzouy.

Expédition dans la grande Kabylie.

La colonne du général Blangini, dont nous suivrons d'abord les opérations, se composait de 3,500 baïonnettes, de 300 chevaux français et d'un goum d'environ 800 cavaliers.

Elle se met en route le 15 mai et va camper le lendemain au Bordj-Bouïra, d'où l'on aperçoit les crêtes du Djurjura couvertes d'une épaisse couche de neige.

Le camp est à peine formé qu'une députation des Guetchoulas se présente et demande à parler au général. Tout le monde suppose que ces Kabyles viennent pour traiter ou pour demander l'aman ; il n'en est rien. La députation vient seulement prier le général de faire respecter par ses troupes le marabout de Sidi-Abd-er-Rhaman, un des plus vénérés de l'Algérie.

Le général s'y étant engagé, les Kabyles se retirent en annonçant que la tribu est décidée à défendre énergiquement ses foyers.

Le 19 on franchit, après une pénible ascension, un col de la chaîne du Djurjura. C'est un long défilé, à la sortie duquel on débouche dans le bassin du Sebaou, sur les terres des Guetchoulas. Cette contrée magnifique, bien cultivée et couverte d'une riche végétation, est parsemée de grands villages presque tous entourés d'une enceinte construite en pierre sèche.

De nombreux groupes de Kabyles couronnent les hauteurs, mais n'attaquent pas la colonne qui va dresser son camp près de la vieille forteresse turque de Bordj-Boghni.

Le pays étant extrêmement accidenté, le général Blangini voulut immédiatement faire reconnaître le terrain sur lequel il devait s'engager le lendemain.

Un bataillon de zouaves, appuyé par les quatre compagnies du 5ᵉ chasseurs, est chargé de cette reconnaissance que dirige le colonel Canrobert.

Refoulant les Kabyles à coups de fusil, la reconnaissance, qui a été attaquée dès ses premiers pas, finit par gagner des crêtes d'où l'œil, embrassant l'ensemble du pays, domine les différents villages.

L'étude du terrain terminée, le colonel Canrobert fait sonner la retraite. A ce signal, les Kabyles, beaucoup plus nombreux qu'on ne l'avait cru d'abord, sortent de tous les ravins pour harceler nos soldats qui, formés en lignes de tirailleurs, se retirent tranquillement par échelons.

Malgré la fusillade très nourrie qui coûte aux chasseurs 2 tués et 14 blessés que leurs camarades rapportent avec eux, la retraite continue lentement et en bon ordre.

Déjà on est à peu de distance du camp. Il ne reste plus à replier qu'un dernier échelon formé par une section de chasseurs que commande le lieutenant Le Borgne de la Tour.

M. de la Tour attendait pour se mettre en marche le signal que doit lui adresser le colonel Canrobert, lorsque sa section se trouve tout à coup enveloppée et assaillie par une troupe de Kabyles qui, se faufilant adroitement à travers les blés, ont réussi à lui couper la retraite.

Se voyant cerné, M. de la Tour s'élance le sabre à la main au-devant de l'ennemi et entraîne ses chasseurs qui répètent le cri : A la baïonnette !

Les deux groupes se heurtent dans un choc violent. M. de la Tour, qui vient de tomber entraîné par un Kabyle avec lequel il lutte corps à corps, reçoit à bout portant une balle qui lui brise la jambe.

Recueilli et ramené au camp par deux de nos compagnies qui se sont élancées pour faire un retour offensif, ce brave officier dut le soir même subir l'amputation qu'il supporta avec une admirable résignation.

Les Kabyles n'osèrent pas attaquer le camp pendant cette nuit. Ils s'occupaient à enterrer leurs morts.

Le lendemain, dès l'aube du jour, toute la colonne était sous les armes.

Pendant que le convoi file dans la vallée sous l'escorte du 44ᵉ de ligne, les chasseurs à pied, les zouaves et les turcos s'échelonnent en plusieurs pelotons qui s'élèvent sur le flanc de la montagne, gagnant du terrain vers les crêtes et appuyant insensiblement vers l'ennemi.

Les Kabyles se défendent bien et il faut les débusquer successivement de plusieurs retranchements en pierre sèche qu'ils ont préparés pendant la nuit, mais sur lesquels nous trouvons des vues plongeantes. Nos nouvelles armes dépassent comme justesse et comme portée ce qu'on en pouvait attendre. En quelques minutes une section, ouvrant le feu par ordre du général, balaye un mamelon fortement occupé, situé à environ 900 mètres sur notre flanc.

Vers 11 heures, toutes les hauteurs étant couronnées par nos troupes, le général Blangini forme trois colonnes d'attaque pour en finir avec l'ennemi. A droite, les turcos et le 2e bataillon de zouaves; au centre, les chasseurs à pied placés à côté des obusiers de montagne qui lancent leurs projectiles dans les villages; à gauche, le 1er bataillon des zouaves.

A un signal donné, la charge sonne, les colonnes s'élancent et trois villages sont successivement enlevés avec un remarquable entrain.

Le soir, les Kabyles n'étant pas venus faire leur soumission, ces villages furent livrés aux flammes.

Mais le lendemain, lorsqu'ils virent qu'au lieu de nous retirer, nous commencions à couper les oliviers et les arbres à fruits, les Guetchoulas vinrent demander l'aman au général Blangini, dont la tente était dressée auprès du marabout de Sidi-Abd-er-Rhaman, qu'on avait religieusement respecté.

On sut alors que, dans l'affaire de la veille, l'ennemi nous avait opposé environ 8,000 hommes, la tribu des Guetchoulas ayant été renforcée par des contingents venus des montagnes voisines, et même des Zouaouds et des Flissas. Ils avouaient avoir perdu plus de 200 tués, sans parler des blessés qui étaient fort nombreux. De notre côté, il y avait 10 tués et 56 blessés, dont 23 appartenaient au 5e bataillon de chasseurs.

Pour évacuer ces blessés et ceux de la journée précédente, le général Blangini se dirigea sur Dellys où la colonne arriva le 30 mai, non sans avoir beaucoup souffert de la chaleur.

Avant de s'éloigner de cette ville, on jugea nécessaire de donner une leçon aux Flissas qui étaient en retard pour le paiement des impôts et dont quelques contingents avaient aidé les Guetchoulas dans leur résistance.

Le 2 juin, la colonne pénètre dans leurs montagnes, mais ne trouve qu'une faible résistance. Dès le lendemain, les

Flissas vinrent payer l'impôt et se soumetre à l'amende dont on les frappait.

Les opérations étant terminées, le colonel Canrobert reprit la route d'Aumale avec ses zouaves, tandis que le 5e chasseurs se dirigeait par étapes vers Blidah, où il arriva le 8 juin. Les deux compagnies envoyées à la colonne de Bougie n'étaient pas encore de retour.

Expédition du général de Saint-Arnaud entre Bougie et Sétif.

Ces compagnies, les dernières venues du dépôt, s'étaient embarquées à Alger le 12 mai.

Dès leur arrivée à Bougie, on les chargea de reconnaître les environs de la place que les Kabyles serraient d'assez près. Le 15 mai, dans une de ces reconnaissances faite chez les Beni-Mimoun, elles eurent un petit engagement pendant lequel six de nos chasseurs furent blessés.

Le lendemain 16, le général de Saint-Arnaud commence les opérations sérieuses et se porte sur le territoire des Barbachas qui sont maîtres d'une grande partie de la vallée de l'Oued-Amazin, la véritable et la meilleure voie de communication entre Bougie et Sétif.

Le général avait demandé quelques compagnies de ce 5e bataillon de chasseurs qu'il avait vu si bien travailler dans le Dahra et le Haut-Riou, afin de les charger dans sa colonne de deux services spéciaux, l'extrême avant-garde et l'extrême arrière-garde.

Le 21 mai, lorsque, après avoir traversé le territoire des Barbachas sans rencontrer grande résistance, on entra chez les Beni-Sliman, la 1re compagnie ouvrait donc la marche et la 2e la fermait. Vers les sept heures, l'avant-garde commence à recevoir des coups de fusil qui deviennent de plus en plus nombreux à mesure qu'on avance. A neuf heures, on arrive en face d'une crête boisée devant le pied de laquelle les Kabyles ont construit un retranchement en pierre sèche qui semble fortement occupé et duquel part un feu bien nourri.

Le général de Saint-Arnaud faisant mettre sacs à terre

à la 1ʳᵉ compagnie du bataillon et à une compagnie d'élite du 12ᵉ de ligne chargée de l'appuyer, lance ces deux compagnies au pas de course sur le retranchement qui est franchi et enlevé en un clin d œil.

Mais à peine maîtres de cette ligne, nos chasseurs reçoivent des coups de feu venant d'un autre retranchement situé un peu en arrière parallèlement au premier. Prenant un nouvel élan, les deux compagnies s'emparent encore de celui-là. Il faut enlever ainsi successivement quatre lignes de murs en pierre sèche, au delà desquels se trouve la crête elle-même. Le général, qui vient d'envoyer le goum faire un mouvement tournant sur la droite, lance encore une fois sa compagnie d'avant-garde pour aborder cette dernière position. Une des sections, vigoureusement entraînée par le sous-lieutenant Hochedez, parvient à atteindre la hauteur et s'y établit un moment, malgré la débandade du goum qui vient être repoussé.

Mais l'ennemi était trop nombreux pour que la position fût tenable. Les chasseurs, décimés par le feu des Kabyles, voient s'affaisser M. Hochedez, frappé d'une balle à la tête. Le sergent Costa tombe mort à côté de lui. Restant sans chefs, les soldats se replient en bon ordre vers le capitaine Olagnier qui, avec la deuxième section, vient de prendre position sur un petit mamelon. Un officier du bureau arabe de Bougie, M. Cabarrus, s'est placé à côté du capitaine Olagnier; l'un et l'autre sont bientôt mortellement frappés.

Le sergent-major Schmitz prend alors le commandement de la compagnie. Ramassant ses morts et ses blessés, il commence sa retraite pour rejoindre la colonne, et pendant cette marche difficile, il exécute plusieurs vigoureux retours offensifs sur l'ennemi qui le serre de près. Son énergie sauve la compagnie que le 12ᵉ de ligne vient recueillir. Outre le capitaine Olagnier, le sous-lieutenant Hochedez et le sergent Costa, tous les trois mortellement frappés, la 1ʳᵉ compagnie avait 14 chasseurs tués ou grièvement blessés.

Au moment où le sergent-major Schmitz réussissait à rallier la colonne, l'avant-garde des troupes venues de

Sétif apparaissait sur les crêtes. Les Beni-Sliman, pris entre deux feux, se dispersèrent en quelques instants.

Jusqu'au 10 juin, la colonne battit le pays d'alentour, dévastant le territoire des Guifser, des Beni-Abdallah et d'autres tribus qui ne voulaient pas se soumettre.

Le 25 mai, il y eut encore un combat sérieux dans lequel les deux compagnies de chasseurs, peu engagées ce jour-là, n'eurent que 2 blessés.

Elles continuaient à faire tantôt l'avant-garde, tantôt l'arrière-garde, afin de tenir à distance l'ennemi qui redoutait la portée des balles coniques.

Enfin les tribus contre lesquelles on avait opéré se décidèrent l'une après l'autre à faire leur soumission.

Les colonnes se séparèrent le 12; celle du général de Salles pour retourner à Sétif en traversant le Guergour, celle du général Saint-Arnaud pour rentrer à Bougie.

Après avoir passé en revue les deux compagnies de chasseurs auxquelles il tint à adresser ses adieux, le général de Saint-Arnaud les fit embarquer le 27 juin pour Alger. Le 1er juillet, elles rejoignaient à Blidah le reste du bataillon.

Pendant les trois mois qui suivirent, le 5e bataillon de chasseurs, oubliant les fatigues de la guerre, ne s'occupa que des travaux de colonisation d'El-Affroum et de Bou-Roumi.

Le commandant Levassor-Sorval.

Au mois d'août, le commandant Auzouy désirant retourner au 64e de ligne, dans lequel il avait fait presque toute sa carrière, permuta avec M. Levassor-Sorval, chef de bataillon dans ce régiment.

Le 18 septembre, le bataillon, moins la 2e compagnie détachée à El-Affroum, se trouvait à Blidah et se préparait à passer l'inspection, lorsqu'une dépêche télégraphique lui apporta l'ordre de partir immédiatement pour Alger.

M Levassor n'étant pas encore arrivé, le capitaine adjudant-major Duplessis, qui commandait par intérim, prit aussitôt ses dispositions pour que cet ordre fût promptement exécuté.

La dépêche était arrivée à dix heures du matin, à deux heures de l'après-midi le capitaine Duplessis se mettait en route avec les 5 compagnies qu'il avait sous la main.

Ces compagnies étaient commandées par les capitaines de Cargouet et Alpy et par les lieutenants Bonnet, Masse et Debout.

Le lendemain matin. ces cinq compagnies s'embarquaient pour Stora sur le vapeur le *Météore*. Débarquées le 21, elles arrivaient trois jours après à Constantine, pour se mettre à la disposition du général Herbillon.

Insurrection des Zibans.

La demande de renforts adressée au gouverneur par le général commandant de la province de Constantine, était motivée par une grave insurrection qui venait d'éclater dans la plus importante des oasis du Zab, celle de Zaatcha.

Cette oasis de Zaatcha, située à une journée de marche de notre poste de Biskra, était formée par une magnifique forêt contenant plus de 70,000 palmiers. Elle renfermait trois grands villages : au centre Zaatcha, le plus important des trois : à l'est Lichana ; à l'ouest Farfa.

Des sources vives, dont les eaux étaient habilement réparties, alimentaient de nombreux canaux d'irrigation et entretenaient sur tous les points de l'oasis une grande fertilité.

Zaatcha, noyé dans cette mer de verdure, était entouré d'une large ceinture de jardins qui, tous enclos de murs, formaient un vrai dédale dont la défense devait aisément tirer parti pour disputer les approches de la ville.

Un ancien khalifat d'Abd-el-Kader, Bou-Zian, était venu demander asile aux habitants de Zaatcha, chez lesquels ses prédications ne tardèrent pas à exciter de l'agitation Le colonel Carbuccia, de la légion étrangère, qui commandait la subdivision de Batna, et le sous-lieutenant Seroka, du bureau arabe de Biskra, tentèrent un coup de main pour enlever Bou-Zian. L'opération manqua et cet échec eut de graves conséquences. Bou-Zian, prêchant la guerre sainte, souleva l'oasis et appela aux armes toutes les tribus des Zibans.

Un grand nombre d'habitants des oasis voisines vinrent le rejoindre dans Zaatcha, où les révoltés préparaient tout pour faire une énergique défense.

Le commandant supérieur du cercle de Biskra, qui tenait la campagne avec 250 chevaux pour empêcher ces contingents de rejoindre Bou-Zian, fut tué le 17 septembre dans un engagement qui eut lieu près de Seriana, à cinq lieues de Biskra. Cet officier était M. de Saint-Germain qui, entre les commandants Canrobert et Soumain, avait été pendant un mois chef du 5e bataillon de chasseurs où il n'avait jamais paru.

Telle était la situation, lorsque le 5e chasseurs arriva le 24 septembre à Constantine.

Dès le lendemain, il se remettait en route, accompagnant le général Herbillon qui rejoignait avec sa cavalerie les troupes rassemblées à Batna.

Le 28, on arrivait à Batna où l'on séjourna jusqu'au 1er octobre.

Siége de Zaatcha.

Le 4 octobre, toutes les troupes étant concentrées à Biskra, le général Herbillon partage sa division en deux brigades ainsi formées :

1re brigade. Colonel Dumontet	43e de ligne. 1er bataillon du 8e de ligne.
2e brigade. Colonel Carbuccia	Légion étrangère. Bataillon d'Afrique.

Le 5e bataillon de chasseurs et le bataillon de tirailleurs indigènes du commandant Bourbaki ne sont pas embrigadés, et restent aux ordres immédiats du général Herbillon.

Le 7 octobre, les troupes parties la veille de Biskra arrivent de bonne heure en vue de l'oasis, et vont camper à moins d'un kilomètre au nord de cette belle forêt de palmiers. Vers l'ouest on aperçoit dans le lointain une autre oasis, celle de Tolga ; à l'est se trouve celle de Bou-Chagroun près de laquelle la colonne a passé. Pendant que l'on dresse le camp et que les troupes prennent le café, le général opère une rapide reconnaissance dans laquelle son attention est attirée par une zaouia (1) construite sur la lisière de l'oasis. Il veut s'en emparer de suite pour en faire la base de ses attaques. Les ordres sont aussitôt donnés. Quatre compagnies du bataillon de chasseurs, la 1re, la 5e, la 7e et la 8e, doivent s'élancer sur la zaouia et l'enlever, pendant que les compagnies d'élite de la légion protégeront leurs flancs et les empêcheront d'être tournées.

Après avoir fait tirer quelques coups d'obusiers qui restent sans réponse, le général donne le signal de l'attaque. Les chasseurs s'élancent et, malgré la fusillade qui les accueille, enlèvent la zaouia avec une ardeur impossible à décrire.

Ils auraient dû s'arrêter là, n'occuper que la zaouia et son enclos. Mais, enivrés par leur premier succès et emportés par leur ardeur, nos chasseurs n'écoutent rien. Ils se jettent dans les jardins qui avoisinent la zaouia, escaladent les murs qui leur font obstacle, s'éparpillent et s'égarent bientôt dans l'inextricable labyrinthe de l'oasis.

L'ennemi, caché partout et utilisant avec adresse un terrain dont il connaît les moindres détails, les fusille à bout portant et disparait quand on croit l'atteindre. Chaque mètre de terrain que l'on gagne est payé bien cher.

Le sous-lieutenant de la 7e compagnie, M. de Saint-Amand, est blessé un des premiers ; le lieutenant Bonnet, qui commande la 1re compagnie, est bientôt après mortellement frappé. Le brave sergent-major Lajus, qui remplace M. de Saint-Amand, reçoit à son tour une blessure, la quatrième depuis qu'il est en Algérie.

Le sous-lieutenant Née-Devaux, de la 8e compagnie, est atteint d'un coup de feu au flanc ; son capitaine, M. Alpy, déjà blessé à l'épaule, ne s'arrête que lorsqu'il tombe la

---

(1) Une zaouia est une petite mosquée. On peut croire que les zaouias sont aux mosquées ce que dans le culte catholique les chapelles sont aux églises paroissiales.

cuisse traversée par une balle. Deux des meilleurs sous-officiers du bataillon, Morlaas et Maignien, sont au nombre des morts ainsi que le fourrier Blot.

La situation devient très critique, car le bataillon, qui s'est avancé imprudemment et sans en avoir reçu l'ordre, n'est pas soutenu. Le capitaine Duplessis fait sonner la retraite. Elle ne s'opère pas sans qu'on éprouve encore de nombreuses pertes. Le jeune adjudant d'Avoust toujours placé au premier rang, est tué par une balle qui le frappe à la tête.

On se bat sur son cadavre que les Arabes veulent enlever et que nos chasseurs cherchent vainement à leur arracher ; plusieurs de ces braves soldats tombent tour à tour à côté de lui. Il faut céder au nombre. Un chasseur de la 1re compagnie, nommé Jannerod, s'élance cependant encore une fois, arrive en quelques bonds jusqu'au pauvre d'Avoust dont il rapporte le sabre en s'écriant : C'est toujours cela de sauvé, ils n'en feront pas un trophée !

Enfin, le bataillon, rentré dans le jardin qui entoure la zaouia, écarte à coups de fusil les Arabes qui l'ont suivi avec trop d'acharnement. On se compte : il y avait 23 tués dont un officier, l'adjudant et 3 sergents, et 38 blessés, parmi lesquels on compte 3 officiers et 2 sous-officiers.

La 6e compagnie qui vient d'arriver occupe la zaouia, pendant que le reste du bataillon rentre au camp pour se reposer.

Le général Horbillon, jugeant d'après cette affaire que la défense sera des plus énergiques, presse l'arrivée des renforts qu'il attend et fait commencer des tranchées pour cheminer dans l'oasis et à travers les jardins.

A partir du 8 octobre, le bataillon est de tranchée de deux jours l'un, et pas une de ces gardes ne se passe sans que l'on ramène quelques blessés.

Le 10, la 6e compagnie, sous les ordres de M. Masso, s'empare d'un grand jardin. Dans ce coup de main bien exécuté nous ne perdons que deux hommes.

Le surlendemain, la 5e et la 6e compagnie, dirigées par M. de Cargouet, enlèvent par surprise un nouveau jardin dans lequel, quelques heures après, ces deux compagnies durent repousser un vigoureux retour offensif de l'ennemi.

Une colonne de renfort conduite par le colonel de Barral étant arrivée le 12, on put, à partir de ce jour, donner aux troupes un peu plus de repos.

Le 20 octobre, le général Herbillon fait tout disposer pour un assaut. D'après les ordres qu'il donne, le bataillon se trouve fractionné. La 5e compagnie reste à la garde du camp. La 6e, sous les ordres du lieutenant Masse, est placée à la colonne d'assaut de gauche formée par la légion étrangère La 1re compagnie est en réserve à la zaouia; la 7e et la 8e font partie d'une colonne qui doit, sous les ordres du commandant Bourbaki, exécuter un mouvement tournant pour s'établir entre Lichana et Zaatcha.

L'assaut du 20 octobre ne réussit pas. La 6e compagnie, bien conduite par M. Masse, sert à couvrir la retraite des bataillons de la légion étrangère qui ont été rejetés de la brèche, et reprend, par une charge à la baïonnette qui lui coûte deux tués et deux blessés, une de nos tranchées dans laquelle les Arabes s'étaient déjà établis.

De son côté, le commandant Bourbaki, qui avait sous ses ordres la 7e et la 8e compagnie du bataillon et ses tirailleurs indigènes, culbutait les contingents de Lichana accourant à la défense de Zaatcha.

Après cette tentative infructueuse on reprend, le 21, les travaux de tranchée afin d'agrandir la brèche de l'enceinte et d'élargir le passage du fossé reconnu trop étroit.

Le 31 octobre, le général Herbillon étant allé faire une reconnaissance avec quatre compagnies du bataillon (les 5e, 6e, 7e et 8e), 100 chevaux et une section de montagne, cette faible troupe rencontre à deux lieues du camp, près du marabout de Sidi-Rouag, une masse de 6 à 7,000 nomades attirés vers Zaatcha par cette défense qui met tout le sud en ébullition.

Tout en envoyant quelques cavaliers chercher des renforts au camp, le général n'hésita pas à faire attaquer cette multitude que la grande portée et la précision des carabines maintinrent à distance respectueuse. Cette affaire, dans laquelle le petit détachement aurait dû être écrasé sous la masse de ses ennemis, ne coûta à nos quatre compagnies que sept blessés.

Le 8 novembre, le 5e bataillon de chasseurs fait partie d'une reconnaissance qui se porte au-devant de la colonne amenée d'Aumale par le colonel Canrobert.

Malheureusement cette colonne, composée des zouaves, du 16e de ligne et de trois escadrons de cavalerie, apporte avec elle le choléra qui se propage rapidement.

Le service de tranchée reprend activement, car on a hâte d'en finir.

Le 15 novembre, le lieutenant Debout, commandant de la 7e compagnie, est mortellement frappé dans la tranchée. Ce même jour arrivent de nouveaux renforts : le 8e bataillon de chasseurs, un bataillon du 8e de ligne, un bataillon du 51e et deux pièces de 12.

Le commandant Levassor-Sorval, qui a voyagé avec cette colonne, prend, dès son arrivée, le commandement du bataillon.

Pendant la nuit, le général Herbillon apprend que les nomades qu'il a combattus 15 jours auparavant sont revenus planter leurs tentes à quatre lieues de notre camp.

A minuit une colonne, composée de deux brigades, part sans bruit pour aller les surprendre. Le 5e chasseurs fait partie de la colonne de droite que conduit le colonel Canrobert.

Les nomades, campés auprès de l'oasis d'Ourlà, sont attaqués au point du jour et mis dans une complète déroute. Déployés en tirailleurs, nos chasseurs relancent à travers les palmiers ceux qui ont voulu chercher un asile dans l'oasis. Les tentes de ces tribus, leurs bagages, 10,000 moutons et 1,700 chameaux tombent entre nos mains.

Le 17, la 2e compagnie, capitaine Cambriels, que nous avions laissée à El-Affroum, rejoint le bataillon.

Plus les travaux d'approche enserrent la ville, plus la résistance des Arabes est opiniâtre. Le 24 novembre, ils font irruption dans un jardin occupé par un poste de la 7e compagnie à laquelle ils enlèvent un homme.

La 8e compagnie, conduite par M. Néo-Devaux, à peine remis de sa blessure, les chasse de cette position après un engagement assez vif dans lequel la 7e et la 8e ont 4 tués et 9 blessés.

Le 25, on donne les ordres et on prend toutes les dispositions pour l'assaut qui doit avoir lieu le lendemain.

Le bataillon doit encore être fractionné. 260 hommes sont désignés pour faire partie de la colonne d'assaut du colonel Canrobert. Le reste du bataillon doit, comme le 20 octobre, être compris dans la colonne tournante du commandant Bourbaki.

Prise de Zaatcha.

Le 26 novembre, dès le matin, chacun va prendre la position qui lui a été assignée. Le colonel Canrobert faisant former le cercle aux officiers et aux sous-officiers, qu'il connaît tous depuis longtemps, leur adresse une chaleureuse allocution et leur dit combien il compte sur eux.

Tout est prêt, on n'attend plus que le signal pour se lancer en avant, quand une estafette envoyée par le général s'approche du colonel et lui remet un ordre. Le général Herbillon, averti que des Arabes du dehors veulent tenter une attaque sur notre camp, demande qu'on lui envoie, en toute hâte, le 5e bataillon de chasseurs.

Il n'y a qu'à obéir, mais le colonel Canrobert voulant que son ancien bataillon fût représenté sur la brèche, prend sur lui d'autoriser 25 chasseurs à rester là pour se placer en tête de sa colonne. Ils sont commandés par le lieutenant Liotet, de la 1re compagnie, et le sergent Gauté, de la 6e compagnie.

Cette poignée d'hommes fut seule pour représenter le 5e bataillon dans ce dernier combat ; mais elle le représenta avec honneur.

Le sergent Gauté (1), entré le premier dans la maison de Bou-Zian, eut le bonheur de s'emparer de ce chef. Parmi les 25 braves qui accompagnaient M. Liotet, 3 furent tués et 5 furent blessés grièvement.

(1) Le brave sergent Gauté, chevalier de la Légion d'honneur, fut nommé gardien du palais des Tuileries lorsqu'il quitta le bataillon.

Les Arabes se défendirent avec une rare énergie; plus de 800 se firent tuer ou furent ensevelis sous les ruines de leurs maisons.

Tel fut ce siége de Zaatcha, le plus long et le plus meurtrier qu'on eût fait en Algérie depuis celui de Constantine.

L'armée luttant contre l'ennemi et contre le choléra s'y montra admirable de courage et de résignation.

Le 5e bataillon de chasseurs, arrivé des premiers, paya largement sa part au feu et aux maladies.

Depuis la prise de la zaouia, le 7 octobre, jusqu'à l'assaut du 26 novembre, il avait eu 35 tués, dont 2 officiers, et 77 blessés, dont 4 officiers.

Entre tous ceux qui, pendant ces six semaines de fatigues et de dangers s'étaient signalés par leur courage et leur énergie, le commandant cita au général Herbillon : le capitaine adjudant-major Duplessis; les capitaines de Cargouet et Alpy ; les lieutenants Liotet et Masse ; les sous-lieutenants de Saint-Amand et Nattier; le brave Lajus qui venait de remplacer l'adjudant d'Avoust tué à l'ennemi; les sergents Gauté et Bourzeix; les caporaux Estieu et Ferrière et les chasseurs Jannerod et Jourda.

Après être restée deux jours campée devant les ruines de Zaatcha, la colonne rentra le 29 à Biskra, où le choléra qui sévissait avec violence avait enlevé un grand nombre de nos blessés.

Le 1er décembre, on reprend la route de Constantine. Mais le 6, en arrivant au Ksour, sur la route de Batna, le général organise une colonne mobile qui doit se montrer dans le Hodna et dans le pays des Ouled-Sultan, où règne encore une certaine fermentation.

Le colonel Canrobert reçoit le commandement de cette colonne, composée du 5e et du 8e bataillon de chasseurs, de deux bataillons de zouaves et du 8e de ligne, accompagnés par trois escadrons de cavalerie. Ce ne fut qu'une promenade. La prise de Zaatcha avait terrifié les tribus du sud. Partout les impôts furent levés et les amendes furent perçues sans rencontrer la moindre difficulté. Le 23, la colonne rentrait à Batna sans avoir tiré un coup de fusil.

Expédition dans l'Aurès.

On venait de recevoir à Batna des nouvelles inquiétantes de l'Aurès. Les tribus de cette région montagneuse, située à l'ouest de la route de Batna à Biskra, avaient accueilli chez elles les réfugiés de l'oasis de Zaatcha et annonçaient qu'elles ne paieraient plus l'impôt.

Le jour de Noël, la colonne Canrobert quitte Batna pour se rendre dans ces montagnes.

L'Aurès est un massif composé de cinq chaînons, à peu près parallèles, se rattachant à un nœud central qui est la partie la plus élevée. On pourrait le comparer à une main ouverte dont ce nœud serait la paume, tandis que les chaînons, inclinés comme direction générale du nord-est au sud-ouest, figureraient les doigts. Entre chacun de ces doigts se trouve la vallée d'une rivière dont les eaux vont se jeter dans le grand bassin du Melghigh. La plus importante de ces rivières est celle du milieu, l'Oued-Abdi, sur le cours duquel se trouve Narah, la plus grande et la plus forte ville de l'Aurès.

En vertu de ce vieux principe stratégique que, dans ce pays de montagnes, celui qui est maître des hauteurs est maître des débouchés, le colonel Canrobert résolut de tourner le massif et de l'attaquer par le côté du nord, afin de se rabattre ensuite des sommets dans les vallées.

Malgré la neige qui rend plus difficile encore la marche sur un terrain déjà très difficile par lui-même, la colonne gravit, le 26 décembre, les sommets de l'Aurès et débouche dans la vallée de l'Oued-Abdi. Les premiers villages que l'on rencontre sont presque déserts et ne font pas de résistance. Mais le 29, on arrive en vue de Narah, où se sont réfugiés les dissidents.

Prise de Narah.

Cette ville, bâtie sur un rocher escarpé et entourée de murailles crénelées et flanquées de tours, occupe une position formidable. Le colonel sentait bien qu'il suffisait de s'en emparer pour terrifier toutes les tribus de l'Aurès et amener leur complète soumission, mais il savait aussi qu'un échec aurait les plus graves conséquences. Il fallait donc agir avec autant de vigueur que de prudence. Narah se trouve au débouché d'une vallée secondaire perpendiculaire à l'Oued-Abdi. Un chemin muletier remonte cette vallée et conduit par un col dans la vallée de l'Oued-el-Abiod, située parallèlement à celle de l'Oued-Abdi, de l'autre côté du chaînon.

1850 — Le colonel Canrobert arrêta les dispositions suivantes :

Dépassant Narah comme s'il voulait continuer à descendre le cours de l'Oued-Abdi, il campe le 4 janvier au-dessous de cette ville.

Pendant la nuit, la division, formée en trois colonnes, se met silencieusement en marche et, revenant sur ses pas, va prendre le chemin de la petite vallée qui débouche à Narah.

En passant sous les murs de la ville, les colonnes doivent tenter un vigoureux coup de main, mais si le succès est reconnu impossible, on continuera la marche vers l'Oued-el-Abiod, car on n'a ni le temps ni les moyens de faire le siège d'une position aussi forte.

Le 5ᵉ bataillon de chasseurs se trouve encore fractionné. La 6ᵉ compagnie est envoyée à la colonne de droite avec le 2ᵉ bataillon des zouaves Les autres compagnies sont à la colonne de gauche, commandée par le colonel Carbuccia. Le colonel Conrobert dirige en personne la colonne du centre.

A trois heures du matin, le mouvement commence sans bruit. La colonne de gauche gravit des escarpements très difficiles qui retardent sa marche. Elle arrive cependant, vers six heures, à la position qui lui a été assignée et où elle doit attendre que l'attaque soit engagée par les autres colonnes. Cette attaque ne tarde guère. Vigoureusement menée, elle réussit complétement.

La colonne de droite, qui a comme avant-garde notre 6ᵉ compagnie, commandée par M. Nattier, est arrivée jusqu'à Narah sans que son approche soit signalée. Elle pénètre brusquement dans la ville et y prend pied. On continue à gagner du terrain, mais lentement, car les Arabes réveillés en sursaut se défendent de maison en maison.

Bientôt l'incendie, qui éclate sur plusieurs points, paralyse leur résistance. Ceux qui veulent fuir se jettent dans la colonne de gauche qui fait un grand nombre de prisonniers. La compagnie d'avant-garde, commandée par le capitaine Bocher, en refoule même un certain nombre dans la place où elle pénètre avec eux. En quelques heures tout était fini.

La colonne resta quatre jours campée à Narah pour détruire les retranchements et raser les tours qui flanquaient l'enceinte.

La prise de la ville avait consterné l'Aurès ; toutes les tribus vinrent demander l'aman et se soumirent aux taxes qu'on leur imposa.

Dans son rapport le colonel Canrobert cite, comme s'étant distingués pendant cette expédition, le lieutenant Nattier et le sergent Gauté, de la 6ᵉ compagnie, le capitaine de Cargouet, l'adjudant Lajus, le caporal Bourrust et le sapeur Pons, qui, entouré par cinq Arabes, s'en défit à coups de baïonnette après une lutte acharnée dans laquelle ce brave soldat reçut quatre coups de yatagan.

Le 16 janvier, la colonne expéditionnaire rentrait à Batna pour être licenciée. Le sud de la province de Constantine étant complètement pacifié, chaque corps devait regagner sa garnison.

Le 5ᵉ bataillon de chasseurs se mit donc en route le 17 au matin pour se rendre à Blidah, en passant par Sétif, Bordj-Bou-Areridj et Aumale.

Malgré la neige qui tombait en flocons épais, le colonel Canrobert voulut, pendant la première étape, faire la conduite à son ancien bataillon.

En passant à Sétif, où il fit séjour le 22 janvier, le commandant Levassor rallia un bataillon du 51ᵉ de ligne qui devait voyager de concert avec le 5ᵉ bataillon de chasseurs.

Le 4 février, la petite colonne arrivait à Blidah où l'ad-

judant Lajus, ce type accompli de la bravoure et de l'hon-
nêteté, trouvait le brevet qui le nommait sous-lieutenant
au bataillon.

A peine rentré dans sa garnison, le 5ᵉ chasseurs reprit
ses travaux habituels sur les routes en construction ou
dans les villages d'El-Affroum et de Bou-Roumi. Au milieu
d'avril, il venait de se mettre en route pour rejoindre à
Sétif la colonne qui allait opérer entre Sétif et Bougie sous
les ordres du général de Barral, lorsqu'il fut arrêté par un
courrier qui le rappelait à Alger, où l'on avait reçu l'ordre
de le faire rentrer en France.

Arrivé à Alger le 26 avril, le 5ᵉ chasseurs s'embarquait
en deux détachements ; les trois premières compagnies le
28 avril, les trois autres, le 13 mai. Avant de quitter cette
belle colonie, où il laissait les tombes de 9 officiers et d'un
si grand nombre de soldats, où il avait marqué son passage par d'utiles travaux, par des fatigues patiemment
supportées, par des combats vaillamment soutenus, le
5ᵉ bataillon de chasseurs reçut ces cordiaux adieux de
l'armée d'Afrique, dont le général Blangini s'était fait
l'interprète :

ORDRE GÉNÉRAL

« Le 5ᵉ bataillon de chasseurs, arrivé en Afrique le
15 juin 1841, rentre en France.

« Depuis bientôt neuf ans, les services qu'il a rendus
dans ce pays ne peuvent se compter ; ils ont été de chaque jour et de chaque instant. Toujours en première ligne
dans les combats, ses soldats morts glorieusement ont
leurs places marquées sur tous les points de notre conquête.

« Corps infatigable, il ne connut pas le repos. Dans les
moments de trêve laissés par les Arabes, il a arrosé cette
terre de ses sueurs ; les routes, les défrichements, les travaux de la colonisation ont été ses seuls délassements.

« Le Dahra, le désert, la Kabylie, Zaatcha dans les
Zibans, Narah dans l'Aurès, ont été le théâtre de ses principaux exploits. Appelé à de nouveaux combats, il était

en marche sur Sétif, lorsqu'un ordre est venu l'arrêter et le faire rétrograder pour rentrer en France. Ses vieux compagnons d'armes ne peuvent s'en séparer sans émotion, mais ils se consolent en pensant que la France a besoin de ses meilleurs appuis et qu'elle peut compter sur ce corps d élite.

« Adieu, vaillante troupe qui as donné tant de preuves de toutes les vertus du soldat ! Abnégation, dévouement, résignation, tout ce qui fait la force d'une armée se trouve réuni dans le 5e bataillon de chasseurs à pied.

« Au quartier-général à Blidah, le 22 avril 1850.

« *Le Général commandant la division d'Alger,*

« BLANGINI. »

DEUXIÈME PARTIE

—

Séjour en France. — Campagne de Crimée.

(1850-1856)

LEVASSOR-SORVAL, LANDRY DE SAINT-AUBIN, GARNIER,
THOUVENIN

Rentrée en France. — Grenoble, Lyon, Metz

1850 — Réuni à Marseille le 16 mai, après le débarquement de ses trois dernières compagnies, le 5ᵉ bataillon de chasseurs se met en route le 15 pour se rendre à Lyon par étapes.

En passant à Valence, il reçoit de nouveaux ordres lui prescrivant de se diriger sur Grenoble.

Le bataillon ne devait pas rester longtemps dans cette ville. Arrivé le 2 juin à Grenoble, il part pour Lyon le 27 du même mois.

Le 5ᵉ chasseurs pouvait croire qu'il était destiné à continuer en France la vie errante qu'il avait menée en Afrique, car sept mois, jour pour jour, après son départ de Grenoble, il quittait Lyon pour se rendre à Metz.

1851 — Après avoir séjourné à Metz du 13 janvier au 25 mai 1851, le bataillon se remet encore une fois en route pour aller tenir garnison dans Paris.

Paris

L'armée de Paris était alors composée de trois divisions d'infanterie et d'une division de cavalerie.

Le bataillon fut placé, à son arrivée, dans la 1re brigade (général Forey) de la 2e division (général Levasseur). Au mois d'août, l'inspection générale fut passée par le général Forey.

Événements du 2 Décembre.

Lors du coup d'État du 2 décembre, le 5e bataillon de chasseurs se trouvait caserné dans les bâtiments du nouveau ministère des affaires étrangères, sur le quai d'Orsay.

Comme toutes les troupes de l'armée de Paris, il resta consigné dans ses quartiers pendant les journées du 2 et du 3 décembre, fournissant seulement un fort piquet dans la rue Royale.

Le 4 décembre, vers onze heures du matin, le bataillon reçoit l'ordre de prendre les armes et de se rendre sur la place de la Madeleine, où l'on concentre des troupes. Il y trouve son ancien commandant, le général Canrobert qui, reconnaissant parmi les clairons Darot, un de nos meilleurs soldats d'Afrique, le prend avec lui pour faire exécuter ses sonneries de commandement.

La colonne formée devant la Madeleine ne tarde pas à se mettre en marche pour remonter les boulevards en se dirigeant vers la Bastille.

On entend dans le lointain le bruit de la fusillade; aussi, laissant la 8e compagnie comme soutien des batteries de la division, le commandant Levassor fait prendre le pas gymnastique au reste du bataillon (2e, 4e, 6e et 7e compagnies) pour se porter plus rapidement sur le théâtre de l'action.

A la porte Saint-Martin, on trouve le boulevard balayé par le feu d'une barricade qui barre la rue du Faubourg-Saint-Martin. Le bataillon fait aussitôt tête de colonne à gauche et la 5e compagnie, qui marche en avant-garde sous les ordres du capitaine Cambriels, s'élance sur la barricade que les chasseurs enlèvent à la baïonnette sans tirer un seul coup de carabine.

Une partie des insurgés s'enfuient vers la mairie du Ve arrondissement, où ils tentent de se mettre en défense ; mais le sous-lieutenant Paulin, qui les suit avec sa section, les a bientôt délogés et occupe la mairie.

Deux autres barricades, situées un peu plus haut dans le faubourg Saint-Martin, furent encore enlevées avec la même vigueur. A l'attaque de la seconde, le commandant Levassor-Sorval reçut une balle à la jambe.

Un autre officier, le sous-lieutenant Schmitz, fut atteint à l'épaule.

Nos pertes dans cet engagement s'élevèrent à 4 tués et 18 blessés. Il fallut ajouter au nombre de ces morts le brave clairon Darot, frappé mortellement à côté du général Canrobert.

A neuf heures du soir, le bataillon rentrait à sa caserne en descendant lentement les boulevards. On n'entendait plus un seul coup de fusil, la résistance était comprimée sur tous les points et les patrouilles pouvaient circuler tranquillement.

Le 24 décembre, le commandant Levassor-Sorval, nommé lieutenant-colonel au 15e léger, était remplacé à la tête du 5e bataillon de chasseurs par M. Landry de Saint-Aubin, chef de bataillon au 37e de ligne.

1852 — L'année 1852 ne présenta pour le bataillon aucun événement bien notable. Au mois de mai, il assista sur le Champ-de-Mars à la distribution des aigles et, au mois d'août, il fut inspecté par M. le général de Salles. Vers le milieu de novembre, le Prince-Président devant aller passer une semaine à Fontainebleau, le 5e chasseurs fut désigné pour aller faire le service d'honneur pendant son séjour au château.

Le train qui emporta le bataillon eut, près de la gare de Melun, une rencontre avec un train venant de Dijon. Dans cette collision, les locomotives furent brisées et plusieurs wagons culbutés. Par un bonheur inconcevable, il n'y eut parmi nos chasseurs que des contusions sans gravité.

1853 — L'année suivante, au mois de juin, le 5e bataillon de chasseurs fit partie des troupes réunies au camp de manœuvres de Satory, sous le commandement du maréchal Magnan.

L'inspection générale fut passée en octobre par le général de Bourgon.

Création de dix nouveaux bataillons de chasseurs.

Le 22 novembre 1853, un décret prescrivit la création de dix nouveaux bataillons de chasseurs, et porta à dix le nombre des compagnies de chaque bataillon, la 9e et la 10e compagnie devant toujours constituer le dépôt.

1854 — Le 3 janvier 1854, une circulaire ministérielle fit connaître tous les détails de cette nouvelle organisation.

Chacun des anciens bataillons devait être dédoublé pour constituer le noyau d'un des nouveaux bataillons. Le 5e bataillon est désigné pour engendrer le 12e, que doit organiser à Metz le commandant de Bretteville.

Trois de nos compagnies actives, la 2e, la 4e et la 6e, commandées par les capitaines Bernard, Alpy et Astier, quittent en conséquence Paris, le 15 janvier, pour se rendre à Metz. Une des compagnies de notre dépôt, qui est encore dans cette ville, la 8e compagnie, capitaine Nattier, passe également au 12e bataillon.

Les trois compagnies impaires restées à Paris, sous les ordres du commandant de Saint-Aubin et des capitaines Bocher, Courson et Larrazet, vont s'installer au fort de Charenton, où doit se faire la réorganisation du bataillon.

Réorganisation du bataillon.

Cinq régiments de l'armée de Paris, les 6e, 9e, 16e, 53e et 63e de ligne, et un régiment de l'armée d'Afrique, le 7e léger, sont désignés pour fournir au 5e bataillon de chasseurs le contingent de sous-officiers, de caporaux et de soldats qui lui sont nécessaires pour se compléter à dix compagnies.

Les capitaines passés au 12e bataillon sont remplacés par MM. Garnier venant du 19e léger, Clinchant et Boucherie venant du 9e de ligne, Rogier venant du 3e léger, Castera venant du 24e léger, et de Geslin, venant du 13e léger.

Grâce à l'activité et au zèle déployés par tous les officiers du bataillon, et plus particulièrement par l'adjudant-major, M. Masse, par l'instructeur de tir, M. Verdeil, par le capitaine Garnier, qui remplit les fonctions de major, et par M. de Courson, chargé de l'instruction pratique, l'organisation et l'instruction des nouvelles compagnies ne laissent bientôt presque plus rien à désirer.

Guerre d'Orient.

Aussi, lorsque le conflit soulevé par la question d'Orient vint à éclater au mois de mars 1854, le 5e bataillon de chasseurs fut un des premiers désignés pour entrer en campagne. L'armée que l'on envoyait en Turquie ne devait comprendre, tout d'abord, que trois divisions d'infanterie commandées par les généraux Canrobert et Bosquet et par le prince Napoléon, plus une division de réserve commandée par le général Forey. Le 5e bataillon de chasseurs faisait partie de cette quatrième division.

Composition du bataillon de guerre.

Les préparatifs de l'entrée en campagne furent promptement faits. Les compagnies de guerre furent complétées à l'aide d'un détachement tiré du 9e bataillon, alors caserné au fort de Charenton.

Le 6 avril, à trois heures du matin, le bataillon prenait à la gare de Lyon un train spécial qui devait le conduire à Chalon.

L'effectif des partants était de 28 officiers et 897 hommes de troupes.

L'état-major et les cadres des compagnies étaient composés de la façon suivante :

ÉTAT-MAJOR

MM. Landry de Saint-Aubin, chef de bataillon.
Masse, capitaine adjudant-major.
Loos, lieutenant d'une des compagnies du dépôt, officier payeur.
Moulinier, médecin major.
Normand, médecin aide-major.

Cies	Capitaines	Lieutenants	Sous-Lieutenants
1re	Theuvez.	Duval.	Cavenne.
2^e	Larrazet.	De la Boissière.	Roger du Nord.
3^e	Bocher.	Leroy.	Coussirat.
4^e	De Geslin.	Carré.	Leroy.
5^e	Garnier.	Vermot.	Court.
6^e	Clinchant.	Planel.	De la Rochelambert
7^e	Rogier.	Bastien.	De Vernou de Bonneuil.
8^e	Boucherie.	Leluyer.	Potier.

On laissait au dépôt :

MM. Thiriot, capitaine major.
Verdeil, capitaine instructeur de tir.
Poinsot, lieutenant trésorier.
Gonod, officier d'habillement.

9^e	Gaduel.	De Mutrecy.	Texier.
10^e	Castera.	N.	Rome.

De Chalon à Lyon on descend la Saône en bateau à vapeur, puis on continue la route en voyageant par étapes. Parti de Lyon le 8 avril, le 5e chasseurs arrive le 18 à Avignon, et en repart le 21 par le chemin de fer qui le transporte à Marseille.

En sortant de la gare, le bataillon se rend aux allées de Meilhan, où le 19e bataillon de chasseurs et le 20e de ligne sont réunis sous les armes.

Le maréchal de Saint-Arnaud, commandant en chef de l'armée d'Orient, vient inspecter les trois corps, et aussitôt après la revue, le 5e bataillon quitte Marseille pour aller coucher à Aubagne.

Le lendemain, il continue sa marche vers Toulon, où il arrive le 23 avril.

Le 25, le maréchal passait une revue de la division Forey, entièrement réunie à Toulon et prête à s'embarquer.

Composition de la division.

La division était ainsi composée :

1re brigade. Général de Lourmel.	5e bataillon de chasseurs : command' de Saint-Aubin. 19e de ligne : colonel Desmarets de Baurain. 26e de ligne : colonel Niol.
2e brigade. Général d'Aurelle.	39e de ligne : colonel Beuret. 74e de ligne : colonel Breton.

2 batteries du 8e régiment d'artillerie.

Embarquement. — Relâche à Malte.

Le 29 avril, la division de réserve s'embarquait. Le bataillon se trouva réparti sur trois navires, le *Véloce*, la *Perdrix* et le *Brandon*.

Quelques jours après le départ, l'escadre relâchait à Malte, où les troupes françaises reçurent l'accueil le plus sympathique et furent frénétiquement acclamées par les régiments anglais.

Depuis 1815, c'était la première fois que les soldats des deux nations se trouvaient en présence. Ennemis jurés à cette époque, ils s'alliaient aujourd'hui pour défendre la même cause. La chaleureuse réception faite dans la belle ville de la Valette fut un gage de l'entente cordiale qui devait régner pendant cette guerre.

En quittant Malte, l'escadre se divisa. Le général Forey se rendit au Pirée avec deux de ses régiments, et y passa plusieurs jours pour engager les Grecs à garder une stricte neutralité. Le reste de la division cingla directement vers

Gallipoli, où le 5e chasseurs fut débarqué douze jours après son départ de Toulon.

Séjour à Gallipoli.

Depuis le 11 mai jusqu'à la fin de juin, la division Forey resta dans les environs de Gallipoli, tantôt au camp des Fontaines, tantôt au village de Boulaïr, où l'on élevait des fortifications passagères, destinées à faire de la presqu'île un vaste camp retranché.

Embarquement pour la mer Noire.

Le 24 juin, la division commence à s'embarquer pour la mer Noire.

Les deux premières compagnies du bataillon montent à bord du *Montezuma* qui doit les conduire à Varna. Trois jours après, le reste du bataillon s'embarque sur le vaisseau l'*Alger*, qu'un puissant vapeur, le *Napoléon*, remorque à travers la mer de Marmara.

Ces navires passent en plein jour devant Constantinople dont le panorama, éclairé par un beau soleil, forme un spectacle véritablement magique. Les batteries des forts et l'artillerie des vaisseaux turcs saluent les bâtiments français qui défilent devant eux.

Séjour à Varna.

Le 30 juin, tout le bataillon était réuni à Varna. Il resta deux mois, tantôt détaché au village de Zeferlick, tantôt campé aux portes de Varna, pour concourir au service de la place et aux corvées de l'administration, et fut enfin renvoyé à Zeferlick, pour l'éloigner du foyer de l'épidémie cholérique qui régnait dans la ville.

Pendant le séjour du bataillon à Varna, le 10 août, éclata un terrible incendie qui faillit détruire la ville entière avec nos magasins, nos approvisionnements et nos dépôts de munitions. Comme toutes les troupes logées à Varna ou campées aux alentours, le 5e bataillon de chasseurs concourut à combattre le feu dont on ne se rendit maître qu'avec beaucoup de peine et après avoir couru les plus grands dangers.

Le choléra, apporté de la Dobrutscha, faisait alors beaucoup de victimes dans l'armée. Le 14 août, M. Loos, notre officier payeur, fut enlevé par le fléau ; le 12, 98 malades se présentaient à la visite du médecin. Aussi fallut-il laisser à Varna un petit dépôt de malades et de convalescents, commandé par un officier, lorsque le 30 août, la 4e division se dirigea sur Baltschick, où elle devait s'embarquer pour la Crimée.

Embarquement pour la Crimée.

Le coup d'œil de la rade de Baltschick était bien intéressant en ce moment.

Une flotte nombreuse couvrait ses eaux ordinairement presque désertes.

Vingt-cinq grands vaisseaux de guerre portant pavillon français ou pavillon turc, trente-cinq frégates ou corvettes, et plus de cent transports à voiles ou à vapeur étaient réunis dans la rade pour embarquer les 28,000 hommes et les 100 pièces de canon que nous voulions jeter sur les côtes de Crimée.

Les trois premières divisions étaient déjà sur les navires lorsque la division Forey vint camper au bord de la mer. Son embarquement se fit dans la journée du 2 septembre.

Les moyens de transport étant restreints, on dut laisser les bagages au petit dépôt, dont le capitaine Bocher prit momentanément le commandement. On n'embarquait comme bêtes de somme qu'un mulet pour deux compagnies.

L'effectif que chaque corps devait embarquer fut même fixé par le commandant en chef, et tous les hommes en excédant du nombre indiqué durent rester à Varna, en attendant que la flotte pût revenir chercher la cavalerie, les bagages et le reste des équipages.

Le 5e chasseurs, réduit par suite de ces mesures à 20 officiers et à 554 hommes, fut placé à bord du *Descartes* (1)

(1) Le *Descartes* était commandé par le capitaine de frégate Darricau.

qui, comme tous les vapeurs, devait remorquer plusieurs transports à voiles.

Pendant que l'armée française s'embarquait à Baltschick, où se trouvait la flotte ottomane ayant à son bord une division de 7,000 Turcs, les Anglais embarquaient à Varna leur armée forte de 19,000 hommes d'infanterie et de 2,000 cavaliers.

La lenteur de leurs opérations et le retard qui en fut la conséquence forcèrent l'armée française à différer son départ pendant plusieurs jours. La crainte du mauvais temps décida cependant le maréchal de Saint-Arnaud à faire commencer le mouvement.

Le 5 septembre, les vaisseaux de guerre ayant à leur bord la division Canrobert, la division Bosquet et la division turque d'Osman-Pascha, lèvent l'ancre et prennent la direction du nord-est. Le 7, toute la flotte appareille et cingle vers la Crimée.

Le lendemain, les Anglais nous ralliaient au rendez-vous convenu. Ce fut un beau spectacle. Aussi loin que la vue pouvait s'étendre, la mer Noire était sillonnée par de longues files de vaisseaux suivant les escadres de guerre formées sur trois lignes parallèles. Plus de quatre cents bâtiments de combat ou de transport se trouvaient réunis sur un espace de quelques lieues carrées.

Le 12, le vent soufflant avec une certaine force rendit la mer tellement houleuse qu'à la tombée de la nuit le *Descartes* dut, par précaution contre les abordages, couper les amarres des transports qu'il remorquait. Le lendemain, il fallut se mettre à leur recherche et courir des bordées pendant toute la matinée pour les rallier et les remorquer de nouveau.

La mer s'étant un peu calmée, les flottes se réunirent le soir devant la petite ville d'Eupatoria dont on prit possession.

Débarquement sur la plage d'Old-Fort.

Le lendemain, 14 septembre, les vaisseaux allèrent mouiller, vers trois heures du matin, en face du château ruiné d'Old-Fort, les bâtiments anglais embossés au nord des français.

. La côte se présente en cet endroit sous l'aspect d'une petite plage sablonneuse que dominent des collines assez élevées.

Comme on n'aperçoit l'ennemi nulle part, on commence de suite le débarquement des divisions qui s'effectue en suivant l'ordre de bataille.

Le 5e bataillon de chasseurs reste donc jusqu'à cinq heures du soir à bord du *Descartes*, mouillé à environ 800 mètres de la terre. Il est du reste seul pour représenter ce jour-là la 4e division, dont les autres régiments, embarqués sur des navires à vapeur, sont allés simuler une tentative de débarquement dans la baie de la Katcha afin de donner le change à l'ennemi.

Ces régiments ne nous rejoignent que le 16 sur la plage d'Old-Fort, où les soldats souffrent beaucoup de la mauvaise qualité de l'eau. Les grands étangs que l'on trouve au pied des falaises contenant de l'eau salée, on était obligé, pour faire la soupe, de creuser à quelques mètres du rivage des trous dans lesquels on recueillait une eau qui, bien que filtrée par son passage à travers le sable, conservait un goût saumâtre et désagréable (1).

Retardés par les Anglais qui sont aussi longs à opérer leur débarquement qu'ils l'ont été à faire leur embarquement, nous restons sur cette plage jusqu'au 18 septembre.

Le lendemain, vers trois heures de l'après-midi, les troupes alliées s'arrêtaient à quelque distance de l'Alma, après avoir exécuté une marche en ordre de bataille pour être prêtes à toute rencontre.

Les Français formaient l'aile droite appuyée à la mer, les Anglais étaient à leur gauche. Les flottes suivaient le mouvement, se maintenant à hauteur de la ligne de

______

(1) Ce fut un chasseur du 5e bataillon qui eut le premier l'idée de se procurer de l'eau potable par ce procédé. Le maréchal de Saint-Arnaud, que la disette d'eau préoccupait vivement, fit donner à cet homme une gratification de 100 francs pour le récompenser du service qu'il avait rendu à toute l'armée.

bataille et serrant le rivage d'aussi près que possible. La division Forey et les Turcs formaient l'arrière-garde.

Nos camps furent dressés en arrière d'une ligne de collines qui les dérobait à la vue de l'ennemi.

Pendant cette marche, les éclaireurs avaient rencontré des avant-postes de Cosaques qui se replièrent après avoir tiré quelques coups de fusil. Vers quatre heures, on entendit même des coups de canon qui causèrent une courte alerte.

Bataille de l'Alma.

Le maréchal de Saint-Arnaud, instruit de la présence de l'armée russe sur les hauteurs de la rive gauche de l'Alma, donna dans la soirée tous ses ordres, en prévision de la bataille qu'il comptait livrer le lendemain. D'après ses instructions, la 4ᵉ division devait être partagée en deux fractions, la brigade de Lourmel, formant la réserve de la division Bosquet placée à l'extrême droite, la brigade d'Aurelle servant de réserve à la division Canrobert placée au centre, entre la division Bosquet et celle du prince Napoléon. Les Anglais occupent la gauche de la ligne de bataille. Le 20, à huit heures du matin, toutes les troupes prennent les armes. La division Bosquet, commençant le mouvement, va traverser l'Alma à la barre voisine de l'embouchure et au pont d'Almatamack. Elle gravit ensuite les hauteurs de la rive gauche qui ne sont pas gardées, les Russes ayant considéré ces pentes escarpées comme impraticables pour une armée. A grand renfort de bras on parvient cependant à y faire passer les batteries de campagne.

La bataille ne s'engage sérieusement que vers une heure, lorsque la division Canrobert et la brigade d'Aurelle, ayant à leur tour gravi les hauteurs, attaquent la position du Télégraphe.

A quatre heures, nous étions complétement maîtres du terrain. L'armée russe se retirait vers le sud après avoir éprouvé des pertes sensibles, mais on ne pouvait la poursuivre, car nous manquions de cavalerie et de moyens de transport.

La brigade de Lourmel, placée en réserve derrière la division Bosquet, n'avait éprouvé aucune perte. La brigade d'Aurelle fut au contraire vivement engagée, et le drapeau du 39ᵉ arboré sur la tour du Télégraphe par le sous-lieutenant Poidevin restera parmi les légendes de cette journée.

Il fallut s'arrêter deux jours sur les rives de l'Alma, pour transporter nos blessés à bord de la flotte. Pendant cette halte, le choléra qui avait disparu depuis quelque temps, se remit à faire des victimes.

Le 23 septembre, on reprend la marche vers le sud, et le soir toute l'armée bivouaque sur les bords de la Katcha.

Le lendemain, on franchit le Belbeck, et nos camps sont établis sur les hauteurs qui dominent cette rivière.

Le 25, l'armée traverse le plateau boisé qui sépare le Belbeck de la Tchernaïa. La 4ᵉ division, formant l'arrière-garde, est sans cesse arrêtée par suite des à-coups qui se produisent dans la colonne. Aussi le bataillon n'arrive qu'à deux heures du matin au bivouac voisin de la ferme Mackensie. L'eau manque à peu près complètement dans cet endroit, que les soldats baptisèrent du nom de Camp de la Soif.

Arrivée devant Sébastopol.

En descendant le lendemain dans la vallée de la Tchernaïa, nous côtoyons la hauteur sur laquelle les Russes élèveront plus tard les batteries Guignol et Gringalet, et nous laissons sur la droite le ravin et le hameau ruiné d'Inkermann.

Le camp est à peine dressé dans la vallée, à peu de distance du pont de Traktir, qu'une alerte, motivée par les mouvements de troupes russes sorties de la ville par la route de Sympheropol, nous fait prendre les armes. Cette alerte se renouvela pendant la nuit.

C'est dans cette journée du 26 que le maréchal de Saint-Arnaud, atteint par le choléra, remit le commandement de l'armée au général Canrobert.

Le lendemain, la 4ᵉ division gagnait le petit port de

Balaklava, dont les Anglais s'étaient emparés la veille pour en faire leur dépôt et leur centre d'approvisionnements. On y trouva l'escadre française qui nous apportait des vivres et des munitions. Mais comme le port était trop petit pour suffire aux flottes et aux armées alliées, il fut décidé que les Anglais resteraient seuls à Balaklava, tandis que les Français iraient occuper, au sud-ouest de Sébastopol, le plateau de Chersonèse et la baie de Kamiesch.

La 4e division se mit donc en route le 29 pour aller prendre possession de Kamiesch. où elle arriva le 30, après avoir fait étape au monastère Saint-Georges.

Le havre de Kamiesch ayant été occupé sans coup férir, nous quittons le bord de la mer le 2 octobre pour nous rapprocher de l'enceinte de Sébastopol.

Le plateau de Chersonèse.

Le plateau de Chersonèse est une vaste esplanade triangulaire qui s'étend au sud de Sébastopol.

Si nous considérons la pointe formée à l'ouest par le cap Chersonèse comme étant le sommet de ce triangle, la hauteur de la figure géométrique est d'à peu près 16 kilomètres, tandis que la base, indiquée par la ligne un peu sinueuse des collines qui commandent la vallée de la Tchernaïa, n'aurait guère que 12 kilomètres d'étendue Ces hauteurs, qui limitent le plateau du côté de l'est, commencent près de l'embouchure de la Tchernaïa, puis s'éloignent un peu de la rivière après le défilé d'Inkermann, et forment un angle rentrant dont le sommet est marqué par le col de Balaklava, tandis que la branche inférieure vient se terminer au-dessus du port de cette petite ville.

La surface du plateau, dont l'altitude moyenne peut être d'une centaine de mètres, n'est pas horizontale. La partie sud-est est la plus élevée. Ainsi le monastère Saint-Georges est à 180 mètres au-dessus de la mer qui vient battre le pied des falaises sur lesquelles il est construit. La cote des hauteurs qui se trouvent entre le monastère et Balaklava dépasse même 300 mètres. Si l'on considère l'ensemble du plateau, on remarque que la pente du terrain va toujours en s'abaissant de la base du triangle au sommet qui, au cap Chersonèse, n'est plus élevé que d'une quinzaine de mètres au-dessus du niveau de la mer.

Le côté du triangle qui regarde le nord-ouest est déchiré par de nombreuses échancrures formant une série de baies dont le mouillage est bon. Ce sont, en suivant la côte depuis le cap Chersonèse jusqu'au fond de la grande rade de Sébaspol, la baie de Kazatch, celle de Kamiesch, la petite baie mal fermée de Pescana, et la baie de Strelitska, toutes à l'abri des feux de la place; puis la baie de la Quarantaine, commandée par le fort du même nom, et la baie de l'Artillerie, comprise dans l'enceinte des fortifications. Cette dernière baie donne dans la grande rade ainsi que le bras de mer de 1,500 mètres de longueur qui forme le port du Sud de Sébastopol. Le port sépare la ville proprement dite du faubourg de Karabelnaïa, au delà duquel se trouve une dernière baie, celle du Carénage. A quelque distance de la ville, plusieurs grands mamelons ont une saillie notable sur l'ensemble du plateau. Ainsi le mont Sapone, qui commande la baie du Carénage et l'embouchure de la Tchernaïa, est coté 135 mètres, Le Mamelon-Vert, situé un peu plus à l'ouest, arrive à 120 mètres.

En face de ce mamelon, une tour maximilienne qui commande le faubourg est cotée 110 mètres. Cette tour, la tour Malakoff, occupe le point culminant des défenses.

Fortifications de Sébastopol.

L'ensemble des fortifications de Sébastopol présente la forme d'un trapèze, abstraction faite, bien entendu, des différences de relief produites par la configuration du sol.

Une des bases parallèles, la plus grande, donnant sur la rade, est défendue par les forts Alexandre, Nicolas et Paul. L'autre, la petite, barre le fond du port entre le Grand-Redan, établi à la pointe du faubourg et un bastion, appelé le bastion du Mât, qui s'élève au sud de la ville.

Le front sud-ouest, couvrant la ville proprement dite, est flanqué par le bastion du Mât, le Bastion-Central, celui de la Quarantaine et celui de l'Artillerie.

Le front sud-est qui couvre le faubourg comprend entre la baie du Carénage, défendue par la batterie de la Pointe et le Grand-Redan, un autre redan plus petit et la tour Malakoff, que les Russes entouraient à la hâte d'un ouvrage en terre auquel ils donnèrent le nom de bastion Korniloff. Entre la tour Malakoff et le Grand-Redan, les retranchements russes recurent le nom de batterie Gervais.

Ravins de Sébastopol.

Plusieurs grands ravins partant des baies de Sébastopol rayonnent en éventail vers le plateau de Chersonèse.

Les principaux sont, de l'ouest à l'est : le ravin des Carrières qui aboutit à la baie de la Quarantaine, le ravin de la Ville, situé entre le Bastion-Central et le Bastion du Mât, le ravin des Anglais, formé par le prolongement de la grande brèche, dont le port du Sud occupe la partie inférieure. Ce ravin et le ravin Woronzoff qui, venant de la droite, débouche au même point que lui, étaient fermés par la batterie du fond du port, flanquée par le bastion du Mât et par le Grand-Redan.

Le Grand-Redan couvre l'hôpital et les principales casernes de la ville. Entre lui et la tour Malakoff s'ouvre le ravin de Karabelnaïa, débouchant à la tête des docks de construction. Enfin le long ravin du Carénage tombant dans la baie de ce nom sépare le mont Sapone du plateau que domine le Mamelon-Vert.

Ces hauteurs du mont Sapone et du Mamelon-Vert n'étaient pas occupées par l'ennemi, lorsque nous allâmes le 2 octobre prendre position devant la ville.

Organisation du corps de siége et du corps d'observation.

On fit, en vue du siége qui allait s'ouvrir, une nouvelle répartition des troupes alliées.

La 3ᵉ et la 4ᵉ division, formant le corps de siége placé sous les ordres du général Forey, furent chargées d'exécuter les travaux d'approche, depuis la mer jusqu'au grand ravin qui prolonge vers le sud le port de Sébastopol, tan-

dis que les Anglais, campés à notre droite, durent étendre
leurs tranchées depuis ce ravin jusqu'à l'extrémité du
plateau qui commande la Tchernaïa.

Nous avions donc comme objectif de nos attaques le
bastion de la Quarantaine, le Bastion-Central et le bastion du Mât. Les Anglais avaient devant eux le Grand-
Redan et Malakoff.

Les retranchements du faubourg, sur la droite des positions anglaises, paraissaient inachevés.

On apercevait distinctement les soldats russes remuant
la terre avec ardeur en avant de la tour Malakoff, que
nous appelions alors la tour Blanche, cet ouvrage nouveau
n'étant ni marqué, ni nommé sur les plans de Sébastopol.

Le corps d'observation, formé des deux premières divisions de l'armée française, s'installa en face d'Inkermann
parallèlement à une belle route qui va de Sébastopol au
port de Yalta, en passant par le col de Balaklava, le pont
de Kreutzen et le château Woronzoff. On l'appelle la
route Woronzoff.

La ville de Sébastopol conservait librement ses communications avec le dehors, puisque nous ne pouvions, vu
l'insuffisance numérique de nos troupes, ni occuper les
hauteurs qui sont au nord de la rade, ni même commander suffisamment la vieille route de poste traversant la
Tchernaïa à peu de distance de son embouchure.

Chaque corps prit, dans la journée du 2 octobre, les emplacements qu'on lui avait assignés.

Pendant que nous dressions nos tentes, les Russes
envoyèrent quelques projectiles qui tombèrent devant le
front de bandière. Un vieux soldat décoré, le sapeur Fietto,
fut atteint par un éclat d'obus. Ce fut notre premier blessé.

Trois jours après, le 5 octobre, le bataillon reçoit l'ordre
de prendre les armes et de se rendre au quartier général
de la 2e brigade, campée à notre gauche.

Reconnaissance de la place.

Nous trouvons le général d'Aurelle prêt à partir avec
deux bataillons de sa brigade afin de faire la reconnais-

sance des abords de la place. Les généraux Bizot et Thiry, commandant le génie et l'artillerie de l'armée, l'accompagnent pour étudier les défenses de l'ennemi qui nous envoie des boulets, lorsqu'il nous croit à bonne portée de ses pièces. Cette canonnade ne fut, du reste, pas bien meurtrière, car au bataillon nous n'eûmes qu'un blessé.

Une brigade de la 1re division était venue, pendant cette reconnaissance, renforcer le corps de siége. Elle resta comme réserve campée en arrière de nous. L'autre brigade de cette division la rejoignit quelques jours après, et le corps de siége se trouva dès lors composé de trois divisions.

Le 9 octobre, le bataillon étant de garde à la gauche de nos positions, on lui signala qu'une reconnaissance sortie de la place s'avançait pour l'attaquer. Aussitôt, quatre compagnies, commandées par le capitaine Garnier, vont se placer dans les vignes auprès de la maison brûlée et attendent l'ennemi de pied ferme.

Au moment où les Russes arrivent près du plateau, le général Canrobert, sorti pour visiter les troupes de service, se trouve tout à coup entre les Français et les Russes : « Allons, mon 5e bataillon, s'écrie-t-il en reconnaissant les chasseurs, faites-moi rentrer ces gaillards-là dans leurs murs. »

A la voix de leur ancien chef, les chasseurs s'élancent sur les Russes, leur font tourner les talons et les poursuivent avec un tel entrain que le général en chef dut envoyer le colonel Trochu, son aide de camp, pour donner l'ordre de s'arrêter.

Nous eûmes, dans ce court engagement, deux tués et deux blessés.

Ouverture de la tranchée le 10 octobre.

Le lendemain, la tranchée fut ouverte à dix heures du soir. Grâce au vent qui, soufflant avec violence, empêchait l'ennemi d'entendre le bruit des pioches, le travail ne fut pas inquiété, et une tranchée d'un kilomètre de développement put être établie sans qu'elle nous eût coûté un seul homme.

Pendant les journées suivantes, nos chasseurs prennent part aux travaux du siége, ou montent la garde dans les tranchées qu'on pousse avec une telle activité que le 16 nos batteries, formant une sorte de front bastionné armé de 50 pièces de fort calibre, sont prêtes à ouvrir le feu.

Arrivée de la 5ᵉ division.

Ce jour-là arrivait de France une 5ᵉ division d'infanterie commandée par le général Le Vaillant.

Une partie des soldats laissés à Varna arrivent au camp en même temps que cette division. Cela fait remonter notre effectif à 20 officiers et à 668 hommes de troupes présents et disponibles, bien qu'un officier, M. le capitaine Clinchant, 1 sergent, 2 caporaux, 1 clairon et 30 chasseurs aient été détachés à la compagnie de francs-tireurs organisée le 14 octobre.

Bombardement et ouverture du feu contre la place.

Le 17, à six heures du matin, toutes nos batteries ouvrent le feu sur les ouvrages de la place qui ripostent vigoureusement. Dans l'après-midi, la flotte vient s'embosser vis-à-vis l'entrée du port et canonne vivement les forts qui ferment la rade. Mais cette diversion ne peut contre-balancer l'infériorité de notre artillerie, moins nombreuse de moitié que celle de l'ennemi. Deux de nos poudrières ayant sauté, l'explosion bouleverse une partie de nos batteries.

Nous sommes alors forcés de cesser le feu. Les six compagnies du bataillon qui ont pris avant le jour la garde de tranchée ne rentrent au camp que dans la nuit du lendemain, ayant eu dans ces trente-six heures passées sur pied huit blessés, parmi lesquels se trouve le brave sergent Gauté.

Dès le matin, 18, on s'était mis à l'œuvre pour réparer le plus rapidement possible nos tranchées et nos batteries bouleversées la veille. Tous les corps prirent part à ces travaux, et pendant quelques semaines, le service fut des plus pénibles. Ainsi, du 19 au 23, le bataillon passa cinq nuits de suite à la tranchée.

Dans la nuit du 20 au 21, les Russes firent en face de nous une sortie que repoussèrent les voltigeurs du 74ᵉ, appuyés par notre 5ᵉ compagnie. Le lieutenant Vermot, qui commandait cette compagnie, fut blessé, mais pas assez grièvement pour abandonner ses hommes. Le lendemain, vers huit heures, il était tranquillement assis dans la tranchée et causait avec le lieutenant-colonel de Sorbiers, du 26ᵉ de ligne, quand une bombe vint tomber et éclater auprès d'eux. M. de Sorbiers ne fut pas atteint, mais Vermot eut une jambe brisée et le poignet droit emporté. Il fallut lui faire immédiatement l'amputation des deux membres, terrible opération qu'il supporta avec autant de courage que de résignation.

Les services rendus par la 1ʳᵉ compagnie de francs-tireurs ayant décidé le général Canrobert à en former une seconde, le bataillon fournit pour la constituer 1 officier. M. de Vernou de Bonneuil, 2 sous-officiers, 2 caporaux et 30 chasseurs.

Vers les derniers jours d'octobre, la 1ʳᵉ division, placée sous les ordres du général Bouat, depuis que le général Canrobert avait pris le commandement en chef, quitta le corps de siége pour retourner à l'armée d'observation. Elle fut remplacée auprès de nous par la 5ᵉ division.

La marine concourt aux attaques du siége.

En même temps la marine, qui avait constaté, le 17, l'impuissance de ses navires en face des murailles de granit des forts de la rade, débarqua bon nombre de pièces de gros calibre et plusieurs compagnies de matelots qui se chargèrent des attaques de l'extrême gauche.

Aussitôt nos batteries réparées, le feu avait vivement recommencé sur toute la ligne. L'ennemi nous renvoyait deux coups pour un, aussi presque chaque jour nous avions des hommes blessés pendant la garde de tranchée. Le 2 novembre, le capitaine Garnier, qui se trouvait dans la batterie nᵒ 36, fut violemment contusionné par un boulet.

A cette époque, alors que nous dirigions nos attaques contre le front sud-ouest de la ville, le principal théâtre de la lutte paraissait s'être transporté sur la droite de nos positions.

Bataille de Balaklava et d'Inkermann.

Le 26 octobre, l'armée russe de secours était venue livrer une véritable bataille aux Anglais devant Balaklava. Le lendemain, une forte colonne sortie de la place avait attaqué le camp des Anglais sur le plateau d'Inkermann. Cette sortie fut vigoureusement repoussée avant que les renforts que nous avions envoyés à nos alliés eussent gagné le théâtre de l'action.

Le 4 novembre, l'attention des gardes de tranchée fut attirée par les bruits et les rumeurs de la ville, qui semblait en fête et paraissait agitée d'un mouvement inusité. Les cloches sonnèrent à toute volée pendant une partie de ce jour.

Le lendemain, dès l'aube, une violente canonnade éclata du côté de la Tchernaïa, dans la direction du plateau d'Inkermann. Pendant plusieurs heures, nous prêtons l'oreille et nous suivons attentivement les bruits de la bataille qui semble sérieusement engagée. On se tient prêt à marcher car le général Forey vient de recevoir l'ordre d'envoyer des renforts à la droite, où les Anglais ont été encore une fois attaqués par l'ennemi.

Sortie des Russes le 5 novembre. — Mort du général de Lourmel.

Soudain, vers dix heures, une vive fusillade éclate vers notre gauche dans la direction de nos batteries de siége. Un instant après, on sonne la marche de la division et le bataillon reçoit l'ordre de prendre les devants pour se porter au pas gymnastique vers nos batteries dont les Russes viennent de s'emparer.

En effet, pendant que se livrait à notre droite la sanglante bataille d'Inkermann, une colonne, commandée par le général Timoféïef, était sortie sans bruit de la place. Se défilant dans les plis du ravin des Carrières, cette colonne avait tourné nos batteries n° 1 et n° 2, en avait chassé les troupes de soutien, et avant que celles-ci fussent revenues de leur surprise, huit de nos pièces avaient été enclouées.

Lorsque nous arrivâmes à la batterie, le 19ᵉ bataillon de chasseurs, soutenu par la brigade de la Motterouge, avait déjà repris l'offensive et reconquis nos ouvrages.

Le général Forey, qui a précédé sa division sur le théâtre de l'engagement, donne au 5ᵉ bataillon de chasseurs l'ordre de s'arrêter auprès de lui. Mais les deux premières compagnies dispersées en tirailleurs pour former l'avant-garde sont déjà bien loin en avant, précédant le général de Lourmel qui poursuit les Russes avec les régiments de sa brigade.

A plusieurs reprises, le général Forey envoie dire au général de Lourmel de ne pas s'engager davantage, mais nos soldats, excités par le succès et entraînés par les clairons et les tambours qui battent la charge, marchent en avant avec un tel entrain qu'on ne peut les arrêter.

Déjà la tête de colonne, mêlée aux Russes qu'elle poursuit, touche aux premiers retranchements du bastion de la Quarantaine, quand le général de Lourmel, qui espérait peut-être y pénétrer en même temps que l'ennemi, tombe mortellement frappé. Au même instant, deux bataillons de renfort sortant de la place prennent en flanc la brigade de Lourmel qui s'arrête un moment. La colonne Timoféïef, ralliée grâce à ce secours, fait un vigoureux retour offensif. Prise en tête et en flanc, la brigade, dont le colonel Niol, du 26ᵐ, vient de prendre le commandement, est forcée de battre en retraite. Nos deux compagnies, toujours déployées en tirailleurs, couvrent ce mouvement et brûlent toutes leurs cartouches.

L'arrivée du général Forey, qui s'est porté en avant avec le reste du 5ᵉ bataillon de chasseurs, et les feux de la brigade d'Aurelle, qui a pris une bonne position sur la gauche, arrêtent bientôt la marche de l'ennemi, et vers deux heures et demie, nous rentrons dans nos camps.

La bataille n'était pas encore terminée sur le plateau d'Inkermann, mais on savait que l'issue n'en était plus douteuse.

Les pertes éprouvées par le bataillon dans cette journée avaient spécialement porté sur les deux premières compagnies qui avaient eu 3 tués et 28 blessés, dont 13 restèrent au pouvoir des Russes.

Les six autres compagnies n'eurent qu'un tué et 12 blessés. Parmi les morts se trouvaient le sergent-major Séguela et le sergent Desenclos, de la 1re compagnie. Quelques-uns des blessés, entre autres les chasseurs Juillard et Fieschi, durent subir l'amputation d'un membre, ainsi que le sergent Giraud qui mourut de ses blessures. Ce brave sous-officier, décoré en Algérie, était un des plus anciens soldats et une des gloires du bataillon. Quatre jours après, un détachement de 106 hommes, amenés du dépôt par le lieutenant Bureau, vint heureusement relever nos effectifs.

On retranche le plateau de Chersonèse.

Les travaux furent continués après la bataille du 5 novembre, mais au lieu de pousser vivement les cheminements vers la place, on s'occupa d'abord de retrancher nos camps, et même d'établir sur plusieurs points une contrevallation, afin de mettre le plateau de Chersonèse à l'abri de toute attaque.

Le bataillon, marchant à cette époque par demi-bataillon de quatre compagnies, fournissait, de deux jours l'un, le service du travail et celui de la garde des tranchées.

A partir du 8 novembre, le vent se mit à souffler avec violence et le temps devint très pluvieux. Parfois les tranchées se remplissaient d'eau, et lorsque cette eau s'était écoulée, il restait une boue épaisse dans laquelle on enfonçait jusqu'à mi-jambes.

Dans la matinée du 14, le mauvais temps des jours précédents devint une véritable tempête. Le vent, soufflant avec furie, déracinait les arbres. Alors que la lourde toiture du monastère Saint-Georges était enlevée comme un fétu de paille, quelle résistance pouvaient opposer à l'ouragan nos faibles abris de toile ?

Au bout de quelques instants, il ne restait pas une tente debout sur le plateau et, dans ce bouleversement général, chacun ne songeait qu'à préserver le mince bagage que la tempête menaçait de ravir. Des toiles de tente, des coiffures, des effets d'habillement emportés par les rafales de vent volaient dans les airs. Des caisses à biscuits vides, des instruments de musique, des tambours roulés par l'ouragan, se livraient à une course désordonnée sur l'emplacement que nos tentes couvraient quelques instants auparavant.

Sur mer, la tempête causa de graves sinistres. Le vaisseau le *Henri IV*, le vapeur le *Pluton* et un grand nombre de transports furent jetés à la côte et brisés contre les rochers.

Après le coup de vent, vinrent la neige et la pluie qui tombèrent jusqu'à la nuit. De mémoire d'homme on n'avait vu pareil ouragan sur les côtes de Crimée.

Arrivée de la 6ᵉ division.

La 6ᵉ division, commandée par le général Pâté, était heureusement débarquée quelques jours auparavant. Si cette tempête l'avait surprise en mer, elle aurait couru les plus grands dangers.

Le 8 décembre, le bataillon reçoit un renfort de 117 recrues, amenées de Metz par M. de Prudhomme, lieutenant de la 10ᵉ compagnie.

Arrivée de la 7ᵉ et de la 8ᵉ division.

Tous les corps maintenaient leur effectif à un total très élevé, et la 7ᵉ division d'infanterie, qui débarque le 13 décembre avec le général Dulac, annonce l'arrivée prochaine de la 8ᵉ, que doit commander le général de Salles.

Vers le milieu de décembre, la température devint très rigoureuse. Les hommes, qui avaient si grand besoin de repos après les fatigues du travail des tranchées ou après les veilles de la grand'garde, n'étaient pas suffisamment protégés par l'étroite tente-abri qui leur servait de demeure depuis plus de six mois. La nourriture laissait également à désirer ; aussi les cas de maladie devinrent plus fréquents et le scorbut fit son apparition.

C'est dans ces conditions que se termina l'année 1854, sans qu'on pût prévoir pendant combien de temps encore les armées alliées seraient arrêtées devant les murs de Sébastopol.

Grande revue.

Le 31 décembre, le commandant en chef, accompagné du général Forey, passe une grande revue du corps d'armée pour remett e les décorations que le général de Montebello, aide de camp de l'empereur, était venu l'autoriser à décerner directement.

La part du bataillon se composait de six croix de la Légion-d'Honneur et de quatorze médailles.

Les croix furent données au capitaine Clinchant, commandant la ᵉ compagnie des francs-tireurs ; au capitaine de Geslin, au lieutenant Vermot, amputé de deux membres, au sous-lieutenant de Vernou de Bonneuil, détaché aux francs-tireurs, au sergent Rigaud, blessé le 2 octobre et amputé, et au sergent Guyot, des francs-tireurs, blessé aux deux bras.

Les médailles étaient décernées : aux sergents Hierthès et Capron, aux caporaux Biet et Pillon, aux sapeurs Dréanis et Cornu, aux chasseurs Julliard, Fontaine, Cot, Ferber, Dalby, Bouscatel, Mignot et Luiggi, tous blessés, quelques-uns amputés d'un membre.

Il y eut en même temps des promotions :

M. Garnier fut nommé chef de bataillon au 26ᵉ de ligne, M. Vermot reçut les épaulettes de capitaine en même temps que la croix, et ce n'était que la juste récompense du courage qu'il avait montré et de l'affreuse mutilation qu'il avait dû subir.

Les pertes du bataillon pendant les trois mois qui venaient de s'écouler s'élevaient à :

MOIS	OFFICIERS		TROUPE		
	Tués	Blessés	Tués	Blessés	Disparus
Octobre . .	»	1	4	23	13 des tués ou des blessés du 5 nov. r stèren¹ entre les mains des Russes. Ils sont compris ci-contre.
Novembre .	» .	1	8	57	
Décembre .	»	»	9	6	
Total. . .	»	2	21	86	
Total général.	»	2	107		

En outre, le choléra ou les autres maladies nous avaient enlevé depuis le commencement de la campagne un officier, M. Loos, et 92 hommes.

1855 — L'effectif des présents et disponibles est, à la date du 1ᵉʳ janvier 1855, de 25 officiers et 827 hommes de troupe.

Rigueur de l'hiver.

Dès le commencement de janvier, la neige tombant en grande abondance vint couvrir le plateau de Chernosèse et ralentir nos travaux. On en était à la 3ᵉ parallèle. Tant que la terre ne fut pas gelée au point de résister complétement à la pioche, on continua le cheminement, mais vers le milieu du mois, le froid devint tel qu'il fallut suspendre tout travail pendant quelques jours.

Le 16 janvier, le thermomètre était descendu à 10 degrés, et un vent du Nord âpre et glacial faisait souffrir les soldats bien plus encore que l'abaissement de la température.

Le chauffage était rare et parcimonieusement mesuré. Après avoir coupé et brûlé rapidement les arbres qui s'élevaient dans le voisinage du monastère Saint-Georges, il fallait se contenter des souches et des racines qu'on allait chercher fort avant dans la terre préalablement déblayée de la neige qui la recouvrait.

Ce combustible, conquis au prix de tant de fatigues et d'un si pénible travail, était indispensable pour compléter la minime ration de houille venue de Kamiesch.

La soupe se faisait à grand'peine et manquait même quelquefois. On n'avait jamais de pain, très rarement de la viande fraîche, rien que du lard, du riz et du biscuit.

Malgré les privations et les souffrances, nos soldats conservaient l'énergie et l'entrain de leur caractère, et chaque fois que l'ennemi, profitant de l'obscurité ou du mauvais temps, tentait une sortie, il était reçu avec vigueur.

Lorsqu'on se rendait aux tranchées, après un jour de neige, il n'était pas toujours facile de s'orienter et de trouver sa route. L'officier commandant le détachement se mettait en tête et frayait le passage aux hommes qui suivaient un à un derrière lui.

La neige était parfois tellement épaisse que les premiers s'y enfonçaient jusqu'aux genoux. Bien heureux encore si l'on ne sortait pas de la bonne direction et si l'on n'errait pas sans trouver les tranchées dissimulées sous le blanc manteau qui recouvrait tout le terrain.

La nuit du 16 au 17 janvier fut particulièrement pénible à passer. Beaucoup de nos chasseurs revinrent de la tranchée très malades ; quelques-uns avaient ou les oreilles ou les pieds gelés. Un chasseur de la 4ᵉ compagnie, nommé Merle, laissé à la garde du camp, étant sorti de sa tente au milieu de la nuit, ne reparut pas. Au point du jour on le trouva mort, complétement gelé, à quelques pas du front de bandière.

Le dégel survenu le 18 mit un terme à ces terribles souffrances que l'armée de Crimée subit avec une héroïque résignation.

Avec le dégel vinrent l'humidité et les brouillards qui engendrèrent bien des maladies, et qui favorisèrent les sorties nocturnes des Russes.

Organisation du service des tranchées.

Depuis le commencement du mois de janvier, le service des tranchées se composait chaque jour de sept bataillons d'infanterie et d'un bataillon de chasseurs, commandés par un général de brigade.

Les chasseurs étaient disséminés sur plusieurs points des tranchées afin d'entretenir, sur tout le développement des parallèles et des places d'armes, un feu dirigé contre les embrasures de la place et contre les tirailleurs des embuscades russes.

Les postes assignés au bataillon étaient à cette époque les suivants : une compagnie à la place d'armes d'extrême droite, une autre au T, 3 compagnies à la 3e parallèle de gauche, 2 au Lazaret, et une en réserve au Clocheton.

Nous perdîmes quelques hommes en faisant ce service de tirailleurs, entre autres le fourrier Roux, de la 7e compagnie, tué le 4 janvier d'une balle à la tête.

M. Carré, lieutenant de la 4e compagnie, laissé à Varna comme commandant du dépôt des convalescents, rejoignit le bataillon dans les premiers jours de février avec 1 sergent, 2 caporaux et 40 hommes, qui arrivèrent à propos pour boucher les vides que le feu ou les maladies venaient de faire dans nos rangs.

Le 8 février, M. de Saint-Aubin, nommé lieutenant-colonel au 91e de ligne, remit le commandement du 5e bataillon de chasseurs au commandant Garnier, passé un mois auparavant chef de bataillon au 26e de ligne.

Arrivée de la 9e division. — Création du 2e corps de siége.

Le 9 février, un ordre général modifiait l'organisation de l'armée portée depuis quelques semaines à 9 divisions d'infanterie.

L'armée anglaise s'était, au contraire, tellement affaiblie depuis le commencement du siége, qu'elle ne pouvait plus exécuter les attaques de droite dont elle était chargée. Il devenait urgent de lui venir en aide et de réduire son front d'opérations.

En conséquence, un 2° corps de siége, commandé par le général Bosquet, fut chargé des attaques depuis la tour Malakoff jusqu'à la vallée de la Tchernaïa. Il ne resta aux Anglais qu'un objectif, le Grand-Redan, placé entre les deux attaques françaises.

Chacun de nos corps de siége comprenait quatre divisions.

Le 1er corps, commandé par le général Pélissier, se composait des divisions Forey, Levaillant, Pâté et de Salles qui substituèrent les désignations 1re, 2e, 3e et 4e divisions du 1er corps, aux nos 4e, 5e, 6e et 8e qu'elles portaient auparavant. Les bataillons de chasseurs de ce corps étaient le 5e, le 9e, le 6e et le 10e.

Le 2e corps de siége, commandé par le général Bosquet se composait des divisions Bouat, Bosquet, Mayran et Dulac, précédemment 1re, 2e, 3e et 7e.

Une réserve composée de la 9e division Brunet et d'une brigade de la garde que le général Uhrich devait former avec des éléments prélevés sur toute l'armée, allait remplacer l'ancien corps d'observation devenu 2e corps de siége.

De nombreux mouvements eurent lieu vers cette époque dans les cadres du 5e bataillon de chasseurs, tant par suite de promotions ordinaires qu'en raison de la formation des nouveaux corps de la garde.

Le capitaine Castera, venu du dépôt, prend le commandement de la 2e compagnie en remplacement de M Larrazet, un des derniers survivants de Sidi-Brahim, passé avec son grade aux voltigeurs de la garde.

M. de Bonneuil s'en va comme lieutenant au 3e bataillon.

Dans les premiers jours de mars, nous envoyons au bataillon des chasseurs de la garde 2 officiers, M. Duval et M. Coussirat, un sous-officier et 65 caporaux ou chasseurs.

Huit jours après un autre détachement, comprenant un officier, M. Laurent, 4 sous-officiers et 16 chasseurs, va concourir à la formation des zouaves de la garde.

Les officiers que nous perdons sont remplacés par les lieutenants Copri et Eblinger, venant l'un du 4e et l'autre du 9e bataillon, et par les sous-lieutenants Ganot et Renard, le premier sortant de l'école militaire, le second venant des sous-officiers du 19e bataillon. MM. Potier et Roger du Nord sont nommés lieutenants et maintenus au bataillon; enfin les sergents-majors Guignet et Poyard sont nommés sous-lieutenants, le premier au corps, le second au 3e bataillon de chasseurs.

Nouveau service de nuit des bataillons de chasseurs.

Le 24 février, les dispositions arrêtées pour le service de tranchées des bataillons de chasseurs avaient été mofiées. Au lieu d'être placée tantôt dans l'une, tantôt dans l'autre des positions affectées au bataillon, chaque compapagnie avait reçu un emplacement fixe dont elle devait étudier à fond le champ de tir.

La 1re compagnie occupait le ravin des Anglais, à la droite de nos lignes; la 2e compagnie était à la batterie no 36; la 3e compagnie à la batterie no 26; la 4e compapagnie au T; la 5e compagnie et la 6e au cimetière; la 7e compagnie à la gauche des attaques; la 8e compagnie au village de la Quarantaine.

Pendant la nuit, les compagnies restaient groupées dans ces positions pour être prêtes à repousser les sorties des Russes, mais un peu avant le jour, on les déployait en tirailleurs pour utiliser tous les abris que présentaient les mouvements de terrain.

Les chasseurs laissés dans la tranchée se plaçaient à des créneaux leur permettant de tirer avec précision sur tout ce qui se montrait, soit aux embrasures, soit aux alentours des embuscades russes.

Par suite de ces nouvelles dispositions, le général en chef prononça le 5 mars le licenciement des compagnies de francs-tireurs. Dans l'ordre général relatif à leur dissolution, le général Canrobert cita M. le capitaine Clinchant comme s'étant particulièrement distingué dans ce périlleux service, et mentionna avec éloges trois chasseurs du

5e bataillon, Champmartin, Pascal et Conjard, qui reçurent peu de temps après la médaille militaire.

Pertes du bataillon pendant le 1" trimestre.

Nos pertes, pendant les trois premiers mois de l'année 1855, ne furent pas très considérables. Elles s'élevèrent à :

MOIS	OFFICIERS			TROUPE		
	Tués	Blessés	Disparus	Tués	Blessés	Disparus
Janvier . . .	»	»	»	3	6	»
Février . . .	»	»	»	7	7	»
Mars . . .	»	»	»	7	6	»
Total. . . .	»	»	»	17	19	»
Total général	»	»	»	36		»

Etat des attaques au commencement du mois d'avril.

Pendant le mois de mars, les travaux d'approche avaient été conduits lentement au vieux siége, afin de permettre au 2e corps de pousser les attaques de droite à peu près à la même hauteur que celles de gauche.

Cela était d'autant plus essentiel que, depuis la venue en Crimée du général Niel, on avait reconnu que la tour Malakoff était la clé de la position, et le point dont il fallait absolument s'emparer.

Contre-approches des Russes.

Les Russes, de leur côté, n'étaient pas restés inactifs. Tous les mamelons situés entre nos lignes et l'enceinte de la place, le mont Sapone et le Mamelon-Vert devant le nouveau siége, les ondulations voisines du cimetière devant le vieux siége, avaient été couronnés par eux d'ouvrages avancés rapidement et solidement construits.

Ouverture du feu aux attaques de droite.

Le 9 avril, les batteries du 2e corps ayant ouvert leur feu, les travaux de l'attaque de gauche furent repris avec plus d'activité.

Il faisait ce jour-là un temps affreux. Le vent soufflait avec violence et la pluie tombait à torrents. Nos tranchées furent bientôt remplies d'eau, ce qui rendait l'approvisionnement des bouches à feu difficile. Pendant la nuit suivante, le capitaine Theuvez, de la 1re compagnie, fut très fortement contusionné.

La 3e compagnie enlève l'embuscade du T.

Depuis le commencement du mois d'avril, on se plaignait des pertes que nous faisait éprouver une embuscade ennemie placée en avant et un peu sur la droite du T. A deux reprises, mais sans succès, des détachements de notre division avaient tenté de la détruire.

Dans la nuit du 12 au 13, la 3e compagnie reçut l'ordre de l'enlever. Le capitaine Bocher étant détaché au grand quartier général comme officier d'ordonnance du général Canrobert, la compagnie se trouvait placée sous les ordres du lieutenant Copri, nouvellement arrivé au bataillon. Le sous-lieutenant, M. Renard, venant du 19e bataillon, n'avait rejoint sa compagnie que dans la matinée du 12 avril. L'un et l'autre montrèrent une grande vigueur. Enlevés par ces officiers, nos chasseurs se jetèrent à la baïonnette sur le poste russe qui fut détruit après un combat corps à corps, dans lequel nous eûmes 3 tués et 10 blessés. Le sous-lieutenant Renard fut malheureusement ramassé parmi les morts.

Cette affaire fit le plus grand honneur à la 3e compagnie. Le lieutenant Copri, le sergent-major Mayniel, le caporal Cerli et les chasseurs Sevestre et Estorteguy, furent mis à l'ordre de l'armée, et quelques jours après, le lieutenant

Copri et le caporal Cerli reçurent la croix de la Légion-d'Honneur. La médaille militaire était en même temps conférée aux chasseurs Estorteguy, Sevestre et Roman.

Attaque de l'ouvrage du 2 mai.

Dans les derniers jours d'avril, les Russes, reliant ensemble plusieurs embuscades, en avaient fait un ouvrage considérable situé à environ 250 mètres en avant du corps de place entre le bastion du Mât et le Bastion-Central.

Le général Pélissier obtint l'autorisation de le faire enlever avant que l'ennemi ne l'eût complétement armé.

En conséquence, dans la nuit du 1er au 2 mai, la division de Salles, formée en plusieurs colonnes, s'empara de ce retranchement qui depuis porta le nom d'Ouvrage du 2 Mai. On se mit séance tenante à retourner les parapets contre la place, et cette grande redoute, dont la conquête venait de nous faire faire un bond de 150 mètres en avant, fut reliée à nos tranchées par des boyaux de communication.

Le bataillon fournit 100 chasseurs, commandés par le capitaine Boucherie, pour concourir à ce travail que l'on pressait vivement.

Vers trois heures de l'après-midi, il fallut jeter les pioches et courir aux armes pour repousser les Russes qui tentaient un retour offensif. Le détachement du 5e chasseurs se comporta vaillamment et eut pour sa part 3 tués et 15 blessés.

Le capitaine Boucherie et le sergent César, qui s'étaient signalés dans cette affaire, furent décorés quelques jours après et la médaille militaire fut donnée aux sergents Hédricourt et Bozzi, au clairon Louis et aux chasseurs Morel, Praicheux, Caboux et Revoil.

Nouvelles dispositions pour le service de nuit.

Le 3 mai, un des sous-lieutenants du bataillon, M. de Garnier des Garets fut blessé dans la tranchée. Le 7, les travaux de raccordement étaient achevés. A partir de ce jour, les dispositions du service de nuit furent modifiées.

Cinq des compagnies du bataillon de chasseurs commandé
pour la garde de tranchée durent occuper l'Ouvrage du 2
Mai, sur lequel les Russes dirigèrent plusieurs attaques.

Au point du jour, ces compagnies reprenaient comme précédemment leur service de francs-tireurs.

Le 9 mai, on distribua les premières décorations du
Medjidié accordées par le Sultan. Celles qui revenaient au
5e bataillon de chasseurs étaient destinées au commandant
Garnier, au capitaine Clinchant, au lieutenant Vermot,
passé capitaine au 2e bataillon, aux sous-lieutenants de Bonneuil et Roger du Nord, au sergent-major Guyot, au sergent Rigault, au caporal Pillon et aux chasseurs Mougenot
et Carponcin.

Arrivée de la 10ᵉ et de la 11ᵉ division.

Tandis que l'armée anglaise allait toujours en s'affaiblissant, nous continuions à recevoir de France de nombreux renforts.

Deux nouvelles divisions, amenées de Constantinople
par les généraux Herbillon et d'Aurelle, commençaient à
débarquer en Crimée dans les premiers jours de mai. Les
troupes de la garde formaient maintenant une forte division placée sous les ordres du général Mellinet, le premier
commandant et l'organisateur du 5e bataillon de chasseurs.

Le général d'Autemarre remplace le général Forey.

D'importants changements avaient eu lieu peu de temps
auparavant dans l'état-major de la 1ʳᵉ division du 1ᵉʳ corps.

Le général Forey, rappelé de Crimée pour aller servir
en Algérie, avait été remplacé dans son commandement
par le général d'Autemarre, et la brigade du général
d'Aurelle était passée sous les ordres du général Breton.

Le général Canrobert cède le commandement en chef au général Pélissier.

Un changement plus important fut notifié à l'armée
par l'ordre du jour du 19 mai.

Le général Canrobert, se démettant volontairement du commandement en chef, qu'il avait exercé avec tant de sollicitude et de dévouement pendant ce difficile et rigoureux hiver, reprenait simplement le commandement de son ancienne division, la 1re du 2e corps, sous les ordres du général Bosquet, naguère son subordonné, et sous ceux du général Pélissier, élevé au commandement en chef de l'armée.

Le jour où l'ancien commandant du 5e bataillon de chasseurs d'Orléans donna ce rare et noble exemple de désintéressement et d'abnégation militaire sera certainement compté par l'histoire impartiale au nombre des plus grands de sa glorieuse carrière.

Le général Pélissier fut remplacé, comme commandant du 1er corps, par le général de Salles, dont le général Bouat vint prendre la division.

Expédition de Kertch.

Deux jours après tous ces changements, le 21 mai, la division d'Autemarre recevait l'ordre de lever le camp et d'aller s'embarquer à Kamiesch. Elle céda son emplacement à la brigade des voltigenrs de la garde qui, pendant la nuit suivante, fut vivement engagée au combat du Cimetière.

Le 22, à cinq heures du matin, le bataillon montait à bord de trois navires. L'état-major et les quatre compagnies de droite étaient sur le *Brandon*, deux autres compagnies sur la *Mégère*, et les deux dernières sur le *Dauphin*. On appareilla dans l'après-midi.

L'escadro française qui transportait la division d'Autemarre, renforcée par deux bataillons du 9e de ligne et par le 14e bataillon de chasseurs, rallia en passant devant Balaklava une escadre anglaise, ayant à son bord la division Brown et 5,000 Turcs commandés par Reschid-Pacha. En tout, le corps expéditionnaire se composait de 15,000 hommes, dont près de 7,000 Français.

Le 24 mai, les escadres, après avoir doublé la pointe de Takli, vont mouiller près du cap de Kamick-Bouroum, à environ 20 kilomètres au sud de Kertch.

Les batteries établies sur la pointe n'ayant pas répondu à quelques boulets qu'on leur envoie, le débarquement commence vers une heure de l'après-midi, sans qu'on ait aperçu l'ennemi.

Les bataillons de chasseurs, jetés à terre les premiers, se couvrent par une ligne de tirailleurs et gravissent les hauteurs qui dominent la plage. Leur gauche s'appuie au village de Kamick, leur droite s'étend jusqu'à la mer.

Pendant que la division continue son débarquement, les compagnies déployées en éclaireurs signalent d'abord l'apparition de quelques pelotons de Cosaques, puis, bientôt après, le passage d'un grand convoi qui se dirige de Kertch vers l'intérieur de la presqu'île, sous la protection d'une forte escorte.

Le débarquement n'étant pas achevé, le général renonce à faire attaquer ce convoi qui défile rapidement à environ 4 kilomètres de nous.

A cinq heures, toutes les troupes ayant pris leur ordre de bataille, le corps expéditionnaire se met en marche, s'avançant par échelons, la droite appuyée à la mer.

La division d'Autemarre, couverte en avant et sur son flanc gauche par des compagnies du 5ᵉ bataillon de chasseurs, forme la première ligne; les Anglais suivent le mouvement à quelque distance en arrière.

Après deux heures de marche on s'arrête pour bivouaquer.

Le bataillon, qui a éclairé la division pendant sa marche, est encore chargé de protéger son repos. Ses compagnies vont former une chaîne de grand'gardes sur une hauteur qui se trouve en avant du camp. Un petit poste détaché par chacune d'elles étend au loin la zone de surveillance.

Des hauteurs occupées par nos avant-postes, on aperçoit la lueur de plusieurs incendies dans la direction de Kertch. De sourdes explosions qui se font entendre de temps en temps prouvent que les Russes cherchent à détruire les ouvrages de la place au lieu de les défendre.

Dès le point du jour, les colonnes, précédées comme la veille par le 5ᵉ bataillon de chasseurs, reprennent leur marche.

A six heures et demie, la 6e compagnie, qui forme la pointe d'avant-garde, pénètre dans la ville que le corps du général Wrangel a complétement évacuée. Malgré les incendies que l'on avait aperçus la veille, les maisons paraissent intactes, et les habitants se pressent avec curiosité sur le passage des troupes qui traversent la ville dans le plus grand ordre pour aller se masser sur une large et belle route conduisant de Kertch à Ieni-Kalé.

Si les maisons particulières ne semblent pas avoir souffert, les magasins et les arsenaux ne sont plus qu'un amas de décombres fumantes. Les Russes ont mis le feu la veille aux approvisionnements qu'ils ne pouvaient emporter, ont brûlé le matériel de guerre et fait sauter les batteries après avoir encloué les canons. Plusieurs bâtiments à vapeur qui ne pouvaient échapper à notre escadre sont coulés dans le port.

A neuf heures, la colonne se remet en route pour gagner le village et le fort d'Ieni-kalé que l'on prétend encore occupé par les Russes.

L'idée de rencontrer l'ennemi stimule l'ardeur des soldats qui, malgré une chaleur accablante, franchissent rapidement les 15 kilomètres que nous avons à parcourir.

La 6e compagnie, commandée par le capitaine Clinchant, ouvre toujours la marche. Elle arrive, vers midi, devant le fort où elle surprend quelques soldats qui s'enfuient à son approche. Les ponts-levis sont baissés ; on entre sans résistance. En fouillant la citadelle, nos chasseurs trouvent un soldat russe couché ivre-mort, une mèche à la main, à quelques pas d'une longue traînée de poudre aboutissant au dépôt de munitions. Le degré d'alcoolisation auquel cet homme s'était porté, pour avoir le courage de faire sauter le fort au moment de notre arrivée, a sans doute préservé le bataillon d'un grand danger.

L'hôpital d'Iéni-Kalé contenait un grand nombre de blessés soignés par des médecins militaires russes. Il n'y avait pas de Français en ce moment, mais on trouva dans le vestiaire quelques uniformes de notre armée, entre autres la veste d'un chasseur de la 1re compagnie du bataillon.

nommé Venise. Cet homme, blessé dans le combat du 5 novembre et tombé au pouvoir de l'ennemi, était sans doute venu mourir à l'hôpital d'Iéni-Kalé.

Comme la citadelle commande le détroit donnant accès dans la mer d'Azof, ou plusieurs petits vapeurs de notre escadre sont entrés pour donner la chasse aux bâtiments russes, les alliés doivent occuper et conserver cette importante position.

En conséquence, la division travaille pendant quinze jours à construire de nouveaux retranchements du côté de la terre, et à réparer l'armement du fort.

Ces travaux étant terminés et remis à la garde de la division turque qui fait partie de l'expédition, le reste des troupes s'embarque le 12 juin pour revenir à Sébastopol.

L'état-major et les trois premières compagnies du bataillon sont sur le vaisseau anglais le *Canadian*, la 4e, la 5e et la 6e montent à bord du *Charlemagne*, la 7e et la 8e s'embarquent sur le *Montézuma*.

Plusieurs vaisseaux, conduits par l'amiral Bruat, entre autres le *Montebello* et le *Charlemagne*, se dirigent d'abord vers la côte d'Asie, et se présentent, le 13 juin, devant Anapa que les Russes évacuent après y avoir mis le feu.

Pendant que les compagnies de débarquement reconnaissent la ville, des envoyés de Schamyl, descendus de la montagne à notre approche, viennent saluer l'amiral à bord du *Montebello*.

Le 15 juin, le *Charlemagne* débarquait à Kamiesch les 4e, 5e et 6e compagnies qui rejoignirent dans la soirée le reste du bataillon rentré, depuis la veille, dans son ancien camp. Un détachement de 127 hommes venus du dépôt nous y attendait depuis quelques jours.

Etat des travaux du siége à la date du 16 juin.

Pendant l'expédition de Kertch, les travaux du siége avaient été poussés vivement, surtout à la droite où l'on s'était emparé, dans la journée du 7 juin, des ouvrages blancs construits sur le mont Sapone, et de la redoute du

Mamelon-Vert. Tout semblait prêt pour l'assaut final, les dispositions furent prises en conséquence.

Le général Bosquet, jusqu'alors chargé des attaques de droite, descendit, le 16, dans la vallée avec le 2e corps. Il ne laissait sur le plateau que sa 3e division (général Mayran) qui, avec la division Brunet, du corps de réserve, et la division d'Autemarre, du 1er corps, devait former le corps d'assaut dont le général Regnault de Saint-Jean-d'Angely prenait le commandement en chef.

La division d'Autemarre aux attaques de droite.

Dans l'après-midi du 16, la division d'Autemarre quitte en conséquence le camp dans lequel elle venait de se réinstaller, pour aller remplacer aux attaques de droite la division Dulac, descendue dans la vallée de la Tchernaïa.

Assaut du 18 juin contre la tour Malakoff
et les ouvrages du faubourg.

Dans la soirée du 17, les troupes reçoivent les instructions relatives à l'assaut qui doit être donné le lendemain au point du jour.

La division Mayran, partant des ouvrages blancs, traversera le ravin du Carénage et attaquera l'enceinte du faubourg entre la batterie de la Pointe et le Petit-Redan. La division Brunet, partant des tranchées qui sont à droite du Mamelon-Vert, marchera sur la courtine qui s'étend entre le Petit-Redan et Malakoff. La division d'Autémarre, partant des tranchées qui sont à gauche du mamelon, est chargée d'enlever la batterie Gervais et la tour Malakoff.

Les Anglais doivent attaquer en même temps le Grand-Redan dont les feux pourraient nous prendre de flanc.

A huit heures du soir, les troupes se rendent à la tranchée et s'installent dans les positions qu'on vient de leur assigner.

Le bataillon, marchant en tête de la division d'Autemarre, arrive à la nuit tombante dans la parallèle la plus avancée. Le commandant Garnier, que le capitaine adjudant-major Masse seconde avec son zèle habituel, dispose tout son monde et indique à chacun la place dans laquelle il doit attendre le signal de l'assaut. Les capitaines Theuvez, Castera, Clinchant, Rogier et Boucherie sont à la tête de la 1re, de la 2e, de la 6e, de la 7e et de la 8e compagnie. Le lieutenant Copri et le lieutenant Potier commandent la 3e compagnie et la 5e compagnie dont les capitaines sont absents. Le capitaine de la 4e, M. de Geslin, sérieusement malade depuis plusieurs jours, n'a pas voulu faire défaut dans une circonstance aussi grave. Affaibli par une forte cholérine il arrive, aidé par quelques chasseurs, au point d'où sa compagnie doit s'élancer au signal convenu.

La troisième parallèle, seulement ébauchée à cette époque, consistait en un mur de pierre sèche derrière lequel on avait à peine donné quelques coups de pioche.

Elle n'est pas même suffisante pour contenir tout le monde. En conséquence, le lieutenant Potier franchit le parapet avec sa compagnie qui va se coucher en avant de nos lignes, complétement à découvert.

De cet endroit nos chasseurs silencieux, l'œil et l'oreille aux aguets, distinguaient vaguement à travers l'obscurité de la nuit les lignes de l'ouvrage qu'il fallait aborder.

Pour ne pas trahir le secret des préparatifs de l'attaque, il fallut passer ainsi de longues heures sans faire un mouvement et se tenant immobile sous le feu que l'ennemi dirigeait fréquemment contre nos tranchées.

Ce fut une nuit solennelle, nuit pleine d'émotions, pendant laquelle les plus braves sentirent le cœur battre vivement dans la poitrine.

Le signal devait être donné par des fusées lancées sur l'ordre exprès du général en chef, vers trois heures du matin.

Trompée par la lueur d'une bombe, la division Mayran commence trop tôt son mouvement. On entend de son côté le bruit d'un violent combat d'artillerie et de mousqueterie. Bientôt après on voit les fusées s'élever dans les airs; le moment est venu ; les divisions Brunet et d'Autemarre s'élancent à leur tour.

Le 5ᵉ bataillon de chasseurs force l'enceinte de la place.

Le commandant Garnier était allé jusqu'à la 5ᵉ compagnie, postée à quelque distance en avant des tranchées, pour donner au lieutenant Potier l'ordre d'ouvrir la marche afin de reconnaître le terrain.

A l'avertissement de ses officiers, la compagnie s'avance rapidement et atteint bientôt la batterie Gervais. Les réserves russes n'ayant pas encore eu le temps de sortir de leurs abris, la batterie n'est gardée que par les servants des pièces soutenus par un piquet d'infanterie.

Mais nos chasseurs qui se sont jetés dans le fossé ne peuvent en sortir du côté opposé. La terre légère et friable s'éboule sous les pieds et ne peut supporter le poids d'un homme. M. Potier, enfonçant profondément son sabre dans le retranchement, s'élève à la force des poignets sur le parapet et vient en aide à ses chasseurs qu'il attire à lui en saisissant l'extrémité de leur carabine. Un canonnier russe lui assène plusieurs coups d'écouvillon sur la tête sans lui faire lâcher prise ; tout ensanglanté, il continue à presser l'escalade. Une grosse pierre, lancée avec force, l'atteint en pleine figure, lui brise sept dents et l'envoie rouler dans le fossé. Il se relève, franchit une seconde fois le parapet et rejoint les chasseurs qui, grâce à son audace et à sa présence d'esprit, sont maintenant dans l'ouvrage. Son sous-lieutenant, M. des Garets, qui s'est jeté des premiers sur l'ennemi, vient d'être mortellement frappé par une balle.

Le commandant Garnier, marchant à la tête des autres compagnies, a suivi de près la 5ᵉ. A peine sorti des tranchées, le bataillon se trouve en butte au feu de l'ennemi et laisse sur le terrain nombre de morts et de blessés. Le capitaine de Geslin qui, à force d'énergie, se maintient à la tête de sa compagnie, reçoit au bas ventre une blessure qu'on crut longtemps mortelle.

Ces pertes ne font qu'accélérer la course au lieu de l'arrêter. Les chasseurs traversent tête baissée cette zone

dangereuse, se jettent sur la batterie Gervais et l'escaladent en un instant.

Pendant la mêlée qui suit cette brusque attaque, le
commandant Garnier a le bras percé d'un coup de baïonnette par un soldat russe qu'il empêchait de se sauver.

L'enceinte de Sébastopol est forcée, nous avons pris
pied dans la place.

Malgré le feu dirigé par les Russes sur l'intérieur de
l'ouvrage que nous venons de leur enlever, on gagne encore du terrain.

Le jour qui commence à poindre est voilé par une brume
légère empêchant de bien juger la position Cependant le
capitaine Masse, un brillant et vigoureux officier, reconnaît qu'une forte colonne ennemie s'avance par le ravin
de Karabelnaïa pour nous attaquer et reprendre la batterie Gervais. Ralliant vivement les groupes les plus
rapprochés de lui, M. Masse s'élance à la baïonnette sur
les Russes qui le reçoivent par un feu de peloton. Nos
chasseurs foudroyés à bout portant sont arrêtés par cette
décharge meurtrière ; un grand nombre tombent pour ne
plus se relever. Le brave Masse et son adjudant Gillet,
tous deux frappés au premier rang, sont au nombre des
morts.

Le commandant reçoit une seconde blessure faite par une
balle qui lui a traversé le côté droit de la poitrine. Il reste
néanmoins debout, et, toujours calme et intrépide, dirige
la lutte en attendant l'arrivée des renforts impatiemment
attendus.

Toutes les compagnies sont mélangées, mais chacun est à
son poste. Les soldats, pleins d'ardeur et d'entrain, se
sont avancés jusqu'à un groupe de maisons à demi-ruinées
qui se trouvent sur la pente du mamelon de Malakoff.
tout à l'entrée du faubourg de Karabelnaïa. Il se livre
sur ce point un combat furieux ; on se fusille à bout portant, on s'assomme à coups de crosse, à coups de pierres
et les larges sabres-baïonnettes, maniés par des mains
vigoureuses, font d'horribles blessures.

Le régiment russe Poltawa, qui nous tient tête, résiste
quelque temps avec la plus grande bravoure, mais se voit

forcé de nous abandonner ces masures encombrées de cadavres.

La situation n'en est pas moins critique. Sur la droite, le réduit de Malakoff, que nous n'avons pu aborder, nous crible de ses feux. Le lieutenant Roger du Nord, levant sa casquette sur la pointe de son épée, appelle à lui tous les gens de bonne volonté pour aller forcer ce redoutable obstacle. Bon nombre de chasseurs répondent à sa voix et se rangent à ses côtés. Il s'élance à leur tête, mais tombe bientôt frappé de deux balles, le bras gauche brisé et la poitrine traversée. Les braves soldats qui l'ont suivi, forcés de s'arrêter devant un feu terrible, reviennent sur leurs pas en rapportant leur jeune chef sanglant et inanimé.

Vainement le commandant Garnier a dépêché vers le général d'Autemarre courrier sur courrier. Tous ceux qu'on envoie sont tués en route. Le bataillon, en quelque sorte bloqué dans les ouvrages russes, reste sans communications avec le dehors. Pour revenir aux tranchées, il faut sortir de la batterie Gervais par une embrasure que l'ennemi crible de balles, car les Anglais ayant été repoussés, les feux du Grand-Redan nous prennent maintenant à revers.

Les attaques de la division Mayran et de la division Brunet sur la droite de nos lignes ont également échoué ; nous restons seuls engagés et les Russes peuvent diriger contre nous de nombreux renforts.

Le général Chrouleff, qui commande ces réserves, les pousse vigoureusement sur la pointe du faubourg dont nous occupons encore quelques maisons. La lutte prend un nouvel acharnement. Nos hommes, épuisés par tant d'efforts et manquant de cartouches, résistent avec peine au choc de ces troupes fraîches entraînées par des officiers qui paient bravement de leur personne.

Cependant un bataillon du 19ᵉ de ligne, conduit par le colonel Manèque, vient d'arriver dans la batterie Gervais pour soutenir le 5ᵉ chasseurs.

La lutte reprend alors une nouvelle ténacité, mais les feux croisés qui battent le terrain que nous occupons éclaircissent à chaque instant les rangs de nos soldats.

Le commandant Garnier tente encore une fois de faire savoir au général d'Autemarre la situation désespérée dans laquelle il se trouve.

Il charge de cette périlleuse mission le lieutenant Potier qui, la mâchoire à demi-brisée et tout couvert de sang, n'a pas voulu quitter les soldats de sa compagnie. Cet officier passe par l'embrasure de la batterie et réussit à traverser le terrain labouré par les projectiles russes.

Pendant que M. Potier, qui a pu joindre le général d'Autemarre, lui rend compte de ce qui passe, la situation devient de plus en plus grave sur le théâtre de l'action. Deux colonnes ennemies ont prononcé un mouvement pour tourner et envelopper les restes du bataillon et les compagnies du 19e de ligne que le colonel Manèque dirige avec un calme et superbe courage. Il faut définitivement se décider à la retraite et l'exécuter sans perdre un instant. Le commandant Garnier donne ses ordres et dirige le mouvement de son bataillon.

Malgré la grêle de projectiles qui décime nos soldats, cette retraite ne dégénère pas en déroute. Tout en se retirant, on défend le terrain et, autant qu'on peut le faire, on emporte les blessés.

Les Russes serrent cependant de près nos soldats qui se retirent. Ils franchissent après eux les retranchements de la batterie Gervais et paraissent vouloir les suivre jusque dans les tranchées.

A ce moment, le 2e bataillon du 19e de ligne arrive pour soutenir les troupes engagées. Le colonel Manèque et le commandant Garnier en profitent pour rallier leurs hommes dans un pli de terrain et tentent un retour offensif afin de rejeter l'ennemi dans la place.

A la voix de leurs chefs, chasseurs du 5e et soldats du 19e s'élancent sous une fusillade meurtrière.

Le commandant Garnier est encore une fois frappé par une balle qui l'atteint à la hanche. Épuisé par la perte de son sang et meurtri par plusieurs contusions, il ne peut plus se tenir debout. Le sergent-major Chambon et le sapeur Cornu le relèvent et l'emportent dans nos tranchées.

Les Russes, rentrés dans la batterie Gervais, déciment par leurs feux nos soldats qui combattent à découvert. Vainement le 26ᵉ vient à son tour appuyer les bataillons engagés. Ce régiment éprouve aussi, lui, de grandes pertes sans pouvoir gagner de terrain. Le général Niol et le colonel de Sorbiers sont grièvement blessés à sa tête. Le colonel Manèque, contusionné dès le début de l'affaire, reçoit deux autres blessures. Les rangs des compagnies s'éclaircissent à vue d'œil. Ce combat désespéré est maintenant inutile. On a laissé passer, sans en profiter, le moment favorable, celui où le 5ᵉ chasseurs pénétrait jusqu'aux maisons de Karabelnaïa Les bataillons de la brigade Niol se voient donc obligés de se replier.

Protégés par le feu de nos batteries, ils regagnent les tranchées d'où ils étaient partis pour l'assaut. ou font leur retraite en se défilant par le ravin de Karabelnaïa

Pertes éprouvées par le bataillon.

Les pertes du bataillon étaient énormes, on peut en juger par les détails suivants :

Sur 19 officiers présents au feu, 18 avaient été touchés. Le commandant Garnier avait trois blessures graves et deux fortes contusions. Le corps du capitaine Masse, tué raide. ainsi que l'adjudant Gillet, n'avait pu être relevé par nos chasseurs. Le lieutenant Roger du Nord, mortellement atteint, devait succomber après quelques semaines de cruelles souffrances ; le sous-lieutenant des Garets, la mâchoire brisée par une balle, mourut le surlendemain du combat. Les lieutenants Copri et Bureau, grièvement blessés l'un et l'autre, étaient restés au pouvoir des Russes. Le capitaine de Geslin avait reçu, dès le commencement de l'affaire, une grave blessure qui devait le clouer pendant un an sur un lit de douleur. Le capitaine Clinchant avait deux fortes contusions et le menton déchiré par une balle qui venait de tuer à côté de lui un de ses sous-officiers. Les capitaines Rogier, Castera et Boucherie étaient également blessés, ainsi que le médecin-major Gouget, qui avait suivi le bataillon dans les ouvrages russes.

Le. lieutenant Potier avait une partie de la mâchoire brisée et plusieurs contusions au crâne, ce qui ne l'empêcha pas de revenir prendre le commandement de sa compagnie aussitôt qu'il eut été pansé.

Lorsque ce brave officier s'était présenté, tout couvert de sang, devant le général d'Autemarre auquel il devait exposer la situation, le général avait eu peine à croire que le 5e chasseurs eût ainsi pénétré dans la ville et s'y fût maintenu depuis si longtemps. Mais à ce moment il était trop tard pour le faire appuyer utilement; la partie était perdue pour ce jour-là.

Les lieutenants Carré, Leluyer, Bastien étaient blessés, ainsi que les sous-lieutenants Guignet, Baillet et Jambon. Seul, le sous-lieutenant Ganot, qui avait vaillamment fait son devoir, était sorti de cette mêlée sans une égratignure.

Dans l'après-midi, nous rendîmes les derniers honneurs à 33 de nos sous-officiers ou de nos soldats, parmi lesquels se trouvaient les sergents Platier et Pizalla, le fourrier Guérin et le caporal-sapeur Decès

Deux cent dix blessés, au nombre desquels étaient les sergents-majors Lagarde et Guyot, les sergents Combelle, Parizot, Lecat, Devise, Aimond, Lenotre et Milany, ce dernier déjà blessé à l'affaire du 2 mai, avaient été transportés dans nos ambulances.

Cent vingt-quatre sous-officiers, caporaux ou chasseurs, presque tous tués ou blessés, étaient restés avec MM. Copri et Bureau sur le terrain reconquis par les Russes.

L'affaire du 18 juin fut un échec pour nos armes. Nous n'avons pas à rechercher ici quelles furent les causes d'un revers qui ranima la confiance de l'ennemi, quelque peu ébranlée depuis que les combats du 7 juin l'avaient rejeté complètement dans la place.

Toujours est-il, que malgré l'insuccès final, cette sanglante journée doit être considérée comme la page la plus héroïque et la plus glorieuse de l'histoire du 5e bataillon de chasseurs.

Conduit par un chef et par des officiers qui donnèrent l'exemple de la plus noble bravoure, le bataillon força ce jour-là l'enceinte de Sébastopol, prit pied dans la ville et s'y maintint assez longtemps, payant du sang de ses braves soldats chaque mètre d'un terrain conquis avec autant d'ardeur et d'élan, qu'il fut ensuite défendu avec opiniâtreté.

Toutes les voix furent d'accord à ce sujet. Les écrivains russes Anitscheff et Todtleben, aussi bien que le commandant Fay et M. de Bazancourt, paient un juste tribut d'éloges au 5e bataillon de chasseurs et au commandant Garnier.

Dans son rapport officiel, le général Pélissier s'exprime ainsi :

« Au signal convenu pour l'assaut, le général d'Aute-
« marre lança avec impétuosité le 5e chasseurs à pied qui,
« en suivant la crête du ravin de Karabelnaïa, parvint jus-
« qu'au retranchement qui le relie à la tour Malakoff,
« franchit ce retranchement et entra ainsi dans l'enceinte
« même . . . .

. . . .

« Tel était l'élan de nos troupes que, nonobstant la
« retraite des Anglais, elles avaient poussé en avant et
« continué à charger à fond l'ennemi. Mais le manque
« de simultanéité dans l'attaque de nos divisions laissa
« les Russes libres de nous accabler avec les réserves
« et l'artillerie du Grand-Redan, et l'ennemi ne perdit
« pas un seul instant pour diriger sur nos braves chas-
« seurs à pied toutes les autres réserves de Karabelnaïa.
« Devant des forces aussi imposantes, le commandant
« Garnier, du 5e bataillon, chercha, mais en vain, à con-
« server le terrain conquis. Obligé de plier sous le nombre,
« il repassa le retranchement. »

Quelques jours après le combat du 18 juin, le commandant Garnier, qui avait refusé d'entrer à l'ambulance pour ne pas quitter son bataillon, recevait la croix d'officier de la Légion-d'Honneur.

MM. Roger du Nord, Potier, Jambon, le docteur Gouget, le sergent Parizot et le sapeur Conjard étaient nommés chevaliers du même ordre; et la médaille militaire était décernée au sergent-major Lagarde; aux sergents Devise, Lenôtre et Lecat; aux caporaux Giraud et Hermez; au clairon Jean; aux chasseurs Fages, Lamaison, Moulin, Meyer et Benoit.

Le bataillon revient aux attaques de gauche.

Le 21 juin, le corps du général Bosquet, rappelé sur le plateau, vient reprendre les positions qu'il a quittées le 16 pour descendre dans la vallée. En conséquence, la division d'Autemarre, rendant le camp du Moulin à la division Dulac, retourne aux attaques de gauche.

Pendant cette marche qui lui fit longer les camps de l'armée anglaise, le 5ᵉ chasseurs, réduit à 350 hommes, reçut de nombreux témoignages d'estime et de sympathie. Le commandant Garnier, étendu sur un brancard porté par les sapeurs marchant en tête du bataillon, fut tout spécialement l'objet de ce cordial intérêt. Le lieutenant Roger, sorti de l'ambulance à la nouvelle de notre départ, était également couché sur une civière que les chasseurs de sa compagnie avaient construite pour le transporter.

Ce jeune et brillant officier, emportant l'estime et l'affection de ses camarades et de ses soldats, mourut quelques semaines après, sous la tente du colonel de Bretizel qui lui avait offert l'hospitalité.

Le 22 juin, le capitaine Clinchant reçut sa nomination de chef de bataillon au 79ᵉ de ligne, régiment qu'il quitta bientôt pour aller prendre le commandement du 4ᵉ bataillon de chasseurs.

Quinze jours après, M. Rogier était nommé chef de bataillon au 100ᵉ de ligne, puis bientôt après commandant du 9ᵉ chasseurs.

Pertes du bataillon pendant le 2ᵉ trimestre 1855.

Pendant ce 2ᵉ trimestre de l'année 1855, les pertes du bataillon avaient été très considérables. Elles s'élèvent aux chiffres suivants :

MOIS	OFFICIERS			TROUPE		
	Tués ou morts de blessures	Blessés	Prisonniers	Tués	Blessés	Disparus. Presque tous tués ou blessés
Avril	1	1	»	7	26	1
Mai.	»	1	»	7	25	»
Juin.	3	15	2 Comptés d. ns les blessés.	33	210	124
Total. . . .	4	17		47	261	125
Total général	21			433		

Revenus aux attaques de gauche qui ne sont plus qu'une diversion du véritable siége, les débris du bataillon reprennent, pendant le mois de juillet et le mois d'août, le service habituel des travaux du génie et des gardes de tranchée.

Le 15 août, lors de la revue passée par le général d'Autemarre, nous n'avions pu mettre sous les armes que 13 officiers et 344 hommes.

Le lendemain, pendant la bataille de Traktir, le bataillon prend les armes et se dirige vers la Tchernaïa. Arrêté à hauteur du grand quartier général, il est bientôt après renvoyé à son camp.

Prise de Sébastopol.

Le 8 septembre, jour du grand assaut, la division d'Autemarre avait pris position dans les tranchées voisines de l'ouvrage du 2 Mai. A sa gauche se trouvait la division Levaillant, chargée d'attaquer le Bastion-Central pendant que le corps du général Bosquet renouvellerait l'assaut, tenté sans succès le 18 juin, contre la tour Malakoff et les défenses du faubourg.

Au centre, les Anglais devaient essayer encore une fois de s'emparer du Grand-Redan.

Toutes les attaques échouèrent, sauf celle du général de Mac-Mahon, qui s'empara définitivement de la tour Malakoff.

Au siége de gauche, la division Levaillant, seule engagée, subit des pertes sensibles devant le Bastion-Central. L'occupation de Malakoff ayant fait donner l'ordre de cesser les attaques, la division d'Autemarre resta dans les tranchées, où elle passa la nuit sur le qui-vive. Vers minuit, on entendit de formidables explosions et on vit, en avant de nos tranchées, sauter le bastion du Mât, le Bastion-Central, le bastion de la Quarantaine et le Grand-Redan. Les ouvrages du faubourg, sauf la tour Malakoff, dont on avait heureusement éventé les mines, sautaient au même moment. Puis des flammes s'élevèrent sur plusieurs points de la ville. Les Russes, avant de nous abandonner Sébastopol, mettaient le feu aux casernes, aux magasins, aux docks, aux arsenaux et aux bâtiments qui restaient dans le port.

Le lendemain, Sébastopol et le faubourg de Karabelnaïa furent occupés par une avant-garde qui dut prendre de grandes précautions, car il y eut encore plusieurs explosions pendant la journée. En outre, les Russes, établis au nord de la rade, ne tardèrent pas à envoyer des bombes et des boulets dans la ville, comme pour nous en disputer les ruines.

La division d'Autemarre va s'installer dans la vallée de Baïdar.

Sébastopol étant tombé, il n'y avait plus de raisons pour conserver tant de troupes entassées sur le plateau de Chersonèse.

Le 11 septembre, la division d'Autemarre quitta ses positions du vieux siége et prit la route Woronzoff pour aller coucher au pont de Kreutzen, sur les bords de la Tchernaïa.

Le lendemain, elle s'installait dans la vallée de Baïdar, où l'on trouvait en abondance le bois et l'eau qui manquaient sur le plateau.

C'est là que, le 13 septembre, le commandant Garnier fit ses adieux au bataillon qu'il avait si brillamment dirigé. Ce chef regretté de tous ses soldats venait d'être nommé commandant du bataillon des chasseurs de la garde en remplacement de M. de Cornulier-Lucinières, tué devant Malakoff pendant l'assaut du 8 septembre.

Son successeur à la tête du 5e bataillon de chasseurs fut M. Thouvenin, qui venait du 26e de ligne.

Les derniers jours de septembre furent employés à faire quelques reconnaissances dirigées par le général Niol. Le bataillon prit toujours part à ces petites expéditions que l'on poussa jusque dans la vallée de Belbeck.

A la fin du mois, nous avions été renforcés par un détachement de 80 hommes amenés du dépôt par M. de Prud'homme qui, cette fois, put obtenir l'autorisation de rester en Crimée.

Pertes pendant le 3e trimestre.

Nos pertes, pendant le 3e trimestre de 1855, avaient été de :

MOIS	OFFICIERS			TROUPE		
	Tués	Blessés	Disparus	Tués	Blessés	Disparus
Juillet	»	»	»	1	11	»
Août	»	»	»	2	9	»
Septembre .	»	»	»	1	15	»
Total. . . .	»	»	»	4	35	»
Total général	»	»	»	39		»

Pertes pendant le siége,

Depuis le 3 octobre 1854 jusqu'au 8 septembre 1855, le 5e bataillon de chasseurs avait donc perdu : .

OFFICIERS			TROUPE		
Tués	Blessés	Prisonniers	Tués	Blessés	Disparus
4	17	2 Compris dans les blessés.	68	315	125 La plupart tués ou blessés
21			508		

Nous ne parlons pas des victimes du choléra, du typhus et d'autres maladies, quoique leur nombre eût bien dépassé la centaine.

On doit convenir que peu de corps avaient aussi largement payé leur dette à l'honneur du drapeau.

L'automne et l'hiver dans la vallée de Baïdar.

Pendant le mois d'octobre, on continue à faire de fréquentes reconnaissances au nord de la vallée de Baïdar et dans la vallée de Belbeck.

Plusieurs changements surviennent encore à cette époque dans les cadres.

M. Leluyer, qui remplit depuis le 18 juin les fonctions d'adjudant-major en remplacement de M. de Geslin, grièvement blessé, est nommé capitaine au 9e bataillon, et remplacé dans ces fonctions spéciales par M. de Prud'homme. L'adjudant Lagarde, le sergent-major Mayniel et le fourrier Lapart sont nommés sous-lieutenants dans d'autres corps.

Vers le milieu d'octobre, les divisions campées dans la vallée de Baïdar reçurent l'ordre de construire les baraques dans lesquelles les troupes devaient prendre leurs quartiers d'hiver.

Le 5e bataillon de chasseurs, installé à Mordwinoff, se mit de suite à ces travaux, dont il ne fut distrait que par les reconnaissances fréquemment dirigées sur les points par où les Russes auraient pu déboucher dans la vallée.

Pour plus de précautions, nous envoyons à Orkousta une compagnie de grand'garde qui est relevée tous les quatre jours.

Le 8 décembre, un peu avant le jour, un chasseur d'Afrique, arrivant au galop, vient annoncer à la 1re et à la 6e compagnie, baraquées à environ 600 mètres du reste du bataillon, que les Russes attaquent le 7e bataillon de chasseurs cantonné au village de Baga.

Ces deux compagnies se portent rapidement sur Baga pendant que la division d'Autemarre prend position sur la rive droite de la Tchernaïa, à hauteur du château Woronzoff.

Il était six heures du matin. Les Russes, qui venaient de faire une longue marche sous la pluie, étaient harassés de fatigue et gênés par de lourds vêtements en peau de mouton tout ruisselants d'eau. Ils furent bientôt repoussés et perdirent bon nombre des leurs dans la poursuite.

Une reconnaissance offensive faite quelques jours après par le général Decaen ne put rencontrer l'ennemi nulle part. L'avant-poste d'Orkousta fut supprimé après cette petite affaire et remplacé par une compagnie de grand'garde détachée aux villages de Sawartha et de Baga. Ce poste n'était relevé que tous les quinze jours.

1856 — La nouvelle année n'amena aucun changement dans notre situation et notre genre d'existence. Grâce à l'abondance du bois, on n'eut pas à souffrir du froid, comme pendant le précédent hivernage. Le thermomètre ne descendit pas d'ailleurs aussi bas qu'il l'avait fait au mois de janvier 1855.

Le bataillon, dont l'effectif s'est un peu relevé par la rentrée des blessés sortis de l'ambulance, reçoit quelques nouveaux officiers, entre autres M. le capitaine Cahart et M. le sous-lieutenant Leureau, qui viennent du dépôt, après avoir permuté avec des officiers trop grièvement blessés pour faire un service actif.

Un détachement de 40 chasseurs, établis avec le lieutenant Guilhamat au hameau d'Orkousta, faisait le service d'éclaireurs volontaires pour veiller sur nos cantonnements et pour tenir à distance les Cosaques rôdant autour de nos avant-postes.

A la fin du mois de janvier, ces éclaireurs surprirent, au petit jour, un poste ennemi qui fut enlevé sans qu'un homme ou un cheval pût s'échapper.

Au milieu de mars, M. Theuvez, nommé chef de bataillon au 1er de ligne, quitta le 5e chasseurs.

Des neuf capitaines qui s'étaient embarqués pour la Crimée le 2 septembre 1854, il ne restait plus que M. de Geslin passé à l'emploi d'adjudant-major, mais retenu pour longtemps encore à l'ambulance, et M. Boucherie. Le cadre des lieutenants et des sous-lieutenants avait été complétement renouvelé depuis l'entrée en campagne.

Conclusion de la paix.

Le 2 avril, un ordre du jour apprit à l'armée que la paix était signée depuis le 30 mars.

Des relations cordiales s'établirent aussitôt entre les avant-postes français et les avant-postes russes. Ces bonnes relations s'étaient ébauchées déjà pendant les suspensions d'armes convenues après les engagements sérieux, afin de permettre de relever les blessés et d'enterrer les morts.

La guerre de Crimée, complétement désintéressée de notre part, avait été un duel gigantesque après lequel les deux adversaires, qui s'étaient loyalement et vaillamment comportés, s'estimaient davantage et pouvaient se donner la main sans arrière-pensée.

Revue du général Luders.

Le 13 avril, le maréchal Pélissier fit même au général Luders les honneurs de son armée qu'il lui présenta rangée en bataille, le dos à la mer, sur le plateau de Chersonèse.

Cent bataillons d'infanterie, dans toute la simplicité de leur tenue de campagne, trente escadrons de cavalerie et trente batteries d'artillerie défilèrent devant le maréchal Pélissier et les généraux russes entourés d'un nombreux état-major où se groupaient, dans un mélange pittoresque, les uniformes des Russes, des Français, des Anglais, des Sardes et des Turcs.

On ne verra peut-être jamais un spectacle militaire comparable à celui que présentaient ces troupes aguerries portant avec une noble fierté des vêtements usés dans les travaux de la tranchée et déchirés par les projectiles de l'ennemi.

Aucun de ceux qui ont pris part à cette mémorable revue n'a oublié l'impression qu'elle produisit sur tous les assistants.

Après cette revue, la division d'Autemarre retourna dans la vallée de Baïdar pour attendre l'ordre de rentrer en France.

Le 15 mai, à six heures du matin, le 5e bataillon de chasseurs quittait enfin Mordwinoff, dont les baraquements étaient devenus un propre et confortable village tout entouré de jardins créés par nos soldats. Le soir, on couchait au pont de Kreutzen, et le lendemain, le bataillon dressait ses tentes à côté de celles du 9e chasseurs, sur la pointe qui s'avance au font de la baie de Strélitska.

Il fallut attendre encore pendant huit jours notre tour d'embarquement.

Rentrée en France.

Enfin, le 24 mai, le 5e bataillon de chasseurs, monté sur le paquebot des messageries la *Clyde*, s'éloignait, par une mer magnifique, de cette terre de Crimée sur laquelle, pendant dix-huit mois, près de 500,000 hommes avaient supporté tant de souffrances et lutté des deux côtés avec un courage et une ténacité héroïques.

Au moment du coucher du soleil, chacun put jeter un dernier regard sur le cap Chersonèse qui s'effaçait à l'horizon et adresser un dernier adieu à tous les braves dont les tombes restaient confiées à la garde du drapeau russe.

Grâce au beau temps, la traversée fut heureuse et rapide. Le 26, la *Clyde* mouillait dans le Bosphore, à côté de l'*Hydaspe*, autre paquebot d'un plus fort tonnage, sur lequel tout le bataillon fut transbordé. Pendant cette opération, les officiers qui n'étaient pas de service purent donner un rapide coup d'œil à la ville de Constantinople.

Dans la soirée, l'*Hydaspe* se mit en route et se dirigea vers les Dardanelles. Le 28, il fit au Pirée une relâche de quelques heures, dont les officiers profitèrent pour aller parcourir Athènes. Le 1er juin, le paquebot relâche encore à Messine, et enfin, le 4, il entre dans le port de Marseille où officiers et soldats touchent le sol de la France avec ce battement de cœur que donne toujours le retour dans la patrie.

Débarquement à Marseille.

Débarqué à Marseille le 4 juin, le 5e chasseurs se mettait en route le surlendemain paur aller rejoindre à Metz ses compagnies de dépôt. Mais le 22, le commandant Thouvenin reçut à Bourg, où l'on faisait séjour, l'ordre de se diriger sur Besançon.

Arrivée à Besançon.

Le 29 juin, le bataillon arrivait à Besançon et trouvait dans cette ville le dépôt qui, venant de Metz, l'avait précédé de quelques jours.

Le premier accueil fait au bataillon par les autorités civiles et militaires, ainsi que par les habitants de Besançon, avait été très froid et bien différent de celui que presque toutes les villes faisaient en ce moment aux troupes rentrant de Crimée.

Aussi, quelques semaines après, la municipalité se piquant d'honneur voulut effacer l'impression que ce défaut de sympathie ne pouvait manquer de produire.

Le 15 août 1856 fut un jour de fête pour la ville et **pour** la garnison.

Le général Lafont de Villiers passa la revue des troupes qui défilèrent sous un arc de triomphe, élevé aux frais de la municipalité en l'honneur des chasseurs du 5e bataillon.

Des décorations du Medjidié, accordées par le Sultan, furent remises ce jour-là au lieutenant Lacassin, de la

4e compagnie, au sous-lieutenant Gaugain, de la 3e, au fourrier Verdier, au sergent Bergeron et aux chasseurs Pichon,
Balandras et Sire.

Le soir, dans un punch offert aux officiers de la garnison, le général commandant la division, le préfet du Doubs
et le maire de Besançon souhaitèrent tour à tour la bien-
venue au 5e bataillon de chasseurs dont la conduite, dans
l'affaire du 18 juin, fut rappelée avec une bienveillante
admiration.

TROISIÈME PARTIE

—

Besançon. — Campagne d'Italie. — Paris. — Lyon. — Toulouse. — Rennes.

(1856-1870)

THOUVENIN, FRABOULET DE KERLÉADEC, THIBAUDIN, CARRÉ

Séjour à Besançon.

1856 — Les deux années que le bataillon passe à Besançon après son retour de Crimée sont une période de calme et de repos. Elles présentent peu d'événements notables.

Détachement envoyé sur la frontière suisse.

Les difficultés qui s'élevèrent à la fin de l'année 1856 entre la Prusse et la Suisse, au sujet de la principauté de Neuchâtel, nécessitèrent l'établissement de quelques postes d'observation sur notre frontière. Le 5ᵉ chasseurs concourut à ce service en détachant successivement plusieurs de ses compagnies dans la petite ville de Morteau.

1857 — La 5ᵉ compagnie et la 6ᵉ, placées sous le commandement du lieutenant Copri, y passèrent les quatre premiers mois de l'année 1857, et le détachement fut définitivement supprimé à la fin du mois d'avril.

Dans le courant de cette année 1857, M. Copri quitta le bataillon pour passer avec son grade aux chasseurs de la garde.

Deux autres récompenses furent accordées au 5e chasseurs. Le sergent Pétrique et le sergent Suzoni reçurent, le premier, la croix de la Légion-d'Honneur, le second, la médaille militaire.

L'inspection générale, qui avait été passée au retour de Crimée par le général Lafont de Villiers, commandant la 7e division militaire, fut passée en 1857 par le général Alexandre, et en 1858 par le général Herbillon.

Départ pour Lyon.

1858 — Quelques semaines après cette dernière inspection, le 5e bataillon de chasseurs reçut l'ordre de partir pour Lyon. Le bataillon étant appelé à faire partie d'une division active, les compagnies de dépôt restèrent à Besançon sous les ordres du capitaine-major Thiriot.

En arrivant à Lyon le 4 octobre 1858, le 5e chasseurs fut placé dans la division commandée par le général de Luzy de Pellissac.

Cette division, la deuxième de l'armée de Lyon, se trouvait composée de la façon suivante :

Chef d'état-major : Commandant Crépy.

1re brigade. Général Douay (Abel)	5e bataillon de chasseurs : commandant Thouvenin. 30e de ligne : colonel Lacroix. 40e de ligne : colonel de Mallet.
2e brigade. Général Lenoble.	6e de ligne : colonel Dupin de Saint-André. 8e de ligne : colonel de Courson.

La division de Luzy passa l'hiver de 1858 à 1859 en partie à Lyon et en partie au camp de Sathonay.

1859 — Le bataillon, qui était revenu vers la fin de l'hiver occuper les casernes de la ville, perdit, au mois de mars, un de ses meilleurs officiers, M. de Geslin, nommé chef de bataillon au 9e de ligne.

La Question italienne.

A ce moment, les relations entre la France et l'Autriche étaient extrêmement tendues. Le gouvernement sarde, placé depuis 1848 à la tête du parti national italien, s'était assuré notre alliance et l'appui platonique de l'Angleterre en envoyant son armée combattre à nos côtés, sous les murs de Sébastopol.

Aussi la Question italienne avait été nettement posée dans les conférences du traité de Paris.

Malgré les bons offices de plusieurs puissances qui désiraient empêcher un conflit européen, on n'avait pu trouver aucune solution satisfaisante pour rétablir l'accord entre l'Autriche et le royaume de Sardaigne. Les rapports entre ces deux Etats étaient devenus de plus en plus hostiles et le gouvernement de Turin, qui se sentait appuyé et soutenu par le gouvernement français, paraissait ne pas décliner une lutte devenue presque inévitable.

Ultimatum du 19 avril.

Le 19 avril, la cour de Vienne, qui depuis plusieurs mois appelait des réserves et se préparait à la guerre, adressa au gouvernement sarde un ultimatum le sommant de désarmer dans un délai de trois jours. Le comte de Cavour, à qui cette pièce ne fut remise officiellement que le 23, chercha à gagner quelques jours, car le moindre délai avait une grande importance.

Mobilisation de l'armée française.

En effet, dès le 21 avril, les ordres de mobilisation étaient partis de Paris.

La France devait mettre sur pied trois armées, une sur les Alpes, toute prête à intervenir en Italie; une seconde, groupée autour de Nancy pour protéger les frontières de l'Est; et la troisième, rassemblée à Lyon, pour servir de réserve aux deux autres.

Les divisions actives des armées de Paris et de Lyon étaient naturellement destinées à former le premier noyau de ces concentrations.

Depuis le mois de mars, l'armée de Lyon avait même été renforcée par la division Renault, rappelée de l'Algérie en prévision des événements.

Le 24 avril, le général de Luzy fut avisé par le télégraphe que sa division, devenue 1re division du 4e corps de l'armée des Alpes, devait se tenir prête à partir au premier signal.

Le 3e corps, commandé par le maréchal Canrobert, était déjà en route vers le Piémont.

Départ du bataillon pour l'Italie.

Nos préparatifs furent bientôt faits et, le 28 avril, la divison de Luzy prenait à la gare de Genève les trains qui devaient la transporter à Saint-Jean-de-Maurienne.

Composition du bataillon.

L'effectif du 5e bataillon de chasseurs était, au départ de Lyon, de 23 officiers et 627 hommes de troupe. Son cadre était composé de :

<table>
<tr><td colspan="4" align="center">ÉTAT-MAJOR</td></tr>
<tr><td colspan="4">MM. Thouvenin, chef de bataillon, commandant.
Cahart, capitaine adjudant-major.
Dreux, lieutenant de la 2e compagnie, faisant fonctions d'officier payeur.
Lemarchand, médecin-major.</td></tr>
<tr><td>Cies</td><td>Capitaines</td><td>Lieutenants</td><td>Sous-Lieutenants</td></tr>
<tr><td>1re</td><td>Boucherie.</td><td>De Prud'homme.</td><td>Gathe César.</td></tr>
<tr><td>2e</td><td>Piazza.</td><td>Dreux, déjà cité of. payr</td><td>Mallarmé.</td></tr>
<tr><td>3e</td><td>Avril de l'Enclos.</td><td>Guilhamat.</td><td>Pottier (Charles).</td></tr>
<tr><td>4e</td><td>Nauroy.</td><td>Antonini.</td><td>Grimard.</td></tr>
<tr><td>5e</td><td>Gaduel.</td><td>Potier (Victor).</td><td>Delbrel.</td></tr>
<tr><td>6e</td><td>Esselin.</td><td>Micheli.</td><td>Marmouget.</td></tr>
<tr><td>7e</td><td>Pelletent.</td><td>Cavade.</td><td>Letouraeux.</td></tr>
<tr><td>8e</td><td>Martin.</td><td>Barneaud.</td><td>Gaugain.</td></tr>
</table>

M. Antonini étant détaché comme officier d'ordonnance auprès du général de Luzy, M. le lieutenant de Prud'homme alla bientôt prendre le commandement de la 4e compagnie que M. Nauroy dut quitter pour entrer à l'hôpital. Une blessure grave, reçue pendant la guerre de Crimée, s'était rouverte et mettait cet officier hors d'état de faire un service actif.

M. Gaugain, désigné pour remplir les fonctions d'officier d'habillement, dut rester au petit dépôt qui fut envoyé à Gênes quelques jours après notre entrée en Italie.

Traversée des Alpes.

Le bataillon, arrivé dans la soirée du 28 avril à Saint-Jean-de-Maurienne, passa la nuit dans une église disposée pour recevoir et abriter les troupes de passage.

Le lendemain matin, la division quittait Saint-Jean et prenait la route du Mont-Cenis. Elle coucha le 29 à Modane et le 30 à Lans-le-Bourg.

Le 1er mai, le bataillon se mit en marche dès quatre heures du matin pour franchir le Mont-Cenis. Afin d'éviter les à coups et l'encombrement, les différents corps de la division devaient échelonner leur départ de quart d'heure en quart d'heure.

L'ascension fut longue et pénible. Il fallut, à plusieurs reprises, demander des chevaux de renfort et pousser aux roues pour tirer les bagages d'un mauvais pas. Tous les sommets et même le plateau, sur lequel on fit une halte pour prendre un peu de repos, étaient encore couverts de neige.

Après s'être arrêtée pendant une heure et demie dans la caserne construite par ordre de Napoléon 1er pour abriter les troupes de passage, la colonne se remit en route et descendit rapidement les lacets des échelles du Mont-Cenis. Vers deux heures, elle entrait à Suze après avoir, en dix heures de marche, traversé la grande chaîne des Alpes.

Entrée des Autrichiens en Piémont.

Les murs de Suze étaient couverts de proclamations et de dépêches. Une de ces affiches nous apprit que, le 29 avril, les têtes de colonne de l'armée autrichienne avaient passé le Tessin et envahi la province de Lomelline.

Les Français arrivent en Italie.

Il était temps d'arriver au secours des Sardes qui s'étaient repliés derrière la Dora-Baltea et le Pô, en s'appuyant sur les places de Casale, d'Alexandrie et de Gênes.

Le mouvement de notre armée se faisait du reste avec rapidité, car la division Bouat, partie la première de Lyon, était à Suze dès le 28 avril, et le lendemain, la division Bazaine débarquait à Gênes.

Composition de l'armée française entrée en Italie.

L'armée des Alpes, devenue armée d'Italie, était composée de six corps.

Le premier, fort de trois divisions d'infanterie (Forey, de Ladmirault et Bazaine) et d'une division de cavalerie (Desvaux), était placé sous les ordres du maréchal Baraguay-d'Hilliers. Ce corps, embarqué à Marseille et à Toulon, se concentrait à Gênes.

Le 2ᵉ corps, tiré tout entier de l'armée d'Afrique, débarquait également à Gênes. Il était commandé par le général de Mac-Mahon et comprenait deux divisions d'infanterie (de La Motterouge, Espinasse) et une brigade de cavalerie (Gaudin de Villaine).

Le 3ᵉ corps, placé sous les ordres du maréchal Canrobert, comprenait trois divisions d'infanterie (Renault, Bouat et Bourbaki) et une division de cavalerie (Partouneaux).

Les deux premières de ces divisions, formant l'avant-garde de l'armée, avaient passé les Alpes au Mont-Cenis, les deux autres avaient franchi le col du Mont-Genèvre.

Le 4ᵉ corps, commandé par le général Niel, devait suivre la même route que le 3ᵉ pour traverser les Alpes. Il comprenait trois divisions d'infanterie (de Luzy, Vinoy et de Failly) et une brigade de cavalerie (Richepance).

Le 5ᵉ corps, formé un peu après les autres, se composait d'une forte division tirée de l'armée d'Afrique (d'Autemarre), d'une division venue de Paris (Uhrich) et d'une brigade de cavalerie (de Laperouse). Le prince Napoléon, commandant du 5e corps, devait débarquer à Livourne avec sa 2e division pour forcer les Autrichiens à évacuer la Toscane et les duchés de l'Emilie. La division d'Autemarre, débarquée à Gênes, comme les autres troupes d'Algérie, devait se jeter dans l'Apennin pour appuyer le mouvement du prince Napoléon et le relier au reste de l'armée.

Enfin, la garde impériale, placée sous les ordres du général Regnault de Saint-Jean-d'Angely, formait le corps de réserve, que les chemins de fer et les bâtiments à vapeur transportaient de Paris à Marseille, et de Marseille à Gênes.

L'ensemble de ces troupes formait une réunion de 130,000 combattants.

L'empereur, ayant choisi comme major-général le maréchal Vaillant, devait prendre en personne le commandement de l'armée d'Italie.

Armées laissées en France.

Les armées d'observation laissées en France étaient placées, celle de l'Est sous les ordres du maréchal Pélissier, et celle de Lyon, sous les ordres du maréchal de Castellane. En outre, l'armée de Paris, commandée par le maréchal Magnan, fut reconstituée dès que les divisions du 1er corps eurent quitté la capitale.

Composition de l'armée sarde.

L'armée sarde, dont l'effectif combattant s'élevait à 65,000 hommes, comprenait cinq divisions d'infanterie, composées chacune de deux bataillons de bersaglieri, de quatre régiments de ligne et d'un régiment de chevaulégers. Elle possédait en outre une division de cavalerie de réserve et une artillerie bien organisée.

Composition et organisation de l'armée autrichienne.

L'Autriche devait nous opposer deux des quatre armées qui constituaient l'ensemble de ses forces militaires. La deuxième armée, spécialement affectée à l'occupation du royaume Lombard-Vénitien, était commandée par le maréchal Gyulay. Elle se composait, en temps ordinaire, de trois corps : le Ve (Stadion), le VIIe (Zobel) et le VIIIe (Benedeck). Dès le mois de janvier 1859, cette armée avait été renforcée par le IIIe corps (Schwarzenberg), emprunté à la première armée, et par le IIe corps (Lichtenstein), emprunté à la quatrième armée.

Au commencement d'avril, deux nouveaux corps, le IXe (Schaffgotsche) et le XIe (de Veigl), stationnés l'un en Hongrie et l'autre en Moravie, furent dirigés vers l'Italie pour servir de soutien à la deuxième armée qui, par l'appel de ses réserves et par l'adjonction du IIe et du IIIe corps, venait d être portée à 130,000 combattants.

Lorsque après la bataille de Magenta, l'empereur François-Joseph, assisté du maréchal Hess, eut pris en personne le commandement en chef, ces troupes, renforcées depuis la fin de mai par le Ier corps (Clam-Gallas), formèrent deux armées distinctes commandées, l'une par le comte Schlick, l'autre par le comte de Wimpffen.

Arrivée des Français sur la ligne des opérations.

Le 3e et le 4e corps de l'armée française, appelés à porter les premiers secours aux Sardes, devaient être réunis sous le commandement supérieur du maréchal Canrobert, jusqu'au moment où l'empereur viendrait prendre en personne la direction des opérations militaires.

Dès son arrivée, le maréchal reconnut que la position défensive occupée par les Sardes était beaucoup trop étendue et facile à percer. Abandonnant la ligne de la Doria, il résolut de concentrer les deux corps qu'il dirigeait et les cinq divisions sardes derrière le cours du Pô, entre Casale et Alexandrie.

L'armée autrichienne était de l'autre côté du fleuve dans la Lomelline.

Comme il s'agissait de former au plus vite une agglomération de troupes assez forte pour tomber sur le flanc de l'ennemi s'il essayait de marcher sur Turin par la rive gauche du Pô, tous les régiments qui descendaient du Mont-Cenis étaient aussitôt acheminés vers Alexandrie.

La division de Luzy séjourne à Suze le 2 mai et en part le 3 pour laisser les casernes à la disposition de nouvelles troupes qui arrivent de France. Elle va coucher à San-Ambrogio, où l'on passe la journée du lendemain. Le 5, la division fait son entrée à Turin et est accueillie, comme toutes les colonnes françaises, avec le plus bruyant enthousiasme. On avait préparé dans la ville de Turin un casernement de passage suffisant pour 10,000 hommes. Le bataillon, casé pour la nuit dans les bâtiments de la gare, prit, le 6, au point du jour, un train qui le conduisit à Alexandrie.

La division de Luzy à Alexandrie et à San-Salvator.

Cette place regorgeant déjà de troupes, les nouveaux arrivants étaient de suite disséminés aux environs. Le 5e chasseurs est ainsi dirigé sur le hameau de Boschetto, où il reste jusqu'au 11 mai.

Le 11, le quartier général du 4e corps ayant été transféré à San-Salvator ainsi que celui de la division de Luzy, les troupes sont cantonnées en partie dans cette petite ville, en partie dans les fermes et dans les villages voisins. Le bataillon, gardé à San-Salvator auprès du quartier général, est logé dans une église, sauf une compagnie poussée comme poste avancé sur la route de Valenza.

La 3e division du corps d'armée est en arrière de nos positions, la deuxième nous a remplacés autour d'Alexandrie.

Le 14 mai, le général Niel, qui veut connaître les troupes dont il vient de prendre le commandement, passe la revue de la division de Luzy, formée en bataille sur la route de San-Salvator à Mirabello.

La division de Luzy à Valenza.

Deux jours après, on fait un petit mouvement en avant pour se rapprocher du Pô. Le général de Luzy, installé à Valenza, étend sa 2e brigade à gauche de cette ville, sur les hauteurs de Monti et de Pomaro, et sa 1re brigade à droite pour se relier à la division de Failly, établie autour de Bassignano, dans l'angle formé par le confluent du Pô et du Tanaro.

Le 5e chasseurs occupe les deux grandes fermes de Castell'Oche et de Castello-Monado, situées à environ quatre kilomètres au sud de Valenza.

On établit dans chacune d'elles un demi-bataillon qui fournit une compagnie de grand'garde, dont les petits postes s'échelonnent le long du Pô pour surveiller les mouvements de l'ennemi. Les Autrichiens ne sont séparés de nous que par le cours du fleuve, large d'environ 200 mètres, et très grossi en ce moment par les pluies de printemps.

Alerte de Valenza.

Le 18, à la pointe du jour, une vive canonnade, éclatant tout à coup entre Valenza et nos cantonnements, nous fit croire que l'ennemi voulait tenter le passage. En quelques instants le bataillon fut sous les armes et envoya plusieurs reconnaissances explorer les rives du Pô. Cette alerte était causée par le feu qu'une batterie du VIIIe corps autrichien dirigeait contre les bateaux d'un pont replié par les Sardes dans une petite anse de la rive droite du fleuve. Ces bateaux furent bientôt troués et mis hors de service; aussi, quand une de nos pièces rayées arriva sur le terrain la batterie ennemie, qui avait terminé son œuvre, se retira sans répondre aux quelques boulets qu'on lui envoya.

Combat de Montebello, mouvement de l'armée vers la droite.

Le 20, nous entendons dans le lointain, sur notre droite, une autre canonnade qui dure plusieurs heures. C'était celle du combat de Montebello, à la suite duquel les trois premiers corps de l'armée s'étant avancés sur la route de Plaisance, le 4e corps dut s'étendre vers la droite pour ne pas perdre leur contact.

Nous allâmes donc le 21 remplacer à Mugarone et à

Bassignano la division de Failly, qui s'était transportée sur la rive droite du Tanaro.

Le cordon étant plus mince, il fallut redoubler de vigilance pour garder les bords du fleuve et pour surveiller la grande île qui se trouve en face de Bassignano. Plus d'une fois, nos patrouilles échangèrent d'une rive à l'autre quelques coups de carabine avec les petits postes de l'ennemi.

Prises d'armes matinales prescrites par l'ordre général n° 5.

L'armée est du reste assez nombreuse pour ne plus craindre une attaque des Autrichiens, qui paraissent vouloir conserver la défensive. On se tient d'ailleurs sur ses gardes. D'après les prescriptions d'un ordre général, les troupes prennent les armes sans bruit chaque matin avant le jour; les chevaux restent sellés, et les batteries restent attelées jusqu'au retour des reconnaissances qui sont allées battre la campagne pour observer l'ennemi et signaler les mouvements qu'il aurait pu faire pendant la nuit.

Lorsqu'on s'est assuré que tout est tranquille, chacun rentre dans son camp.

Le 27 mai, nous appuyons encore à droite. On nous fait passer le Tanaro sur un pont de chevalets et nous allons occuper les hameaux de Mezzanino et de Monterioli.

Marche de flanc vers la gauche pour se porter sur le Tessin.

Mais ce mouvement, prononcé vers la droite, n'était qu'une feinte destinée à tromper l'ennemi sur nos véritables projets.

Le 28, nous recevons l'ordre de repasser le Tanaro et d'aller coucher au village de Lazzarone, situé sur la route de Valenza à Casale.

Toute l'armée concentrée autour de Voghera va s'écouler rapidement vers la gauche en masquant son mouvement derrière le cours du Pô et derrière la Sesia, que l'armée sarde a l'ordre d'occuper solidement. Le 3° corps

voyage en chemin de fer ; les autres suivent la route d'é-
tapes.

Chaque matin, les troupes se mettent en mouvement
sans batterie ni sonnerie. Le 4e corps ouvre la marche ;
le 2e, qui le suit, vient coucher le soir dans les cantonnements que nous avons quittés le matin. Le 1er corps doit
suivre de même la trace du 2e corps. Le 29, nous gagnons
Casale, où, d'après un ordre général qui fait pressentir que
de grandes opérations sont imminentes, chaque corps doit,
pour s'alléger, laisser la plus grande partie de ses bagages.

On distribue aux troupes trois jours de vivres de campagne qui doivent être conservés et entretenus comme
réserve en vue de ces opérations.

. Après s'être arrêtée quelques heures dans la ville pour
exécuter ces prescriptions, la division de Luzy franchit le
Pô sur un pont de bateaux et va bivouaquer dans la tête de
pont.

Premier combat de Palestro.

Le 30, on prend de bon matin la route de Verceil. Lorsque nous approchons de cette ville, le canon se met à gronder sur notre droite, et bientôt on nous apporte l'ordre
de prolonger l'étape jusqu'à Borgo-Vercelli. Mais en arrivant aux ponts de la Sesia, nous sommes obligés de nous
arrêter pour laisser filer plusieurs régiments sardes qui,
suivis de leurs convois, se dirigent vers le point où le
canon se fait encore entendre. Ils nous apprennent que
trois de leurs divisions ont attaqué l'ennemi pour lui enlever les villages de Palestro, de Confienza et de Vinzaglio.
Une autre division, celle du général Castel-Borgo, nous a
précédés sur la route de Novare que nous devons prendre
pour aller à Borgo-Vercelli.

A notre arrivée dans ce bourg, nous ne la trouvons
plus car, au bruit du combat, elle a appuyé à droite pour
se rapprocher du canon.

Le général de Luzy, voyant que sa division va se trouver
en première ligne, prend ses précautions pour la nuit. Cinq
de nos compagnies vont s'établir en grand'garde dans la

direction de Novare, tandis que le reste du bataillon bivouaque à l'entrée de Borgo-Vercelli pour leur servir de réserve. La nuit se passe du reste tranquillement.

Au point du jour, le 4e corps continue sa marche. L'étape est courte car, faisant une marche de flanc dans le voisinage de l'ennemi, on veut rester concentré.

Tandis que le général Niel installe son quartier général à Cameriano, la division de Luzy va occuper Torrione-Quartara et le bataillon, avant de s'établir au bivouac, pousse une reconnaissance jusqu'au pont de l'Agogna, situé à quelques kilomètres de Novare.

Second combat de Palestro.

Pendant qu'il revient sur ses pas sans avoir trouvé l'ennemi, le canon et la fusillade se font entendre dans la direction de Palestro, où l'on s'était déjà battu la veille.

Occupation de Novare.

Le 1er juin, l'armée, de plus en plus concentrée à mesure qu'elle approche du terme de sa marche de flanc, s'avance sur Novare. La division de Failly nous dépasse et forme la tête de colonne. En arrivant près de la ville, elle reçoit quelques coups de canon et des salves de mousqueterie envoyées par une arrière-garde qui évacue bientôt Novare en se repliant vers le Tessin.

Le 2e corps et la garde impériale défilent pendant une partie de la journée devant les cantonnements que nous sommes venus reprendre à Torrione-Quartara.

Le 4e corps prend position en face de Mortara pour couvrir San-Martino et Turbigo.

Ces corps étant destinés à surprendre ou à forcer le passage du Tessin, le 4e corps, chargé de couvrir leur mouvement, reçoit l'ordre de se rapprocher de l'ennemi s'il n'a pas encore évacué la Lomelline.

Le 2 juin, le général Niel, s'avançant sur la route de Mortara, va s'établir à Olengo d'où nous poussons, le lendemain, une forte reconnaissance jusqu'à Vespolate. Le 1er corps est venu prendre position à notre droite pour nous soutenir au besoin, mais les Autrichiens, se repliant vers le Tessin, semblent plutôt disposés à repasser la rivière qu'à se jeter sur nos ponts.

Bataille de Magenta.

Le 4 juin, le 4e corps, abandonnant aux divisions du maréchal Baraguay-d'Hilliers la position d'Olengo, doit aller remplacer à Trecate la division des grenadiers de la garde partie de ce point pour franchir le Tessin sur le pont de San-Martino.

Notre mouvement, commencé vers neuf heures du matin, ne peut se faire que très lentement, tous les chemins étant encombrés par des troupes ou des convois qui se dirigent vers le pont.

A partir de dix heures du matin, le canon s'était fait entendre à plusieurs reprises du côté du Tessin, puis le combat avait paru cesser. Vers deux heures, quelque temps après notre arrivée à Trecate, la lutte se renouvelle avec plus de violence et pour durer jusqu'au soir sans interruption. Aussi nous nous tenons prêts à marcher. Des troupes du 3e corps, arrivant de Novare, se dirigent vers les ponts aussi rapidement que l'encombrement de la route leur permet de le faire. Vers trois heures, le général Niel reçoit l'ordre de diriger la division Vinoy vers le pont de San-Martino.

Partie la première, cette division put arriver à temps pour prendre sérieusement part à la lutte. Notre division, mise en route plus tard et retardée dans sa marche par les embarras de caissons et de voitures qui encombraient les approches du pont, fut encore obligée de laisser défiler devant elle toute la division Trochu (1) et de livrer passage aux nombreuses bandes de prisonniers que l'on conduisait en sens inverse.

(1) Le général Trochu avait remplacé à la tête de la 2e division du 3e corps le général Bouat, mort à Suze dès le début de la campagne.

La lutte était terminée lorsque le bataillon parvint à l'entrée du pont du Tessin. Le canon avait cessé de se faire entendre et la nuit venait rapidement.

L'empereur, qui repassait le pont avec son état-major, donna au général de Luzy l'ordre de rentrer dans ses bivouacs pour attendre que les routes fussent un peu désencombrées.

Nous retournons donc à Trecate, où nous n'arrivons qu'au milieu de la nuit, et, vers trois heures du matin, nous en repartons pour nous rendre à Magenta. On s'attendait à voir la bataille recommencer, car, de même que nous, les Autrichiens pouvaient faire entrer en ligne plusieurs divisions qui n'avaient pas encore donné.

Nous passons donc la matinée sous les armes, écoutant avec attention le bruit de la fusillade qui se fait entendre du côté de Rebecco. Mais l'ennemi se mettant décidément en retraite, la division Trochu est seule engagée pendant une heure. Les troupes prennent alors leurs cantonnements autour de Magenta, et le bataillon va camper entre le cimetière et la grande église qui commande l'entrée du village du côté de Buffalora.

Marche sur Milan.

Le 6, l'armée, qui a fini d'enterrer les morts et de relever les blessés, reprend sa marche vers Milan. Comme il faut utiliser toutes les routes et en même temps observer la retraite de l'ennemi, le 4ᵉ corps descend vers le sud, et se rend le premier jour à Abbiategrasso. Le lendemain, il couche à Corsico et n'arrive à Milan que le 8.

Combat de Melegnano.

Au moment où nous allions entrer dans la ville, le général Niel reçoit l'ordre de se remettre en marche pour aller prêter son appui au maréchal Baraguay-d'Hilliers, chargé d'enlever la ville de Melegnano, dans laquelle les Autrichiens ont laissé une forte arrière-garde. Nous devons couvrir la droite du 1ᵉʳ corps, pendant que le maréchal de

Mac-Mahon exécute un mouvement analogue de l'autre côté de la route de Lodi pour couvrir sa gauche.

Le combat de Melegnano, engagé un peu avant la nuit, ne dura pas longtemps. Au moment où le canon se fit entendre, nous étions arrivés à Carpiano, dont les maisons nous abritèrent pendant le violent orage qui favorisa la retraite des Autrichiens sur Lodi et empêcha la poursuite lorsqu'ils eurent évacué Melegnano.

Retour à Milan.

Après avoir séjourné le 9 à Carpiano, nous revînmes le lendemain à Milan, où la division fut campée sur les boulevards, entre la porte Tosa et la porte Orientale.

Passage de l'Adda.

Deux jours après, la division de Luzy quitte Milan pour continuer sa marche vers l'est. Nous couchons le premier soir à Pioltello, le lendemain à Albignano, et le 14, après avoir franchi l'Adda sur un pont de chevalets près de Cassano, nous allons bivouaquer à Caravaggio, où les troupes prennent un jour de repos.

Les jours suivants, nous traversons l'Oglio et la Mella dont les ponts, détruits par les Autrichiens pour retarder notre marche, ont été immédiatement réparés par les habitants du pays.

Le 18, nous arrivons à Bagnolo, petite ville que traverse la route de Crémone à Brescia. On y reste trois jours pendant lesquels la cavalerie du 4e corps pousse au loin ses reconnaissances. Elle signale d'abord la présence de l'ennemi à Montechiaro, mais de nouveaux renseignements prouvent bientôt après que l'armée autrichienne, repassant le Mincio, s'est retirée dans le Quadrilatère.

Passage de la Chiese.

On reprend aussitôt la marche en avant, et le 4e corps, ayant franchi la Chiese, campe le 21 autour de Carpenedolo.

Le 23, l'armée se trouve concentrée de Lonato à Mézzane, sur un front de quatre lieues d'étendue. D'après les ordres donnés dans la soirée de ce jour, le 1er corps doit aller coucher le lendemain à Solférino ; le 2e à Cavriana ; le 3e à Medole ; le 4e à Guidizzolo.

Bataille de Solférino.

Le mouvement commence le 24 dès la pointe du jour. L'armée s'avance en plusieurs colonnes parallèles d'une grande profondeur, car la plupart des corps n'ont qu'une seule route à leur disposition.

La division de Luzy, couverte par deux escadrons du 10e chasseurs, forme la tête de colonne du 4e corps. Après une heure de marche dans un pays très couvert, nous étions arrivés à deux kilomètres de Medole, dont on voyait le clocher au milieu des arbres, lorsque tout à coup une courte et vive fusillade éclate à peu de distance devant nous. Nos éclaireurs se repliant au galop vont annoncer au général que Medole est occupé par l'ennemi et qu'en poursuivant quelques uhlans placés en vedette, ils ont trouvé de l'infanterie établie dans un moulin un peu en avant de la ville.

Attaque de Medole.

Le général de Luzy, prenant immédiatement ses dispositions d'attaque, forme trois colonnes. Les régiments de la 1re brigade doivent prendre l'un à droite, sous les ordres du général Lenoble, l'autre à gauche, sous les ordres du général Douay, afin de tourner le village pendant que la 2e brigade doit l'aborder de front. Deux compagnies de chasseurs doivent précéder chacune des deux colonnes.

La 5e compagnie, capitaine Gaduel, la 6e, capitaine Esselin, forment l'avant-garde de la colonne de droite ; la 7e compagnie, capitaine Pelletent, et la 8e, capitaine Martin, sont attachées à la colonne de gauche. La 1re compagnie, capitaine Boucherie, et la 4e, lieutenant de Prud'homme, restent en tête de la colonne conduite par le général de

Luzy. La 2e compagnie et la 3e sont attachées aux batteries de la division pour leur servir de soutien.

Les colonnes se mettent en mouvement dès qu'elles sont formées. En quittant la route, on entre dans des champs plantés de mûriers et couverts de maïs, dont il faut briser les tiges pour se frayer un passage. Des canaux d'irrigation, dont quelques-uns sont larges et profonds, nous créent aussi des obstacles. En les traversant, nos chasseurs ont de l'eau jusqu'à la ceinture.

Les Autrichiens, embusqués aux abords de Medole, surveillent notre marche et ne tardent pas à ouvrir le feu. Arrivé sur la droite du village, le capitaine Gaduel, qui conduit les tirailleurs d'avant-garde, reconnaît qu'on peut pénétrer dans Medole par un chemin venant de Castel-Goffredo. Aussitôt il appelle à lui la deuxième section de sa compagnie laissée en réserve sous les ordres du lieutenant Potier.

Pendant qu'il indique à ses officiers les dispositions d'attaque et qu'il donne ses ordres en conséquence, le capitaine Gaduel tombe grièvement blessé par une balle qui lui a traversé l'aine. M. Potier prend alors le commandement et lance sa compagnie sur Medole.

Voyant nos chasseurs s'avancer rapidement, malgré le feu dirigé sur eux, les Autrichiens, postés en avant du village, y rentrent bientôt en ramenant une pièce de canon tellement aventurée sur le chemin de Castel-Goffredo qu'elle a été sur le point de tomber entre nos mains. La vue de cette pièce entraînée par ses quatre chevaux stimule les chasseurs de la 5e compagnie qui veulent à tout prix s'en emparer.

La 6e compagnie, placée un peu sur la gauche, et un bataillon du 30e de ligne, conduit par le lieutenant-colonel Guichard, appuient vigoureusement l'attaque dirigée par le lieutenant Potier. Du côté opposé de Medole, la 7e compagnie et la 8e viennent également d'entamer le combat.

La 5e compagnie, résolûment engagée dans la rue conduisant au cœur de Medole, reçoit, outre les coups de fusil tirés des maisons, plusieurs décharges de mitraille envoyées par le canon qu'elle vient de poursuivre. Cette pièce, ayant gagné de l'avance, s'est mise en batterie dans l'axe de la rue, à l'entrée d'une impasse.

Plusieurs chasseurs sont tués ou blessés par la mitraille, mais la compagnie ne s'arrête pas. M. Potier, atteint au bras par un biscaïen, continue à diriger l'attaque. D'adroits tireurs se glissent par son ordre le long des murs et dirigent leur feu sur les servants qui, en peu d'instants, sont mis hors de combat.

Trois des quatre chevaux de l'attelage tombent frappés par nos balles. On se précipite alors en avant et cette fois on arrive jusqu'à la pièce qui reste au pouvoir de la 5ᵉ compagnie.

Le fond de l'impasse dont cette pièce avait défendu l'entrée est formé par une grande porte, derrière laquelle on a vu disparaître des ennemis. Cette porte, maintenant refermée, donne dans la cour d'une vaste ferme contenant sans doute un grand nombre d'Autrichiens.

Un chasseur nommé Soulier, qui s'était déjà signalé plus d'une fois en Crimée par son intrépidité, s'avance le premier et ouvre cette porte qui n'est fermée que par un simple loquet. Une décharge à bout portant le foudroie, et ce brave soldat, criblé de balles, va tomber sur la borne placée contre un des chambranles. Ses camarades, qui se sont précipités la baïonnette croisée dans l'ouverture béante, refoulent l'ennemi. Pendant quelques instants, on lutte corps à corps à l'arme blanche. Mais les Autrichiens, assaillis presque au même moment sur leur gauche par des chasseurs de la 1ʳᵉ et de la 4ᵉ compagnie, mettent bientôt bas les armes et se rendent.

La colonne du général de Luzy vient en effet de pénétrer dans Medole par le chemin de Carpenedolo, tandis que la 7ᵉ compagnie et la 8ᵉ, suivies du 49ᵉ de ligne, y sont entrées par le nord.

La 7ᵉ compagnie, placée tout à fait à la gauche de l'attaque, était depuis quelque temps engagée contre les tirailleurs ennemis postés sur la lisière du village, lorsque le capitaine Pelletent, entendant la colonne du général de Luzy sonner la charge, brusque l'attaque pour entrer dans Medole par le chemin venant de la Casa-Morino.

La 8e compagnie, entraînée par le capitaine Martin, exécute le même mouvement un peu plus à droite. Un bataillon du 49e appuie les deux compagnies.

Les Autrichiens, refoulés par ce mouvement vigoureux, se replient vers le centre du village où la première section de la 7e, conduite par le capitaine Pelletent et le sous-lieutenant Letourneux, se jette à leur suite.

Une compagnie autrichienne s'étant réfugiée dans une grande cour à droite de la rue, M. Pelletent, qui ne veut pas laisser à ceux qu'il serre de près le temps de reprendre haleine, ne s'arrête pas pour faire des prisonniers. Mais un instant après, le lieutenant Cavade, pénétrant dans cette cour avec la deuxième section, est reçu par une décharge à laquelle il échappe miraculeusement.

Le sergent Michelin, le caporal Brunel et plusieurs chasseurs sont tués raide tout à côté de lui.

Bientôt enveloppés par les renforts qui sont entrés dans la cour pour soutenir nos chasseurs, les Autrichiens jettent leurs armes et se laissent faire prisonniers.

Prise de Medole.

Pendant ce temps, la première section de la 7e compagnie donne la main à la 5e et à la 1re compagnie. Les trois colonnes convergentes se sont réunies au centre de Medole dont elles occupent aussi les débouchés.

Quelques centaines d'Autrichiens restés dans les cours ou dans les maisons sont forcés de se rendre. Il est en ce moment sept heures du matin.

Une vive canonnade se fait entendre à notre gauche, sur les hauteurs dominées par la tour de Solférino. Cela nous indique que l'action s'engage en même temps sur plusieurs points très éloignés les uns des autres. C'est donc une bataille générale qui commence, quoique la veille on n'ait pas eu connaissance du voisinage de l'ennemi.

Craignant un retour offensif des Autrichiens, le général de Luzy se hâte d'organiser la défense de Medole, dans lequel nous avons à garder 900 prisonniers tombés entre nos mains avec deux pièces de canon.

Le commandant Thouvenin, auquel il confie ce poste, a sous ses ordres la 1re, la 5e et la 8e compagnie du bataillon et quelques compagnies du 49e de ligne.

Le reste de la division reprend bientôt sa marche en avant. La brigade Lenoble se place à cheval sur le chemin de Ceresara, tandis que la brigade Douay se dirige sur Rebecco et Guidizzolo. La 4e compagnie du bataillon, ainsi que la 6e et la 1re section de la 7e, prennent position entre les deux brigades pour les relier.

A peine ont-elles débouché de Medole par le chemin de Rebecco, sur lequel on vient d'amener deux de nos pièces, qu'elles ont à supporter le choc d'une colonne ennemie cherchant à reprendre Medole. Une batterie autrichienne, tirant à mitraille, protége la marche de cette colonne qui arrive jusqu'à cinquante pas de nos deux canons. Le général Douay lance alors en avant toutes les troupes qu'il a sous la main et, après un vigoureux effort, parvient à repousser l'ennemi. Notre 7e compagnie éprouve des pertes sensibles. Le capitaine Pelletent, frappé au pied par une balle, est obligé de se retirer après avoir remis le commandement au sous-lieutenant Letourneux.

Le sergent-major Thomas, un énergique soldat qui a voulu faire la campagne sac au dos, bien qu'il boite encore par suite d'une grave blessure recue à Malakoff, s'est jeté en avant pour donner l'exemple ; il a bientôt le bras traversé par une balle. Le sergent Antoine a la jambe brisée par un de ces coups de feu qui nécessitent l'amputation.

L'ennemi, vigoureusement assailli, se replie vers Rebecco. On s'avance vivement à sa suite pour ne pas lui laisser le temps de se reformer. Mais, en approchant de ce village, on trouve une sérieuse résistance. Les Autrichiens, embusqués derrière les arbres et dans les touffes de maïs, essaient d'arrêter notre marche. On n'avance plus que lentement et nous éprouvons des pertes sensibles. La 4e compagnie se trouve alors en première ligne. Le sous-lieutenant de cette compagnie, M. Grimard, reçoit au ventre une blessure mortelle, le sergent-major Trautmann est tué raide, le sergent Pichelin est blessé.

M. de Prud'homme, qui commande la compagnie, dirige les mouvements de sa troupe avec ce courage calme et impassible qui impose à tous la confiance. Sa grande taille le désignant tout particulièrement à l'attention et aux coups de l'ennemi, bien des balles sifflent autour de lui sans qu'il paraisse y faire attention. Une d'elles frappe en plein sur son hausse-col qui, faussé et tordu par le choc, lui a certainement sauvé la vie.

Après une lutte énergique, on finit par débusquer les Autrichiens qui sont rejetés dans Rebecco. Le 30ᵉ et le 49ᵉ, conduits par le général Douay, se heurtent plusieurs fois contre l'ennemi qui cherche encore à sortir du village. Chaque ferme, chaque maison isolée doit être enlevée de vive force, puis défendue contre les retours de l'ennemi.

A droite, la brigade Lenoble est aussi sérieusement engagée.

La division Vinoy, qui vient d'entrer en ligne, attaque à notre gauche la grande ferme de la Casa-Nova, autour de laquelle se livre une lutte acharnée.

L'artillerie du 4ᵉ corps, déployée au delà de cette ferme sous la direction du général Soleille, balaie par un feu terrible la plaine nue et découverte qui s'étend devant elle.

Prise de Rebecco.

Vers onze heures, Rebecco est en notre pouvoir et l'on attaque le hameau de Baite et plusieurs fermes que les Autrichiens défendent avec ténacité et cherchent ensuite à reprendre.

Le général Douay, blessé au pied à l'attaque de Rebecco, a dû quitter le champ de bataille après avoir remis au colonel de Mallet le commandement de la brigade.

Pendant l'attaque de Rebecco, la 6ᵉ compagnie, capitaine Esselin, à laquelle s'est réunie la section de M. Letourneux, aperçoit une compagnie autrichienne qui cherche à gagner Ceresara en filant entre nous et la brigade Lenoble. Le capitaine Esselin prend aussitôt ses mesures pour lui couper la retraite. Les chasseurs de la 7ᵉ courent s'embusquer dans un fossé, d'où ils accueillent la tête de cette colonne par un feu nourri, pendant que la 6ᵉ compagnie la charge vigoureusement à la baïonnette en queue et sur son flanc gauche. Prise de deux côtés à la fois, cette troupe met bas les armes et se rend au capitaine Esselin qui la conduit à Medole pour la réunir aux autres prisonniers.

La seconde section de la 7ᵉ, partie de Medole sous les ordres du lieutenant Cavade, est allée, pendant ce temps, rallier la 4ᵉ à gauche de Rebecco.

Il ne reste plus en ligne sur ce point que la 4ᵉ compagnie, la deuxième section de la 7ᵉ et une partie de la 3ᵉ, amenée par le capitaine adjudant-major Cahart. Jusqu'à trois ou quatre heures, ces compagnies prennent part à tous les efforts que la division Vinoy et la division de Luzy sont obligées de faire pour résister aux retours offensifs que l'ennemi prononce chaque fois qu'il a reçu des renforts.

La 2ᵉ compagnie et une section de la 3ᵉ, détachées à la garde des batteries déployées à gauche de la Casa-Nova, concourent, de leur côté, à repousser les attaques dirigées contre ces pièces. Elles n'éprouvent d'ailleurs presque aucune perte. Toutefois, le capitaine Avril de l'Enclos, atteint d'une balle à la jambe, dut remettre son commandement au lieutenant Guilhamat, et le sergent Devise, de la 2ᵉ compagnie, fut aussi blessé.

Vers trois heures et demie, le général Niel, qui vient d'obtenir le concours de nouvelles brigades du 3ᵉ corps, reprend vigoureusement l'offensive et ordonne de marcher sur Guidizzolo.

On forme avec ce qui reste du 49ᵉ et du 30ᵉ, dont le colonel, M. Lacroix, vient d'être tué, trois petits bataillons qui se portent en avant. La 4ᵉ compagnie du bataillon, avec les sections de la 3ᵉ et de la 7ᵉ, forment un autre groupe dont M. Cahart prend la direction. Ces compagnies se déploient pour couvrir les échelons formés par la brigade.

Bientôt on se trouve sous le feu d'une batterie autrichienne placée sur la gauche, entre la tuilerie de Baite et Guidizzolo. Cette batterie, nous prenant d'écharpe, peut faire beaucoup de mal à la brigade. A deux reprises, nos tirailleurs tentent d'arriver jusqu'à ces pièces ; peut-être auraient-ils réussi à s'en emparer ou à les déloger, si le général de Luzy n'avait pas, en ce moment, fait donner aux chasseurs l'ordre de venir le rejoindre.

Une brigade de la division Trochu, celle du général Bataille, venait d'être chargée d'enlever Guidizzolo. Déjà déployée en arrière de nous, elle s'avance par échelons et traverse nos lignes. Dans ce mouvement, les pièces que nous avions voulu attaquer sont prises par un bataillon du 44ᵉ de ligne, qui fait aussi de nombreux prisonniers.

Le commandant Thouvenin rejoignait en ce moment la brigade avec la 1ʳᵉ compagnie, la 5ᵉ, la 6ᵉ et la première section de la 7ᵉ. Lorsque le 3ᵉ corps avait atteint Medole, il s'était mis en route avec la 1ʳᵉ et la 5ᵉ, laissant seulement la 8ᵉ pour garder les prisonniers. En sortant du village, il avait encore rallié la 6ᵉ compagnie et la section de M. Letourneux qui ramenaient les prisonniers faits auprès de Rebecco.

Vers quatre heures et demie, pendant que la division Trochu exécute si vigoureusement son mouvement contre Guidizzolo, le bataillon se trouve donc presque entièrement réuni sur le front de la division de Luzy. A ce moment, M. de Prud'homme, qui depuis le commencement de la journée n'a cessé de montrer une intrépide insouciance, reçoit une balle qui lui traverse la jambe. Il fut le dernier blessé du bataillon.

En effet, la lutte allait être brusquement interrompue par un violent orage qui, comme un messager de la Providence, vint s'interposer entre les combattants.

Le soleil dardait depuis le matin des rayons brûlants, la chaleur était étouffante et d'autant plus pénible que l'on manquait d'eau, même pour les blessés. Tout à coup le soleil s'obscurcit ; un vent de tempête, chassant d'épais tourbillons de poussière et de fumée, passe sur le champ de bataille, où l'on cesse de se voir à cinquante pas de distance ; le ciel se couvre de nuages sombres. Le silence se fait presque aussitôt sur cette vaste plaine où la fusillade produisait un roulement continu, et où 300 pièces de canon tonnaient avec fracas quelques instants auparavant. Une pluie torrentielle, succédant à la poussière, force les deux partis à prolonger cette trêve imposée par une convulsion de la nature.

Lorsque au bout d'une heure la tourmente cessa, l'armée autrichienne avait commencé sa retraite sur tous les points. Guidizzolo resta cependant occupé jusqu'à la nuit par une arrière-garde ennemie. On ne fit aucune tentative nouvelle pour la déloger.

Les troupes, exténuées de fatigue et privées de nourriture depuis le matin, bivouaquèrent sur le champ de bataille, à l'endroit qu'elles occupaient quand l'orage vint mettre un terme à la lutte.

La soirée, la nuit et la matinée du lendemain furent employées à relever les blessés et à enterrer les morts.

Les pertes du bataillon s'élevèrent, dans cette journée, à :

1 officier tué, le sous-lieutenant Grimard.

5 officiers blessés : MM. Gaduel, Pelletent, Potier, Avril de l'Enclos et de Prud'homme.

13 sous-officiers, caporaux ou chasseurs tués.

5 disparus.

106 blessés, parmi lesquels le sergent-fourrier Simon, de la 6e compagnie, qui mourut le lendemain ; le sergent Antoine, qu'il fallut amputer, ainsi que les chasseurs Barbe, Lartigue et Richard.

En tout : 6 officiers et 124 hommes hors de combat.

Un décret, signé le 25 juin à Cavriana, nommait chevaliers de la Légion-d'Honneur : M. le capitaine Cahart ; M. le lieutenant de Prud'homme, le sergent Devise et le fourrier Simon.

Deux sergents, un caporal et cinq chasseurs reçurent la médaille militaire.

La pièce de canon prise dans Medole avait été revendiquée par le 30e de ligne, qui appuyait l'attaque dirigée par M. Potier. Après une enquête ordonnée par le général, il fut reconnu que le dernier survivant des quatre chevaux de l'attelage devait être vendu au profit des chasseurs de la 5e compagnie.

La division se porte sur Volta.

Le relèvement des blessés étant achevé, le 4ᵉ corps se mit en route le 25, à dix heures du matin, pour se rendre à Volta, d'où il devait observer les mouvements de l'ennemi.

Nos avant-postes purent constater que les Autrichiens ne tardèrent pas à abandonner les camps qu'ils avaient formés sur la rive gauche, après avoir repassé le Mincio.

Aussi, le 29, la division de Luzy va s'installer près de la rivière, à Borghetto, d'où le 4ᵉ corps envoie de fortes grand'gardes occuper, sur la rive gauche, la petite ville de Valeggio.

Le 1ᵉʳ corps a d'ailleurs traversé le Mincio depuis la veille à hauteur de Mozambano. Tous les corps se rapprochent des ponts que l'on répare et dont on augmente le nombre.

Passage du Mincio.

Le 1ᵉʳ juillet, l'armée franchit la rivière. La division de Luzy continue sa marche après avoir passé sur le pont de Borghetto, et va bivouaquer le soir à Custozza, sur le terrain où les Autrichiens et les Sardes se sont livrés bataille en 1848. De ces hauteurs on aperçoit les belles ruines du château de Villafranca, qui occupe à peu près le centre du fameux quadrilatère autrichien dans lequel nous venons de pénétrer. A notre gauche, les Sardes investissent Peschiera, dont ils se préparent à commencer le siége.

Le lendemain, nous avançons jusqu'à Somma-Campana, qui n'est qu'à une dizaine de kilomètres de Vérone. On peut distinguer avec une lunette les bastions de Castel-Felice, et d'autres fortifications du faubourg, ainsi que le château Saint-Pierre qui domine les hauteurs de la rive gauche de l'Adige.

Nous ne passons, du reste, qu'une nuit à Somma-Campana, car l'empereur trouvant que le 4ᵉ corps, ainsi que le 2ᵉ corps, qui a poussé jusqu'à Villafranca, sont trop en l'air, les fait replier, dans la journée du 3, vers les collines du Mincio. Le 4e corps va s'installer autour d'Oliosi.

Camp d'Oliosi.

La chaleur, déjà très forte pendant la seconde quinzaine du mois de juin, est devenue bien pénible à supporter depuis le commencement de juillet. Par cette température tropicale, nous envions les corps assez heureux pour camper dans le voisinage de la rivière.

Nos divisions restent plusieurs jours à Oliosi. Chaque matin, des reconnaissances vont explorer la campagne dans la direction de Vérone, où l'empereur François-Joseph a établi son quartier général.

Alerte du 6 juillet.

Le 6, pendant la soirée, les corps placés en première ligne reçoivent l'ordre de retrancher immédiatement leurs camps et de préparer des épaulements pour les batteries en prévision d'une attaque annoncée pour le lendemain matin.

Le maréchal Niel, accompagné du colonel du génie de Noirfontaine, vient en personne examiner nos positions et indique le tracé du retranchement qu'on doit établir sur le mamelon couvert par les tentes du bataillon. Une ferme placée en arrière doit être crénelée pour servir de réduit.

Les troupes se mettent aussitôt à l'œuvre et travaillent avec tant d'ardeur que le retranchement est promptement terminé.

A deux heures du matin, on réveille tout le monde sans faire de sonneries; les tentes sont abattues et roulées; les voitures sont chargées et emmenées à quelque distance en arrière de nos positions Les troupes prennent les armes et vont occuper les retranchements qu'on a préparés. L'artillerie se place en batterie derrière les épaulements qui doivent abriter les pièces et leurs servants.

L'armée, réunie au grand complet depuis l'arrivée du

5ᵉ corps, espère en finir par une bataille decisive. La position est admirablement choisie pour recevoir l'attaque de l'ennemi et l'écraser de feux convergents avant de prendre l'offensive pour le rejeter sur l'Adige. De longues heures se passent dans l'attente. Le soleil s'est levé et éclaire la campagne, mais on a beau interroger l'horizon, aucun ennemi n'apparaît.

Vers onze heures, de nouveaux ordres sont apportés du quartier général ; chaque corps doit reprendre ses emplacements de la veille et dresser de nouveau ses tentes. La raison qui avait fait donner cet ordre et ce contre-ordre fut connue dans l'après-midi. Il y avait armistice.

Le général Fleury s'était rendu à Vérone pendant la nuit, pour proposer une suspension d'armes de quarante jours qui avait été acceptée ; en conséquence, l'attaque que l'armée autrichienne allait tenter contre nos positions avait été immédiatement contremandée. Cette prise d'armes fut la dernière de la campagne, car l'armistice devait se changer, quelques jours plus tard, en une paix définitive.

Il avait été stipulé que les troupes françaises repasseraient le Mincio. Nous quittons donc Oliosi, le 13 juillet, pour aller camper pendant deux jours auprès de Borghetto.

La concentration de l'armée, nuisible au point de vue sanitaire et embarrassante au point de vue des subsistances, n'avait plus de raison d'être, puisque les préliminaires de la paix avaient été signés, le 12, à Villafranca.

Chacun des corps d'armée dut transporter son quartier général dans une des grandes villes de la Lombardie pour y attendre le moment de la rentrée en France.

Plaisance fut désignée pour recevoir le 4ᵉ corps. Le 16 juillet, le bataillon se met en route pour gagner cette ville en passant par Guidizzolo, Acqua-Fredda, Pavone, Rebecco où l'on fait séjour, Crémono et Pizzighettone.

Il ne reste à Plaisance que deux jours et repart, le 25, pour se rendre à Gênes en passant par San-Giovanni et Stradella, où l'on prend le chemin de fer. A peine arrivés à Gênes, l'état-major et les trois premières compagnies s'embarquent sur la frégate l'*Albatros*, qui transporte en même temps une partie du 49ᵉ de ligne. Les cinq autres compagnies partent dans la soirée sur l'*Asmodée*.

Les deux bâtiments étaient dirigés sur Marseille, mais l'*Albatros*, ayant éprouvé des avaries dans sa machine, dut relâcher à Toulon où le commandant Thouvenin prit, avec les trois compagnies de droite, un train qui les conduisit directement à Paris.

Le 1ᵉʳ, août, ces compagnies s'installaient au camp de Saint-Maur où le demi-bataillon de gauche, débarqué à Marseille, vint les rejoindre le lendemain.

Le 14 août, le 5ᵉ chasseurs, marchant en tête de la division de Luzy, prit part au défilé triomphal de l'armée d'Italie sur les boulevards et la place Vendôme. Le lendemain, les divisions rentrées en France étaient dissoutes. Chaque corps devait regagner son ancienne garnison.

Le bataillon se rendit, le 18, à la gare de Strasbourg et prit un train spécial qui le conduisit à Bar-le-Duc, où la garde nationale et les autorités lui firent une cordiale réception.

Le lendemain, on s'acheminait vers Besançon par la route d'étapes. Ce fut un heureux et beau voyage. Jamais l'armée n'avait été fêtée comme elle l'était en ce moment sur tous les points de la France. L'accueil que la ville de Besançon fit au bataillon, le jour de son arrivée, toucha ceux qui furent l'objet de cette sympathique manifestation.

Un mois après, le 29 septembre, la municipalité offrait une nouvelle fête, un banquet, auquel tous les officiers de la garnison étaient conviés.

Quelques récompenses supplémentaires furent encore accordées au bataillon à la suite des propositions établies pendant la campagne.

Le capitaine Martin reçut la croix de chevalier de la Légion-d'Honneur; M. de Prud'homme passa capitaine au 8ᵉ bataillon; le sergent-major Thomas fut nommé sous-lieutenant au corps La médaille militaire fut donnée aux sergents Bonjour, Martin et Dion, ainsi qu'aux chasseurs Bar et Foubert. Ce dernier se trouvait à l'hôpital de Valenza lorsque, au mois de mai, les Autrichiens avaient fait une fausse attaque dans le voisinage de cette ville.

Quoique gravement malade, Foubert avait quitté son lit et pris les armes pour aider à repousser l'ennemi.

1860 — Au commencement de l'année 1860, on reçoit les décorations accordées au bataillon par le roi Victor-Emmanuel.

Le commandant Touvenin était nommé officier de l'ordre des SS. Maurice et Lazare ; le capitaine Gaduel, chevalier de l'ordre de Savoie ; le lieutenant Antonini, officier d'ordonnance du général de Luzy, chevalier de l'ordre des SS. Maurice et Lazare.

La médaille de la valeur militaire était accordée aux capitaines Boucherie, Avril de l'Enclos, Piazza, Pelletent, Esselin ; aux lieutenants Potier, Cavade, Micheli, Dreux et Guilhamat ; au sous-lieutenant Letourneux ; au docteur Delaunay ; à l'adjudant Luthringer ; à 4 sergents-majors, à 7 sergents ; à 8 caporaux et à 22 chasseurs.

Les bataillons de chasseurs sont ramenés à huit compagnies.

Un décret du 28 mars 1860 licencia la 9e et la 10e compagnie des bataillons de chasseurs, qui furent ramenés à huit compagnies comme avant 1854. Les officiers des compagnies supprimées furent envoyés dans d'autres corps.

Dans les premiers jours de juillet, M. Thouvenin, nommé lieutenant-colonel au 103e de ligne que l'on venait de créer avec les Savoisiens annexés, fut remplacé au bataillon par M. Fraboulet de Kerleadec, venant du 21e de ligne.

L'inspection générale fut passée par le général Herbillon.

Le 15 août, le capitaine Gaduel, encore souffrant de sa blessure, recevait la croix de la Légion-d'Honneur qui lui était si bien due depuis la prise de Medole. Le sergent Pichelin, un des blessés du 24 juin, fut décoré en même temps que le capitaine Gaduel.

La médaille militaire fut conférée le même jour au caporal Lacassagne, aux sapeurs Tinat et Fritsch, et aux chasseurs Pesrout et Couffln.

Pendant ce même mois d'août, le bataillon perdit un de ses plus anciens et de ses plus vigoureux officiers, M. le lieutenant Potier, qui s'était si brillamment distingué en Crimée et à Solférino. Après le départ de M. Potier, nommé capitaine au 13e chasseurs, il ne resta plus qu'un seul des officiers qui avaient fait la campagne de Crimée avec le 5e chasseurs, M. le capitaine Boucherie, commandant de la 1re compagnie. A la fin du mois de septembre, le bataillon, désigné pour faire partie de l'armée de Paris, quitta Besançon et, après avoir passé par Gray, Langres, Troyes et Provins, il arriva, le 13 octobre, au fort de Charenton.

La nouvelle division que l'on formait à Paris sous les ordres du général Vinoy était composée de la façon suivante :

1re brigade. Général Goze.	5e bataillon de chasseurs : commandant Fraboulet de Kerleadec. 6e de ligne : colonel Rivet. 44e de ligne : colonel Pierson.
2e brigade. Général Gault.	97e de ligne : colonel Martenot de Cordoue. 103e de ligne : colonel de la Chaise.

Au mois de décembre, le bataillon quitta le fort de Charenton pour aller s'installer à Vincennes où se trouvait déjà son dépôt. Le 5e chasseurs fit partie de l'armée de Paris du mois d'octobre 1860 au mois de mai 1863. Pendant cette période, il y eut de nombreux changements dans les cadres, soit par suite de promotions, soit par suite de changements de corps. Ainsi, MM. Boucherie, Esselin, Astier, Trousson, Planet et Thomas passèrent dans différents corps de la garde.

1862 — Plusieurs promotions furent faites dans la Légion-d'Honneur. Le commandant reçut en 1861 la croix d'officier ; MM. Avril de l'Enclos, Barneaud, de Montessuy et le sergent Richard furent nommés chevaliers. La médaille militaire fut accordée au chef de fanfare Micoulin ; aux sergents-majors Doublet et Ardisson ; aux chasseurs Doppler et Barrière, et aux sapeurs Fradet et Fourmageat.

1863 — Le 6 avril 1863, les compagnies de dépôt quittèrent Paris pour se rendre à Grenoble.

Camp de Châlons.

Le bataillon de guerre partit le 16 mai pour le camp de Châlons, qui devait être commandé par le maréchal Baraguay-d'Hilliers.

Il fit partie de la 2e division ainsi composée :

Général de division : Sol.

1re brigade. Général de Lartigue.	⎰ 5e bataillon de chasseurs : commandant Fraboulet de Kerleadec.	
	⎱ 12e de ligne : colonel Pechot.	
	40e de ligne : colonel Peyssard.	
2e brigade. Général Pajol.	⎰ 47e de ligne : colonel de Beaulaincourt.	
	⎱ 57e de ligne : colonel Giraud.	

Le camp, ouvert le 24 mai, fut levé le 7 septembre.

Pendant ces trois mois, les troupes menèrent une vie fort active. Après avoir repassé l'instruction de détail, on exécuta une série de grandes manœuvres sous la direction du maréchal et, à la fin d'août, sous les yeux de l'empereur, qui était venu passer une dizaine de jours au camp.

L'escrime, la gymnastique, la course, tous les exercices qui développent la force et l'adresse furent encouragés par le maréchal qui institua des concours et décerna des prix aux vainqueurs. Six des treize prix qu'il avait donnés furent remportés par le 5e chasseurs. Le 15 août, le capitaine Gaduel reçut sa nomination de chef de bataillon au 18e de ligne et, quelques jours après, à la grande revue qui précéda la levée du camp, l'empereur remit la croix au lieutenant Cavade et donna la médaille au sergent Ducros et au caporal Bousquet.

Départ pour Lyon.

A la levée du camp, le 5e bataillon de chasseurs fut désigné pour faire partie de l'armée de Lyon, commandée par le maréchal Canrobert.

Parti de Châlons le 7 septembre, il passait à Troyes le

11, à Dijon le 17, séjournait à Chalon le 20 et arrivait à Lyon le 24.

Il se trouva placé dans la 3e division commandée par le général Jaillet de Saint-Cergues et ainsi composée :

1re brigade. Général de Baillencourt	5e bataillon de chasseurs : commandant Fraboulet de Kerleadec. 52e de ligne : colonel de Pechassant. 53e de ligne : colonel Dumaignaux de la Salle.
2e brigade Général Bouget	83e de ligne : colonel Nayral. 100e de ligne : colonel Gremion.

Trois jours après l'arrivée du 5e chasseurs, le maréchal Canrobert vint en passer la revue. Après avoir minutieusement inspecté les compagnies, il fit exécuter quelques manœuvres. Réunissant ensuite autour de lui les officiers parmi lesquels il reconnut le capitaine Pelletent, son ancien adjudant de 1845, il leur exprima tout le plaisir qu'il éprouvait en trouvant encore une fois sous ses ordres ce brave 5e bataillon, dont il avait pris le commandement 20 ans auparavant.

Quelques semaines après l'arrivée à Lyon, le sergent Chapuis, un des anciens soldats du commandant Canrobert, recevait la croix de la Légion-d'Honneur, et la médaille était donnée au sergent Gaudet et au sapeur Mayençon.

1864 — Le 5e chasseurs passa tranquillement l'année 1864. Au mois d'août, M. Fraboulet de Kerleadec, nommé lieutenant-colonel au 54e, fut remplacé par le commandant Thibaudin, du 35e de ligne.

Au mois de décembre, l'empereur traversant Lyon passa la revue des troupes et remit la médaille au sergent Volland et au sapeur Samara.

Nous devons mentionner ici quelques traits de courage et de dévouement qui prouvent que nos chasseurs sont aussi prêts à exposer leur vie pour sauver celle de leurs semblables, qu'à en faire le sacrifice lorsque la patrie le leur demande.

Le 13 août 1864, un incendie considérable avait éclaté à Lyon. Deux jeunes enfants laissés seuls dans une des chambres de la maison embrasée étaient en danger de périr dans les flammes, quand le chasseur Beaumont s'élançant à leur secours va les arracher à une mort presque certaine. Le lendemain, ce brave soldat était mis à l'ordre de l'armée de Lyon. Le 24 décembre, un autre chasseur, nommé Moreau, n'hésite pas à se jeter tout habillé dans la Saône pour porter secours à un enfant qui se noyait, et il est assez heureux pour le ramener encore vivant sur la rive. Le ministre de l'intérieur lui décerna pour ce sauvetage une médaille d'honneur. Citons à côté de ces traits de courage un trait d'honorable délicatesse. Le 6 décembre, le chasseur Larèche avait trouvé sur la voie publique un porte-monnaie contenant une somme importante et s'était empressé de le déposer au bureau de police. Malgré les instances de la personne qui rentrait en possession de cet argent, Larèche refusa toute gratification en disant qu'il n'avait pas besoin de récompense pour faire son devoir.

1865 — Le général de Saint-Cergues, passé dans le cadre de réserve à la fin de l'année 1864, fut remplacé, au mois de février 1865, par le général de Lorencez. Quelques mois auparavant, le général Taxis avait succédé au général de Baillencourt dans le commandement de la brigade.

Le 30 avril, le maréchal Canrobert, présentant le capitaine Pelletent à l'empereur, qui passait à Lyon, obtint pour lui le grade d'officier dans la Légion-d'Honneur, juste récompense de trente-deux ans d'excellents services.

1866 — Au commencement de l'année 1866, M. le général de Taxis, décédé à Lyon, fut remplacé par le général Ridouel, et le général de Lorencez, nommé commandant de la 12e division militaire, à Toulouse, fut remplacé par le général Grandchamp.

Deux médailles militaires sont accordées au bataillon au commencement de cette année. L'une est donnée au sergent Milany, trois fois blessé pendant la campagne de Crimée, l'autre au sergent Guy.

Au mois d'avril, le dépôt quitte Grenoble pour se rendre à Toulouse, et trois semaines après, les compagnies actives se mettent en route pour aller le rejoindre dans cette ville. Parti de Lyon le 3 mai, le bataillon séjourne à Valence le 7, à Privas le 10, à Alais le 15, à Milhau le 20, à Albi le 25, et arrive le 28 à Toulouse, où le général de Lorencez vient le recevoir à quelques kilomètres de la ville.

L'inspection générale fut passée au mois d'août par le général de ·Villiers ; en octobre, le général de Lartigue vint passer l'inspection spéciale de l'instruction du tir.

1867 — L'année suivante, la tournure que la situation politique avait prise par suite de la question du Luxembourg hollandais, décida le gouvernement à renforcer d'une quatrième division le corps d'armée réuni au camp de Châlons sous les ordres du général de Ladmirault.

Le 5ᵉ chasseurs fut averti par le télégraphe qu'il devait faire partie de cette division ainsi composée :

Général Douay (Félix). — Chef d'état-major, colonel Davenet.

1ʳᵉ brigade. Général Clinchant.	5ᵉ bataillon de chasseurs : commandant Thibaudin. 15ᵉ de ligne : colonel Daudel. 40ᵉ de ligne : colonel Peyssart.
2ᵉ brigade. Général de Potier.	42ᵉ de ligne : colonel Avril de l'Enclos. 87ᵉ de ligne : colonel Blot.

Parti de Toulouse en chemin de fer, le 6 mai, avec un effectif de 23 officiers et de 691 hommes, le bataillon arriva le 8 au camp, où la division s'installa sous la tente.

Les troupes restèrent quatre mois au camp. En dehors des grandes manœuvres on fit, pendant cette période, de nombreuses expériences sur la justesse, la portée et l'effet utile de tir du fusil modèle 1866, que l'on comparait à la carabine des chasseurs.

Au mois d'août, l'empereur, qui était venu suivre ces expériences, remit la croix de la Légion-d'Honneur au docteur Grimaldi et au lieutenant Falque et donna la médaille aux sergents Le Roux et Raynaud.

A la levée du camp, le bataillon se mit en route le 3 septembre pour revenir à Toulouse, en passant par Troyes, Auxerre, Bourges, Châteauroux, Limoges, Brives,

Cahors et Montauban. Rentré le 8 octobre à Toulouse, le 5ᵉ chasseurs recevait quelques jours après l'ordre de rappeler les semestriers et les hommes en congé, afin de se tenir prêt à s'embarquer pour l'Italie. La nouvelle du combat de Mentana et de la défaite des Garibaldiens fit contremander les préparatifs du départ.

1868 — Au mois de mars 1868, M. Thibaudin, nommé lieutenant-colonel au 67ᵉ de ligne, emporta tous les regrets du bataillon. Cet officier supérieur avait le don de faire servir avec goût tous ceux qui se trouvaient placés sous ses ordres.

Par suite de l'habile impulsion qu'il avait donnée, l'instruction des officiers et de la troupe s'était développée d'une manière remarquable pendant son commandement.

M. Carré, chef du bataillon.

Il fut remplacé par M. Carré, venant du 91ᵉ de ligne. M. Carré avait déjà fait partie du bataillon et avait été blessé le 18 juin 1855 à l'attaque de Malakoff. Passé capitaine au 4ᵉ bataillon vers la fin de la campagne de Crimée, il revenait en 1868 commander le bataillon dans lequel il avait servi comme lieutenant.

Pendant l'hiver et le printemps, la garnison de Toulouse, composée du 5ᵉ et du 7ᵉ bataillon de chasseurs, du 72ᵉ de ligne, du 14ᵉ et du 18ᵉ d'artillerie, et d'un escadron du 4ᵉ hussards, exécuta fréquemment des manœuvres d'ensemble sous la direction du général de Lorencez.

Peu de temps après l'inspection passée par le général Bisson, le capitaine Cahart, nommé major au 1ᵉʳ de ligne, fut remplacé par le capitaine Chabert, venant du 19ᵉ bataillon de chasseurs.

Au printemps, le bataillon avait échangé ses carabines contre les fusils modèle 1866, dont nos chasseurs surent bientôt tirer bon parti.

Le général de Lartigue, inspecteur permanent du tir, put le constater quand il vint passer l'inspection des corps de la garnison. A cette occasion, trois prix extraordinaires avaient été offerts par le général de Goyon, commandant du 6ᵉ corps d'armée.

Les meilleurs tireurs du 72ᵉ de ligne et du 19ᵉ bataillon de chasseurs, qui venait de remplacer le 7ᵉ bataillon à Toulouse, avaient à lutter contre les nôtres dans un concours où l'on tirait successivement à 400, à 600 et à 800 mètres. Les deux premiers prix furent gagnés par le bataillon. Le sergent de tir Legendre, de la 2ᵉ compagnie, classé le premier avec une supériorité marquée, eut une montre et une chaîne en or offertes par le général de Goyon.

1869 — Au printemps de 1869, il y eut à Toulouse quelques troubles et des manifestations tumultueuses, bientôt arrêtées par la ferme attitude de la garnison.

A la fin de mai, les compagnies de dépôt quittèrent Toulouse pour se rendre à Rennes par les voies ferrées et, le 5 juillet, le bataillon se mit en route pour le camp de Lannemezan.

Pendant son séjour à Toulouse, le bataillon avait obtenu, en dehors des croix données en 1867 au camp de Châlons, les récompenses suivantes :

Le lieutenant Perrin-Machoux, chevalier de la Légion-d'Honneur ; le sergent Bouvet, blessé de trois coups de feu à Malakoff ; le sergent Caillaud ; le sergent Legendre ; le sapeur Thil et le chasseur Mouret, décorés de la médaille militaire.

En 1868, M. le capitaine Passant (le permutant de M. Boucherie) avait été nommé chef de bataillon au 54ᵉ ; en 1869, M. le capitaine de Brunier passa chef de bataillon au 12ᵉ de ligne.

Mentionnons encore, avant de quitter Toulouse, que, peu de temps après l'arrivée du bataillon dans cette ville, le 20 juin 1866, le chasseur Basset, de la 1ʳᵉ compagnie, s'étant jeté tout habillé dans la Garonne, avait pu sauver une personne qui se noyait, et que le 13 mars 1869, le sergent Bertrand et le chasseur Daigremont recevaient une médaille d'honneur donnée par le ministre, comme récompense de leur belle et courageuse conduite pendant un incendie.

Camp de Lannemezan.

La division, rassemblée près des Pyrénées, au camp de Lannemezan, sous les ordres du général Picard, était ainsi composée :

1ʳᵉ brigade d'infanterie. Général Nicolaï.	{ 5ᵉ bataillon de chasseurs : command' Carré. 20ᵉ de ligne : colonel de la Guigneraie. 34ᵉ de ligne : colonel Sarette.
2ᵉ brigade d'infanterie. Général Plombin.	{ 58ᵉ de ligne : colonel Dulyon de Rochefort. 82ᵉ de ligne : colonel Geneau.
Brigade de cavalerie. Général Ressayre.	{ 12ᵉ chasseurs : colonel de Tucé. 9ᵉ dragons : colonel de Cambriels.
Artillerie. L'-colonel Desfandais.	{ 7ᵉ et 8ᵉ batteries du 14ᵉ régiment. 4ᵉ batterie du 18ᵉ régiment.

Les grandes manœuvres, commencées le 20 juillet, eurent lieu deux fois par semaine jusqu'au 15 septembre. Les autres jours étaient consacrés au tir et aux exercices de détail. Le tir se faisait sous le contrôle d'un officier détaché de l'école de Châlons. Le bataillon, classé le premier des cinq corps d'infanterie qui étaient au camp, reçut à ce sujet une lettre de félicitations du ministre de la guerre.

Après la levée du camp, le bataillon se met en route pour aller rejoindre son dépôt à Rennes.

Parti de Lannemezan le 22 septembre, il séjourne le 28 à Nérac ; le 3 octobre, à Libourne ; le 8, à Saint-Jean-d'Angely ; le 12, à Fontenay ; le 16, à Montaigu, passe à Nantes le 17 et arrive à Rennes le 22 octobre.

Pendant cette route, on avait reçu les brevets conférant la croix de chevalier de la Légion-d'Honneur au capitaine Cezerac, et accordant la médaille militaire au sergent Duffès et au sapeur Mant.

QUATRIÈME PARTIE

—

Campagne de 1870

CARRÉ, RENAUD

Premiers symptômes du conflit franco-allemand.

1869 — Depuis que la guerre de 1866 avait établi la suprématie de la Prusse en Allemagne, bien des gens pensaient qu'une lutte entre la France et la Prusse était inévitable. Dès 1867, la question du Luxembourg avait été sur le point de faire éclater le conflit. L'intervention amicale des gouvernements étrangers et le puissant dérivatif créé par l'exposition universelle de Paris permirent de trouver cette fois une solution pacifique.

Le maréchal Niel, alors ministre de la guerre, était plus que personne convaincu que la lutte n'était que différée et qu'elle éclaterait un jour ou l'autre. Préoccupé de l'insuffisance de nos effectifs et de nos ressources matérielles, il avait étudié les moyens d'y remédier. La loi de 1868, qu'il avait fait accepter par le Corps législatif, créait, à défaut du service obligatoire et personnel dans l'armée active, le service obligatoire dans une garde nationale mobile destinée à former la réserve de l'armée devenue entièrement disponible.

Malheureusement les crédits n'étant pas suffisants pour faire face à toutes les dépenses, la garde mobile n'était pas organisée en 1870.

1870 — Depuis la mort du maréchal Niel, survenue au

mois d'août 1869, on semblait se préoccuper beaucoup moins de l'éventualité d'une guerre.

Cependant au milieu de l'année 1870, un incident imprévu, la candidature d'un prince de Hohenzollern au trône d'Espagne, vint provoquer le conflit.

Déclaration de guerre le 15 juillet.

Les négociations diplomatiques engagées à ce sujet aboutirent, le 15 juillet, à une imprudente déclaration de guerre.

Mobilisation de l'armée.

Le 5e bataillon de chasseurs, qui tenait garnison à Rennes depuis le mois de novembre 1869, reçut le 15 juillet l'ordre de se mettre sur le pied de guerre. Une dépêche semblable avait été adressée à chacun des corps de l'armée, car on sentait que toutes les forces disponibles devaient être mises eu jeu.

La destination du bataillon resta pendant quelques jours inconnue. Comme on croyait encore à l'alliance effective du Danemarck, on supposait que les régiments en garnison dans l'ouest seraient embarqués pour constituer un corps d'opérations que la flotte jetterait sur les côtes de la Baltique. Ce qui accréditait ces bruits, c'est qu'aucun des régiments de la Bretagne n'avait reçu l'ordre de se diriger vers la frontière du Rhin et qu'une grande activité régnait à Brest et à Cherbourg.

Cependant, le 20 juillet, une dépêche vint nous apprendre que le 5e bataillon de chasseurs était placé dans la 2e division du 4e corps d'armée, dont la concentration s'opérait à Thionville. Le voyage devait être fait par les voies ferrées, et le départ était fixé au surlendemain.

Depuis plusieurs jours, les compagnies de guerre étaient constituées avec un effectif de 585 hommes, et les compagnies de dépôt commençaient à recevoir les réservistes rappelés sous les drapeaux. On était déjà pourvu du matériel et des ustensiles de campement. Les chevaux de selle des officiers montés et les chevaux de trait destinés aux équipages régimentaires avaient été fournis par un des régiments d'artillerie de la garnison. Il ne manquait que les voitures, mais on nous assurait qu'il y en avait de disponibles, à Thionville.

Le cadre du bataillon se trouvait ainsi composé :

ÉTAT-MAJOR

MM. Carré, chef de bataillon, commandant.
Chabert, capitaine adjudant-major.
De Sourdeval, capitaine instructeur de tir.
Suquet, médecin-major.
Géniaux, médecin aide-major.

Cies	Capitaines	Lieutenants	Sous-Lieutenants
1re	Humbert.	Azema.	Knœppfler.
2^e	Régnier.	Dumarest.	Villa.
3^e	Chédeville.	Domenech.	Molle.
4^e	Coulon.	De Traversay.	Trollat.
5^e	De Fleury.	Perrin-Machoux.	Charpentier du Moriez.
6^e	Garcet.	Le Gall.	Choiner, of. payeur.

On laissait au dépôt :

MM. Tarillon, capitaine-major.
Fouineau, lieutenant trésorier.
Chamereau, sous-lieutenant, officier d'habillement.

7^e	Cézerac.	Béziers Lafosse.	
8^e	Renault.		

Le lieutenant de la 8e compagnie, M. Humbel, était détaché dans les bureaux arabes. Deux jeunes sous-lieutenants, sortant de l'école militaire, MM. Mondain et de Reviers, vinrent compléter les cadres du dépôt quelques jours après notre départ.

22 juillet. — Départ du bataillon pour Thionville.

Le 22 juillet, à onze heures du matin, le bataillon se rendait à la gare de Rennes et recevait, en traversant la ville, les adieux sympathiques de la population.

Le train spécial qui nous emportait vers la frontière s'arrêta pendant une heure au Mans, contourna Paris en suivant la ligne de ceinture, et, après avoir traversé Soissons, Reims, Mézières et Sedan, nous déposa, le 23 juillet, vers quatre heures de l'après-midi, sur le quai de la gare de Thionville.

Organisation du 4ᵉ corps.

C'est à Thionville que se formait le 4ᵉ corps placé sous les ordres du général de Ladmirault. Les troupes étaient campées autour de la ville. On apercevait de tous les côtés de longues rangées de tentes, des files de chevaux attachés au piquet, et des batteries parquées dans les champs.

A peine descendu des vagons, le bataillon traverse la ville et va dresser ses tentes sur la rive droite de la Moselle, dans le grand redan qui forme l'ouvrage avancé de la tête de pont.

Composition de la 2ᵉ division.

Nous y trouvons plusieurs dès régiments de notre division qui est ainsi composée :

1ʳᵉ Brigade. Général Veron de Bellecourt.	5ᵉ bataillon de chasseurs : command' Carré. 13ᵉ de ligne : colonel Lion. 43ᵉ de ligne : colonel de Viville.
2ᵉ Brigade. Général Pradier.	64ᵉ de ligne : colonel Léger. 98ᵉ de ligne : colonel Lechêne.
Artillerie. Lᵗ-colonel de Larminat.	Batteries de mitrailleuses du 1ᵉʳ régiment : capitaine de Saint-Germain. 5ᵉ et 6ᵉ batteries du 1ᵉʳ régiment.

Le général Rose, désigné pour commander la division, est paralysé par des rhumatismes le mettant hors d'état de monter à cheval et de faire campagne.

La 1ʳᵉ division du 4ᵉ corps est déjà partie de Thion-ville ainsi que le première brigade de la 3ᵉ division. Elles sont depuis deux jours échelonnées sur la frontière éntre Sierck et Wadweistroff.

La 1ʳᵉ division, commandée par le général de Cissey, se compose du 20ᵉ bataillon de chasseurs, du 1ᵉʳ et du 6ᵉ de ligne formant la 1ʳᵉ brigade (général de Goldberg), et des 57ᵉ et 73ᵉ formant la 2ᵉ brigade (général Brayer).

La 3ᵉ division, commandée par le général de Lorencez, se compose du 2ᵉ bataillon de chasseurs, du 15ᵉ et du 33ᵉ formant la brigade du général Pajol ; du 54ᵉ et du 65ᵉ formant la brigade du général Berger.

Le 4ᵉ corps possède une division de cavalerie, comman-dée par le général Legrand ; brigade de Montaigu : 2ᵉ et 7ᵉ régiments de hussards ; brigade de Gondrecourt : 3ᵉ et 11ᵉ régiments de dragons.

Contrairement à ce qu'on avait dit avant le départ de Rennes, nous ne trouvons pas à Thionville de voitures pour nos bagages. Les autres corps de la division et ceux de la brigade Pajol attendent pour se mettre en route que ces équipages soient arrivés de Verdun ; mais le chemin de fer ne parvient pas à transporter en temps utile tout le matériel nécessaire à la mobilisation.

Aussi le 27, le général de Ladmirault prescrit aux corps qui ne sont pas pourvus de moyens de transport d'acheter immédiatement des chariots dans les fermes des environs, car le départ est fixé au lendemain.

Nous avions apporté de Rennes un certain approvision-nement d'effets d'habillement, du linge et des chaussures pour former le magasin du petit dépôt. Lorsque nous demandons à installer ce magasin, on nous répond que les petits dépôts seront organisés au delà de la frontière. Ne pouvant pas obtenir un local pour consigner ces effets dans un des bâtiments militaires de Thionville, et ne pos-sédant pas les moyens de les faire transporter à notre suite, nous sommes obligés de les renvoyer à Rennes par le chemin de fer.

28 juillet. — La division quitte Thionville.

Dans l'après-midi du 28, la division quitte Thionville et se met en route au moment où vient d'éclater un violent orage. Elle va camper à Kedange et l'on perd toute la journée du lendemain parce que, les voitures régimentaires étant arrivées à Thionville peu de temps après notre départ, les corps reçoivent l'ordre de les envoyer chercher en ramenant par la même occasion les chariots achetés aux cultivateurs des environs.

30 juillet.

Le 30, la division, conduite par le général de Bellecourt, va coucher à Lacroix; mais le bataillon est poussé en grand'garde jusqu'à Waldweistroff, où nos petits postes donnent la main à ceux de la division de Lorencez.

31 juillet.

Le lendemain dimanche, après une messe militaire célébrée à l'intention du bataillon par le curé de Waldweistroff, nous allons rejoindre à Lacroix la division qui s'apprête à partir pour Bouzonville.

On fait lire aux troupes, pendant une des haltes, la proclamation du 28 juillet, dans laquelle l'empereur, comprenant toute la gravité de la situation, dit à l'armée que la guerre sera longue et pénible. Pénible, tout le monde en est bien convaincu, longue, personne ne veut l'admettre, la courte durée des guerres de 1859 et de 1866 ayant fait naître cette idée qu'une campagne, entreprise avec de pareilles masses d'hommes, ne peut pas durer plusieurs mois.

En arrivant à Bouzonville, vers deux heures, nous essuyons un nouvel orage, aussi violent que celui du 28 juillet. A peine a-t-on dressé les tentes dans une prairie voisine de la Nied, qu'on nous apporte l'ordre de les abattre et de prendre les armes. On prétend que des éclaireurs prussiens viennent de se montrer de l'autre côté de la Nied, sur le plateau qui s'étend à l'est de Bouzonville.

Nous traversons rapidement la rivière et nous gagnons ce plateau, que nous explorons sans rien voir. La reconnaissance achevée, on nous fait camper, ainsi que le 13e de ligne, derrière un retranchement construit quelques jours auparavant par un des régiments de la division de Lorencez.

1" août.

Après une nuit sans alertes, nous quittons Bouzonville le lendemain matin, au moment où les têtes de colonne de la division de Cissey se présentent pour nous relever, et nous nous dirigeons vers la petite ville de Boulay, dans laquelle est installé le quartier général du 4e corps.

Boulay étant déjà fort encombré par les états-majors et par le matériel et le personnel des services administratifs, les troupes sont campées aux environs.

La cavalerie bivouaque en arrière de la ville sur la route de Metz ; l'infanterie campe en avant, la 2e division à gauche de la route de Saarlouis, la 3e au village de Coume. La 1re division est restée à Bouzonville.

Au milieu de la nuit, le général de Bellecourt fait appeler le commandant Carré pour lui annoncer que le bataillon est mis, pour toute la journée du lendemain, à la disposition du général de Lorencez, chargé de faire une reconnaissance dans la direction de Saarlouis.

2 août. — Reconnaissance dans la direction de Saarlouis.

Nous nous mettons en marche le 2 août, dès quatre heures du matin, pour rallier la division de Lorencez. Sa 1re brigade occupe Coume ; la 2e est établie sur la route de Saarlouis, entre Tromborn et Teterschen.

Le bataillon remplace, à la brigade Pajol, le 2e bataillon de chasseurs passé, pour cette journée, sous les ordres du général Berger. Les troupes forment les faisceaux et attendent, pendant plusieurs heures, le signal que doit donner du côté de Forbach le canon du général Frossard.

Vers midi, son grondement se faisant entendre dans le lointain, le 2e hussards et la brigade Berger se mettent en marche en suivant la route de Saarlouis.

Le général de Lorencez conduit lui-même la brigade Pajol, qui descend la vallée d'un petit affluent de la Sarre et traverse Hargarten, Falk, Bibling et Merten, où quelques cavaliers prussiens sont venus la veille en reconnaissance. La vaste forêt de la Houve, qui couvre les collines situées à notre droite, permet à ces patrouilles de passer la frontière sans être signalées.

Arrivé au château de Merten, le général de Lorencez ne voulant pas engager son artillerie dans les mauvais chemins d'un pays accidenté et difficile, ne garde avec lui que le 15e de ligne et notre 1re compagnie pour contourner les hauteurs boisées du Hesselderwald, pendant que l'artillerie, marchant sous l'escorte du bataillon et du 33e de ligne, gagne la route de Metz à Saarlouis en remontant par le village de Berweiler.

La brigade du général Berger et les hussards ont déjà traversé la frontière pour aller reconnaître la route de Saarlouis jusqu'à peu de distance du village de Filsberg.

Après avoir parcouru rapidement leur itinéraire sans découvrir aucune patrouille ennemie, les trois colonnes se réunissent vers cinq heures à l'endroit où la route de Metz à Saarlouis entre en Prusse. L'opération étant terminé les troupes s'acheminent vers leurs bivouacs. Le bataillon doit faire une marche de 13 kilomètres pour regagner son camp, dans lequel il n'arrive qu'à la tombée de la nuit.

Cette longue reconnaissance, faite par une des plus chaudes journées du mois d'août, ne produit aucun résultat, parce qu'on était parti de trop loin pour approcher suffisamment de Saarlouis.

L'opération devant être recommencée sur une plus grande échelle dans la journée du 4, il fallut donner un jour de repos aux troupes très fatiguées par cette marche forcée.

M. le capitaine Cézerac, qui amenait du dépôt un détachement de 100 hommes, nous apprit les détails du combat de Saarbruck dont on cherchait à exagérer l'importance.

4 août.

Sur la nouvelle que 40,000 Prussiens s'avancent de Trèves sur Thionville, on renonce à faire une nouvelle reconnaissance de Saarlouis et, dans la matinée du 4, nous appuyons à gauche jusqu'à Brettenach, où nous couchons entre la division de Cissey, qui occupe toujours Bouzonville, et la division de Lorencez, campée à Tromborn.

5 août.

Le 5, nous revenons au contraire vers la droite, pour bivouaquer sur le plateau de Teterschen. Le bataillon reçoit, ce jour-là, un nouveau détachement de 106 hommes, amenés du dépôt par M. Béziers. Pendant l'après-midi, on dépose à la mairie de Teterschen les instruments de la fanfare, car on sent qu'il est absolument nécessaire de réduire les non-valeurs pour augmenter le nombre des combattants. Tous les habitants des villages voisins de la frontière parlent avec effroi des énormes colonnes en mouvement derrière la Sarre et la Nahe, et prétendent que nous serons écrasés sous leur masse.

Vers sept heures, au moment où les soldats mangent la soupe, une alerte, causée par l'apparition de quelques uhlans près du village de Falk, fait prendre les armes à toute la division qui va s'établir au-dessus d'Hargarten. On reste en position jusqu'à neuf heures, attendant le retour de la cavalerie, descendue dans la vallée pour explorer les villages.

De gros nuages, qui ont couvert l'horizon un peu avant le coucher du soleil, ne tardent pas à venir sur nous. Un violent orage éclate, et une pluie torrentielle tombe pendant plusieurs heures. Après avoir erré quelque temps dans l'obscurité, le bataillon parvient, non sans peine, à retrouver son campement, dont le sol est devenu un cloaque fangeux.

6 août.

Aussi, le lendemain nous avons bien du mal à nous tirer

de ce bourbier pour faire les préparatifs du départ. On ne peut se mettre en route avant sept heures.

La division traverse Coume, Guerting et Ham-sous-Varsberg, où elle se déploie pendant que le convoi prend les devants pour gravir la côte du Varsberg.

Un escadron de uhlans prussiens avait ce jour-là surveillé notre marche. Au moment où l'avant-garde débouche d'un chemin creux, ces uhlans sont à une si faible distance de notre tête de colonne que, trompés par tant d'audace, nous les prenons pour une troupe de nos cavaliers. Nous ne reconnaissons la méprise qu'en les voyant s'éloigner au galop pour se retirer hors de la portée des balles. Lorsque notre cavalerie s'avance alors pour les attaquer, ils se réfugient dans les bois.

Le convoi étant passé sans encombre, les troupes gravissent à sa suite les pentes escarpées du Varsberg pour aller camper, vers trois heures, autour de Bouchporn. Le général Grenier, qui venait de recevoir le commandement de la division en remplacement du général Rose, nous attendait dans ce village.

Combat de Speicheren.

Bouchporn est situé sur un plateau très élevé, d'où la vue embrasse une grande partie du bassin de la Sarre. Du côté du nord-est, les forêts de Saint-Avold, de Zang et de Forbach couvrent une vaste étendue de terrains accidentés.

Notre attention est bientôt attirée de ce côté par le bruit d'une canonnade dont les coups précipités indiquent un engagement sérieux. En s'orientant avec une carte, il est facile de reconnaître que le combat se livre dans les environs de Forbach, dont, à vol d'oiseau, nous sommes éloignés de six lieues.

La soirée étant magnifique, le calme de l'atmosphère facilite tellement la perception des sons, qu'on entend par moments le roulement de la fusillade, et l'on peut avec l'aide d'une bonne lunette distinguer les nuages de fumée qui s'élèvent du champ de bataille.

Jusqu'à six heures, nous restons dans une anxieuse attente, croyant à tout moment recevoir l'ordre de lever le camp pour marcher dans la direction du canon. Enfin le combat cesse, et tout rentre dans le calme et dans le silence. La nuit se passe tranquillement.

7 août.

Le lendemain, vers six heures, la division se met en marche pour gagner Saint-Avold, où se trouve le quartier général du 3e corps.

Nous arrivons à Longeville au moment où les têtes de colonne de la garde impériale y débouchent par la route de Metz. On opère par conséquent une forte concentration sur Saint-Avold. Quelques convois du 2e corps sont en retraite et marchent dans la direction inverse de celle que nous suivons. De longues files de voitures sont encore parquées dans les champs où elles ont passé la nuit.

Nous apprenons, chemin faisant, que le 2e corps, attaqué la veille par des forces considérables, n'a pu se maintenir sur les hauteurs de Speicheren et de Stiring. Il s'est mis en retraite après avoir soutenu une lutte sanglante et acharnée : on l'attend à Saint-Avold d'où les divisions Metman et Castagny, du 3e corps, sont parties pour aller lui donner la main.

Arrivée à Saint-Avold.

Vers huit heures, nous atteignons Saint-Avold, dont les environs sont encombrés par les camps des troupes et par les convois de l'administration. On nous fait tourner à droite avant d'entrer en ville, et nous allons prendre position à trois kilomètres plus loin, sur les pentes du Kreutzberg, où notre artillerie se met en batterie.

Le bataillon reçoit l'ordre d'occuper le village d'Eberswiller auquel s'appuie la droite de nos lignes. Des grand'gardes sont envoyées au delà du chemin de fer pour surveiller les routes de Forbach et de Puttelange ainsi que les bois du Mittemberg.

Pendant toute la journée et pendant une partie de la

nuit, nous voyons défiler sur la route de Forbach les convois des divisions du 2ᵉ corps. Les cantiniers et les conducteurs d'équipages répandent les nouvelles les plus exagérées, et ne parlent que de régiments complétement détruits. Vers quatre heures de l'après-midi, une division de grosse cavalerie, envoyée en reconnaissance jusqu'à Marienthal, rentre sans avoir rencontré l'ennemi et sans avoir pu donner la main au 2ᵉ corps qui fait sa retraite par Sarreguemines et Château-Salins.

Plusieurs trains de wagons vides dirigés sur Metz passent devant Eberswiller. C'est du matériel roulant qu'on évacue pour l'empêcher d'être pris par les Allemands. Le conducteur d'un de ces trains nous annonce que la cavalerie prussienne vient d'occuper la gare de Bening, située à quelques kilomètres devant nous.

Vers quatre heures, on apprend que Sarreguemines est au pouvoir des Allemands qui s'avancent entre nous et le maréchal de Mac-Mahon; mais, pendant la soirée, d'heureuses nouvelles circulent dans les camps et viennent faire diversion aux soucis causés par l'échec de Speicheren. On raconte, sans qu'on puisse connaître la source de ces bruits, que le maréchal de Mac-Mahon a franchi le Rhin et écrasé, dans une grande bataille, les contingents des Etats du Sud. On parle de 20,000 prisonniers, et l'on affirme que la Bavière, le Wurtemberg et le duché de Bade demandent la paix. Malgré la réserve avec laquelle les généraux répondent aux questions qu'on leur adresse relativement à ces dépêches, la joie et la confiance sont grandes dans nos divisions. On attend sans inquiétude une attaque de l'ennemi, mais la nuit s'écoule tranquillement.

8 août. — Retraite sur Metz.

Au point du jour, la division de Castagny passe devant Eberswiller pour regagner Saint-Avold. Nous ne tardons pas à recevoir l'ordre de la suivre. Un grand nombre des habitants du village entassent à la hâte leurs meubles et leur literie sur des charrettes et se mettent en route pour aller se réfugier derrière l'armée. La consternation de ces bons paysans est pour nous un bien cruel spectacle.

Nous faisons à Saint-Avold une halte assez longue afin de permettre aux convois de l'administration de prendre les devants. Nous apprenons en ce moment que le corps d'armée du maréchal de Mac-Mahon est bien loin d'avoir remporté le succès dont on parlait la veille. Au contraire, la division Douay, attaquée le 4 août près de Wissembourg, a subi des pertes considérables, et le général Douay, celui qui commandait en 1859 la brigade dont le bataillon faisait partie, est au nombre des morts.

Nous quittons Saint-Avold vers dix heures en y laissant la division Decaen, chargée de former l'arrière-garde. La division de Castagny suit, à notre droite, des chemins vicinaux parallèles à la route.

Malgré la file interminable des voitures qui composent le convoi, on est obligé d'incendier au moment du départ les meules de fourrage et les approvisionnements de vivres que l'administration ne peut emporter et qu'on ne veut pas laisser tomber aux mains de l'ennemi.

Arrivée au sommet de la côte de Longeville, la division Grenier s'arrête et prend position sur le bord du plateau pour attendre que tout le convoi ait gagné les hauteurs et se soit écoulé vers les ponts de la Nied.

La division Decaen a déjà quitté Saint-Avold d'où l'on voit s'élever des colonnes d'une épaisse fumée. Les éclaireurs prussiens suivent de près notre arrière-garde, et sont entrés à Saint-Avold presque immédiatement après son départ. Notre artillerie, déployée sur la hauteur, est prête à ouvrir le feu, mais les vedettes qui se laissent voir n'offrent pas un but suffisant.

A quatre heures, nous quittons le plateau de Longeville pour continuer notre mouvement. Malgré tout le temps qu'on lui a donné pour prendre les devants, le convoi cause des à coups et des temps d'arrêt qui fatiguent énormément les troupes.

Vers sept heures, la pluie commence à tomber ; elle devient bientôt torrentielle. Nous traversons sans nous arrêter Marange, puis Fouligny et, après avoir franchi la Nied à Bionville, nous allons bivouaquer, vers dix heures, à trois kilomètres plus loin, sur les hauteurs de la rive gauche. La terre, délayée par la pluie, qui tombe toujours, et par le piétinement des troupes, forme une mer de boue dans laquelle on enfonce jusqu'à mi-jambe. Il est impossible de dresser les tentes sur ce terrain sans consistance : le moindre coup de vent les renverse en arrachant les piquets. Les souffrances des soldats sont grandes pendant cette nuit du 8 au 9 août. Marchant depuis le matin après avoir passé la nuit précédente en grand'garde, ils sont trempés jusqu'aux os et n'ont eu comme nourriture qu'un café, sur le plateau de Longeville. Arrêtés en plein champ, au milieu de la nuit, ils manquent de bois pour établir des feux de bivouac. Le pain de munition placé sous la courroie du sac a été détrempé par la pluie, transformé en bouillie et s'est perdu en tombant par morceaux sur les chemins. Si l'on essaie de se coucher pour prendre un peu de repos, on est à moitié englouti dans la boue et bientôt saisi par le froid.

9 août.

Vers deux heures du matin, la pluie cesse enfin de tomber et dès le point du jour, on va de tous côtés chercher du bois pour faire de grands feux, permettant de se sécher et de se réchauffer. Heureusement que le temps s'est remis au beau. Le soleil se lève radieux, et vient bientôt nous réconforter.

On est néanmoins obligé de consacrer toute la matinée à se reposer, à se nettoyer et à mettre un peu d'ordre dans les camps.

Le bataillon perd, ce jour-là, M. Perrin-Machoux, que son âge et des infirmités contractées au service mettent hors d'état de supporter plus longtemps de pareilles fatigues. Il part pour le dépôt, acceptant de permuter avec M. Béziers qui ne pourra jamais nous rejoindre. Déjà, le 6 août, M. Trollat, nommé lieutenant au 3ᵉ chasseurs, nous a quittés à Bouchporn, pour aller rejoindre son nouveau corps. Un de nos sergents-majors, M. Clère, le remplace comme sous-lieutenant à la 4ᵉ compagnie.

Après avoir vu défiler devant nous sur la route de Metz

la division de cavalerie du 3e corps et la division Decaen, nous nous mettons en marche vers quatre heures. Nous traversons Courcelles et Pont-à-Chaussy, au delà duquel est installé le grand parc d'artillerie. A quelque distance de ce village, nous tournons à droite pour prendre le chemin de Sainte-Barbe qui relie la route de Saarbruck à celle de Boulay.

Les bivouacs de la garde sont établis à l'ouest de ce chemin et s'étendent jusqu'à Retoufay.

Arrivés près de la route de Boulay, nous tournons encore à droite pour nous rapprocher du village de Glatigny, derrière lequel nous campons à onze heures du soir.

10 août.

Le lendemain, les troupes reçoivent, dès le réveil, l'ordre d'abattre les tentes et de prendre les armes. On se forme en bataille faisant face à l'est, comme si l'on s'attendait à être attaqué. La division Grenier, à cheval sur la route de Boulay, se relie à la division de Cissey, établie à sa droite. La cavalerie va faire une reconnaissance jusqu'à Boulay où, la veille, un peloton du 3e hussards s'est trouvé aux prises avec un détachement de uhlans prussiens.

Après le retour de la cavalerie qui rentre sans avoir rien vu d'inquiétant, nous campons sur les emplacements qu'on nous a fait occuper.

Situation de la place de Metz et de l'armée vers le 10 août.

Dans l'après-midi, il nous arrive de Metz des nouvelles assez tristes. Le maréchal de Mac-Mahon, battu à Wœrth le 6 août, s'est vu forcé de repasser les Vosges. Paris et un grand nombre de départements sont en état de siége. Metz, dont le général Coffinières vient d'être nommé gouverneur, travaille à se mettre en état de défense. Malheureusement les forts détachés qui doivent rendre cette place inabordable ne sont ni terminés ni armés. La garnison de la ville ne se compose que de quelques compagnies de dépôt et de quelques bataillons de mobiles à peine habillés, à peine armés, et dépourvus d'organisation et d'instruction militaire. On forme à la hâte la garde nationale sédentaire pour leur service de réserve.

Nouvelle organisation de l'armée par suite de l'ordre du 9 août.

Un ordre général, daté du 9 août, annonce que les 2e, 3e et 4e corps sont placés définitivement sous les ordres du maréchal Bazaine, qui est remplacé à la tête du 3e corps par le général Decaen.

Le 2e corps vient d'arriver à Metz, ainsi qu'une brigade du 5e corps. Le 6e corps, commandé par le maréchal Canrobert, doit être amené du camp de Châlons par le chemin de fer.

Les 1er, 5e et 7e corps sont réunis en une seule armée sous les ordres du maréchal de Mac-Mahon, remplacé au 1er corps par le général Ducrot.

Le mauvais temps recommence pendant la soirée du 10 et nous avons encore à supporter une violente tempête qui dure une partie de la nuit.

11 août. — L'armée prend de nouvelles positions.

Le lendemain, les corps reçoivent, dans la matinée, l'ordre d'aller prendre de nouvelles positions. On doit se déployer à quelque distance en avant des forts de Queuleu et de Saint-Julien pour couvrir tout l'espace compris entre la Seille et la Moselle.

Le 2e corps forme la droite de nos lignes, le 3e est au centre, près de Borny et de Colombey ; le 4e s'étend à gauche de Mey à Villers-l'Orme. La garde est en réserve à Plantières et à Vantoux.

Après avoir fait un long détour en passant par Cheuby, Sainte-Barbe et Servigny, la division Grenier va planter ses tentes entre le village de Mey et le parc de Grimont.

Le maréchal Bazaine est appelé au commandement de toute l'armée.

Le lendemain, nous apprenons, par un nouvel ordre gé-

néral, que l'organisation de l'armée vient d'être encore
une fois modifiée. L'empereur, renonçant à diriger les
opérations militaires, donne au maréchal Bazaine le commandement en chef de toutes les troupes réunies autour
de Metz. Le maréchal Le Bœuf cesse d'exercer les fonctions
de major général, et le général Jarras est nommé chef
d'état-major de l'armée du maréchal Bazaine.

12 août. — Composition de l'armée de Metz

Cette armée est ainsi composée :

Corps d'armée	Divisions d'infanterie	Régiments de ligne	N^os de chasseurs	Divisions de cavalerie	Régiments
2e corps. Général Frossart.	1re Général Vergé	4	1	Général de Valabrègue.	4
	2e Général Bataille	4	1		
	3e Général de Laveaucoupet	4	1		
3e corps. Général Decaen.	1re Général Montaudon . . .	4	1	Général de Clérambault.	6
	2e Général de Castagny . . .	4	1		
	3e Général Metman	4	1		
	4e Général Aymard	4	1		
4e corps. Général de Ladmirault.	1re Général de Cissey	4	1	Général Legrand.	4
	2e Général Grenier	4	1		
	3e Général de Lorencez . . .	4	1		
5e corps (une brigade).	2e Général Lapasset	2	»	3e régiment de lanciers.	1
6e corps. Maréchal Canrobert.	1re Général Texier	4	1	1re d^on de réserve. Gal du Barail.	1
	2e Général Bisson	1	»		
	3e Général Lafont de Villiers	4	»	2e d^on de réserve. Gal de Forton.	4
	4e Général Levassor-Sorval .	4	»		
Garde impériale. Général Bourbaki.	1re Général Picard	4	»	Général Devaux.	6
	2e Général Deligny	4	1		
5 corps d'armée.	15 divisions d'infanterie.	63	12		26

L'artillerie se compose de 28 batteries divisionnaires de 4 ; de 13 batteries de mitrailleuses ; des 12 batteries de la garde, de 20 batteries formant la réserve des corps d'armée, et de 16 batteries formant la réserve générale. En tout 89 batteries donnant 456 pièces et 78 mitrailleuses.

L'effectif général des troupes est de 168,000 hommes à la date du 12 août.

Composition des armées allemandes marchant sur Metz.

A cette armée si considérable, les Allemands allaient opposer des forces bien plus considérables encore.

Tandis que le prince royal de Prusse suivait avec 180,000 hommes le maréchal de Mac-Mahon, en retraite vers le camp de Châlons, la Ire et la IIe armée prussienne étaient dirigées sur Metz.

La Ire armée, celle du général Steinmetz, formée par les Ier, VIIe et VIIIe corps, avec deux divisions de cavalerie, comptait 91,000 hommes et 270 pièces de canon.

La IIe armée, celle du prince Frédéric-Charles, formée par les IIe, IIIe, IVe, IXe, X^e, XIIe corps, la garde et deux divisions de cavalerie, comptait 236,000 hommes et 624 pièces de canon. Soit, pour les deux armées qui allaient nous attaquer, 327,000 hommes et 894 pièces de canon.

13 août.

Dans la matinée du 13, le maréchal Bazaine envoie quelques ordres qui font prévoir de prochains mouvements.

La division de Laveaucoupet, fort éprouvée à Speicheren, est désignée pour renforcer la garnison de Metz et occuper les forts. On la remplace au 2e corps par la brigade Lapasset qui, venue au bruit du canon de Speicheren, a fait sa retraite avec le général Frossard.

Les corps de troupes ont l'ordre de former immédiatement un petit dépôt dans lequel on doit placer les malades, les écloppés et les mauvais marcheurs. Chaque petit dépôt devant être commandé par un officier, le moins ancien des sous-lieutenants, M. Cléro est mis à la tête de celui du bataillon.

Mouvement de l'ennemi vers la Moselle.

Les avant-gardes prussiennes nous ont devancés sur la rive gauche de la Moselle. Les chasseurs d'Afrique ont eu le 12 un engagement à Pont-à-Mousson, et des uhlans se sont avancés jusqu'à Nancy. Le chemin de fer est coupé à Frouard, et les communications avec le camp de Châlons sont interceptées. Un train, conduisant à Metz un des régiments du 6e corps, s'est vu forcé de rebrousser chemin. On met en subsistance à notre bataillon un détachement de 48 chasseurs du 17e bataillon qui, se trouvant de passage à Metz, ne peuvent rallier le 7e corps, dont leur bataillon fait partie. Ce détachement, commandé par le sergent-major Constant, est placé à la 5e compagnie.

Nous recevons, dans la soirée du 13, l'ordre de départ que les mesures prises par le maréchal faisaient prévoir.

Le mouvement doit commencer dès le point du jour.

14 août. — Mouvement de l'armée pour passer sur la rive gauche de la Moselle.

Le 14 août était un dimanche. Le temps, remis au beau depuis trois jours, semblait devoir favoriser nos mouvements.

Peu de temps après le lever du soleil, un brouillard épais s'étend sur la campagne et voile l'horizon. Sur la droite, les avant-postes du 3e corps tiraillent, à plusieurs reprises, sans qu'on y voie rien de bien inquiétant.

Suivant les ordres reçus la veille, on abat les tentes, on fait les sacs et on charge les voitures, car les convois doivent précéder les troupes. A neuf heures, le nôtre se met en marche pour aller traverser la Moselle au pont de Chambière. Le défilé des voitures se faisant beaucoup plus lentement qu'on ne l'avait supposé, nous restons toute la journée l'arme au pied sur l'emplacement qu'avait occupé notre camp.

Le 2e corps et le 6e sont déjà de l'autre côté de la Moselle; le 3e doit passer la rivière en traversant la ville, le 4e doit se servir des ponts de bateaux jetés à Chambière.

Pour alléger le convoi de l'administration et diminuer le nombre de ses voitures, on distribue, pendant la matinée, du pain pour quatre jours. Mais ce pain, rapporté de Saint-Avold, se trouve, par suite des pluies et de la chaleur, dans un tel état de fermentation et de moisissure que les soldats sont obligés de le jeter.

A midi, la cavalerie du général Legrand commence le mouvement du 4e corps et marche derrière le convoi. La division de Lorencez, puis la division de Cissey viennent ensuite. Nous restons les derniers sur le plateau pour former l'arrière-garde. De son côté, le 3e corps commence à se replier sur la ville. Vers trois heures, la division Grenier se met en marche. Nos deux batteries de 4 et la brigade Pradier s'engagent les premières dans la longue rampe descendant du fort Saint-Julien aux ponts de Chambière.

Combat de Borny.

A quatre heures dix minutes, au moment où nous allons déboucher nous-mêmes sur le chemin de Sainte-Barbe, en face du château de Grimont, quelques coups de canon se font entendre du côté de Grigy, et nous remarquons, à notre droite, sur la route de Boulay à Metz, des mouvement de troupes d'un caractère inquiétant. Un régiment de cavalerie, escortant plusieurs batteries d'artillerie qui ne peuvent appartenir qu'à l'armée prussienne, suit la route en soulevant des nuages de poussière. Derrière lui, de fortes colonnes d'infanterie s'avancent avec une telle rapidité qu'elles ont évidemment pris le pas gymnastique. Quelques groupes déboîtent à droite comme pour venir nous reconnaître, mais le gros des troupes suit la chaussée jusqu'à Noisseville, où le feu s'engage presque aussitôt.

Le général de Bellecourt arrête sa brigade et lui fait faire face à l'ennemi. La batterie de mitrailleuses qu'il a sous la main va se poster sur un léger dos d'âne à quelques pas en avant du chemin de Mey à Villers-l'Orme. Le bataillon accompagne cette batterie pour lui servir de soutien.

Le 13e et le 43e se déploient en arrière de nous, pendant

que les cavaliers d'escorte vont avertir le général Grenier de ce qui se passe.

En voyant qu'on s'arrête pour leur faire face, les Prussiens dessinent plus nettement leur offensive. De nouveaux bataillons quittent la route de Boulay et s'avancent de notre côté, les uns formés en colonnes, d'autres déployés en ligne. Ils égrènent devant eux de longues files de tirailleurs qui disparaissent bientôt dans les vignes de Nouilly, où le feuillage les dérobe à notre vue. Plusieurs batteries s'arrêtent et prennent position en face de nous, les unes à gauche de Noisseville, les autres à côté de Servigny. Un escadron de cavaliers, dont les casques scintillent au soleil, s'établit près de Poixe, entre ces batteries et le chemin de Sainte-Colombe. D'autres escadrons sont déployés en arrière de la route de Boulay.

Le feu, qui a commencé tout à fait à la droite dans la direction de Grigy et de Colombey, s'est étendu, comme une traînée de poudre, jusqu'à Montoy et Lauvallier; le 3e corps est vivement attaqué sur plusieurs points : il est en ce moment quatre heures,

Le général Grenier n'étant pas encore arrivé sur le plateau, le général de Bellecourt prend ses dispositions pour repousser l'attaque qui paraît imminente, car les tirailleurs prussiens continuent à se jeter dans les vignes du coteau de Nouilly.

Le plateau de Saint-Julien et le vallon de Vallières.

Entre l'ennemi et nous se trouve un large vallon dans lequel coule le ruisseau de Vallières. Ce petit cours d'eau prend naissance aux environs de Sainte-Barbe, descend dans la direction du sud-ouest, à peu près parallèlement à la route de Boulay, passe au pied de Noisseville, bâti sur la rive gauche, arrose Nouilly, Vantoux et Vallières, assis sur la rive droite, et va se jeter dans la Moselle, aux portes de Metz, vis-à-vis l'île Chambière Il reçoit, entre Nouilly et Vantoux, un affluent qui vient de l'est, parallèlement à la route de Saarbruck

Les pentes des coteaux sont couvertes de vignes, et les

prairies, qui entourent le moulin de Nouilly, sont coupées de haies et de rangées d'arbres qui favorisent l'approche des tirailleurs en dissimulant leur marche.

Le terrain sur lequel nous sommes placés est au contraire très découvert. Le plateau, au milieu duquel notre batterie couronne un léger dos d'âne, s'étend entièrement dépouillé de ses moissons jusqu'aux pentes du ravin de Vallières. Un peu en avant de la batterie, à trois ou quatre cents mètres sur la droite, se trouve un petit bois désigné sous le nom de bois de Mey, parce qu'il est à peu de distance de ce village.

Importance du bois de Mey.

Ce petit tallis, épais et fourré dans la partie, est coupé en clairière dans la partie centrale et sur la lisière nord, présente une forme à peu près rectangulaire et peut avoir cent cinquante ou deux cents mètres sur chacune de ses faces. Un fossé peu profond et obstrué par les ronces et les épines borde la face occidentale, celle qui regarde Nouilly déjà occupé par les Prussiens.

En nettoyant ce fossé pour y poster des tirailleurs et en flanquant le bois de quelques tranchées-abris pour empêcher de le tourner, on aurait fait de ce taillis une redoute imprenable. Malheureusement personne n'y a songé pendant les journées précédentes, car on n'a pas un moment supposé que l'ennemi pût être assez hardi pour venir nous attaquer sous les forts de Metz.

Tel qu'il est, ce bois est encore la clef du plateau. Frappés de son importance, le général de Bellecourt et le commandant Carré y envoient le capitaine adjudant-major Chabert avec trois des compagnies du bataillon, la 5e, la 6e et la 1re.

La 3e reste attachée comme soutien aux mitrailleuses qui viennent d'ouvrir, à 1,800 mètres, un feu très efficace, si l'on en juge par la manière dont il a dispersé les pelotons ennemis. La 2e est placée près des batteries de 4 qui arrivent au galop pour se ranger à côté des mitrailleuses. La 4e compagnie, conservée en réserve, s'établit un peu plus en arrière.

Tandis qu'on prend ces dispositions afin de repousser l'attaque qui commence, la brigade Pradier et la division de Cissey remontent la côte de Saint-Julien pour se rendre sur le champ de bataille. Le canon tonne vivement du côté de Borny.

Combat d'artillerie sur le plateau de Saint-Julien.

Les batteries que l'ennemi a rangées devant nous ne tardent pas à répondre au feu de nos mitrailleuses. La canonnade devient vive et nourrie. Plusieurs batteries renforcent successivement notre ligne, qui s'étend bientôt jusqu'au chemin de Sainte-Barbe.

Les compagnies de soutien, couchées dans les sillons, laissent passer au-dessus d'elles les nombreux boulets qui ne leur font presque aucun mal. Le tir des Prussiens n'a pas, ce jour-là, l'étonnante précision qu'on lui connaît ; cela tient sans doute à ce que leurs pointeurs, placés face au couchant, sont gênés par le soleil déjà très bas sur l'horizon.

Défense du bois de Mey.

Pendant que la canonnade s'engage et que les troupes du 4ᵉ corps remontent sur le plateau, le capitaine Chabert s'est porté au bois de Mey.

Laissant les deuxièmes sections en réserve sur la lisière, il fait porter la première section de la 5ᵉ compagnie à 300 mètres en avant jusqu'au ravin de Vallières dont il veut surveiller les pentes. Cette première ligne, commandée par le capitaine de Fleury, ne tarde pas à engager le feu contre les tirailleurs prussiens qui remplissent les vignes de Nouilly

La première section de la 6ᵉ compagnie et la première section de la 1ʳᵉ compagnie forment, à 100 mètres en avant du bois, un deuxième échelon commandé par le capitaine Garcet et par le capitaine Humbert.

A cinq heures et demie, les tirailleurs allemands, dont les lignes viennent d'être renforcées, pressent vivement la 5ᵉ compagnie et menacent de tourner sa droite en débouchant par le chemin de Nouilly à Mey.

Trop faible pour résister à un ennemi supérieur en nombre et parfaitement embusqué dans les vignes et les broussailles, le capitaine de Fleury ordonne la retraite vers le bois dont il eût mieux valu ne pas sortir. Le mouvement de retraite se fait en bon ordre et sans trop de pertes.

La 5ᵉ dépasse l'échelon formé par les sections de droite de la 1ʳᵉ et de la 6ᵉ Cette ligne, ouvrant à son tour le feu, arrête l'ennemi pendant quelque temps et l'empêche de déboucher sur le plateau. Seulement nos tirailleurs sont entièrement à découvert, tandis que ceux des Allemands profitent du ressaut de terrain et des broussailles croissant en cet endroit pour se masquer. Dans ces conditions, la partie n'est pas égale.

M. de Fleury ayant rallié les deux sections de sa compagnie sur la lisière du bois, se dispose à faire un retour offensif pour dégager nos tirailleurs et rejeter les Allemands dans les vignes. Il reçoit à ce moment une balle dans la jambe ; on l'emporte à l'ambulance, et le mouvement qu'il allait tenter n'a pas lieu.

La section du capitaine Garcet et celle du capitaine Humbert commencent à se rapprocher du bois en se repliant par échelons lentement et dans le meilleur ordre.

Le capitaine Chabert prépare le défense de la position en plaçant sur la lisière les chasseurs de la 5ᵉ et ceux des sections laissées en réserve. Pendant qu'il donne ses ordres, il tombe, la jambe fracturée par deux balles, dont une lui a fait une blessure des plus graves en brisant la rotule. On l'emporte immédiatement à l'ambulance de Mey.

La 1ʳᵉ et la 6ᵉ compagnie ayant regagné le bois, le capitaine Garcet fait embusquer sur la lisière ses chasseurs qui tiennent en échec les tirailleurs allemands, obligés de se découvrir à leur tour pour gagner du terrain.

Le seul abri qu'ils puissent utiliser, entre le vallon d'où ils sortent et le bois qu'ils voudraient atteindre, consiste en une ligne de fourneaux de cuisine établis par un des régiments qui ont bivouaqué sur le plateau.

Un certain nombre essaient hardiment d'utiliser ces petits trous comme embuscades, presque tous sont frappés par les balles de nos chasseurs.

Aussi, après avoir soutenu la lutte pendant une grande demi-heure sans pouvoir gagner de terrain, les Allemands se replient et cessent de tirer sur le bois.

Le capitaine Garcet, voulant conserver leur contact et savoir où ils se retirent, se porte avec précaution jusqu'au bord du ravin, où il s'établit sans chercher à pénétrer dans les vignes.

En ce moment, un bataillon du 13e de ligne s'avance pour relever nos chasseurs dont les munitions sont presque épuisées. Malgré l'avis du capitaine Garcet qui juge bien la situation, ce bataillon pénètre dans les vignes, pendant que nos chasseurs regagnent le bois de Mey, où le caisson du bataillon leur apporte des cartouches. Un bataillon du 64e appuie sur la droite le mouvement du 13e de ligne.

Pendant une demi-heure, ces bataillons se maintiennent dans les vignes sous une vive fusillade. L'ennemi, sans cesse renforcé par des soutiens et des réserves, les presse tellement qu'il finit par les rejeter sur le plateau où il les suit en forces pour ne pas leur laisser le temps de se reformer.

Nos trois compagnies ravitaillées en munitions garnissent en ce moment la lisière du taillis. Elles dirigent aussitôt un feu violent sur la colonne qui suit le 13e; cette fusillade ralentit la marche des Allemands, mais bientôt le capitaine Garcet, attaqué de front par une nuée de tirailleurs, qui s'avancent directement contre le bois, ne peut plus s'occuper de ce qui se passe à sa droite. Le combat devient très meurtrier sur la lisière du bois que les Prussiens attaquent avec acharnement. Nous éprouvons en peu de temps bien des pertes. Le capitaine Humbert est tué par une balle qui le frappe en pleine poitrine. Le sergent-fourrier Foisset est déjà tombé mort à côté de son capitaine.

Le sous-lieutenant Charpentier du Moriez, qui a pris le commandement de la 5e compagnie, depuis que le capitaine de Fleury a été blessé, a l'avant-bras profondément labouré par une balle qui reste encastrée dans les os.

Les Allemands ayant repoussé le 13e de ligne vers le village de Mey, que défend la division de Cissey, débordent maintenant le bois et l'attaquent par ses faces latérales. La position des défenseurs devient très critique. Le lieutenant Azéma tombe à son tour. Il ne reste plus que trois officiers, et sous les feux croisés qui sillonnent le taillis, les rangs de nos chasseurs s'éclaircissent à chaque instant. Cependant on lutte toujours. L'ennemi continue à gagner du terrain et entoure presque le bois. Un caporal que M. Garcet envoie pour demander du secours ne peut s'acquitter de cette mission.

Le soleil a disparu depuis quelque temps; la nuit approche, mais le combat ne se ralentit pas M. Garcet tient avec une énergie désespérée et persiste à ne pas abandonner cette importante position, bien qu'il ne compte plus sur l'arrivée des renforts sans lesquels on ne peut arrêter les progrès de l'ennemi. Il tombe enfin, grièvement blessé par une balle qui le frappe au bas ventre et le perce de part en part.

Les Allemands pénétrent dans les fourrés sur plusieurs points à la fois.

Réunissant les hommes qui les entourent, les sous-lieutenant Knœpffler et Chomer essaient, chacun de leur côté, de s'ouvrir un passage pour sortir du bois. Le premier est frappé mortellement après avoir fait quelques pas. M. Chomer, plus heureux, réussit à s'échapper avec une poignée d'hommes. Les sergents-majors Verney et Lambert passent également sains et saufs.

Prise du bois de Mey par les Allemands.

A peine maîtres du bois, dont la prise leur a coûté d'énormes sacrifices, les Allemands garnissent la lisière de tirailleurs et dirigent un feu rapide sur nos batteries qui se trouvent prises d'enfilade et obligées de se replier. Bientôt après le feu cesse sur ce point, car la nuit étant tout à fait venue, on ne sait plus sur qui portent les coups.

Les Prussiens ramassent dans le bois une partie de nos blessés et font quelques prisonniers, mais plusieurs chasseurs profitent de l'obscurité pour s'échapper et rejoindre le bataillon.

Le capitaine Garcet, soutenu par une indomptable énergie, se traîne tout sanglant vers Mey. Il traverse la ligne des vedettes prussiennes sans répondre à leur appel, et complétement épuisé par un tel effort, va tomber à 100 mètres plus loin, près des sentinelles avancées du 64ᵉ. Quelques soldats de ce régiment le relèvent et le portent aux cacolets qui font le service de l'ambulance. Au milieu de la nuit, M. du Moriez profite de ce que la surveillance s'est un peu relâchée pour se glisser hors du bois. Aidé par le clairon Delor, qui ne l'a pas abandonné, il parvient à gagner nos ambulances.

Si les trois compagnies, chargées de garder le bois de Mey, n'ont pu le conserver jusqu'à la fin, elles l'ont du moins bien défendu. Sur 8 officiers qui y étaient entrés, 7 étaient morts ou blessés ; un seul, M Chomer, avait pu sortir de la bagarre sans une égratignure, mais ses vêtements étaient percés par plusieurs balles. 8 sous-officiers avaient été mis hors de combat. Un d'eux, le sergent Fravelle, n'avait quitté le terrain qu'après avoir reçu trois blessures. Le sergent-major Constant, chef du petit détachement de chasseurs du 17ᵉ bataillon, était atteint par un coup de feu. Enfin 95 caporaux ou chasseurs de ces trois compagnies avaient été mis hors de combat.

Pendant que ces compagnies luttaient avec tant de vigueur pour la défense du bois de Mey, la 3ᵉ compagnie et la 2ᵉ se trouvaient beaucoup plus à gauche avec les batteries d'artillerie. Tant que ces compagnies ne furent exposées qu'aux boulets et aux éclats d'obus, elles ne firent presque aucune perte. Les mitrailleuses avaient, dès leurs premières salves, dispersé les pelotons établis au-dessus de Nouilly. Bientôt après, elles s'étaient vues forcées de concentrer leur tir sur les batteries allemandes de Noisseville, car nos pièces de 4 ne suffisaient pas pour leur tenir tête. Cette circonstance favorisa les attaques dirigées contre le bois de Mey, en permettant aux réserves prussiennes d'avancer sans être inquiétées.

Pendant longtemps la canonnade fut très nourrie de part et d'autre, et nos pièces restèrent en action jusqu'à huit heures.

A ce moment, le bois étant définitivement occupé par l'ennemi, la position des batteries devient très critique. Les tirailleurs allemands, postés sur la lisière, prennent d'enfilade toute la ligne des pièces, qui sont obligées de se porter plus en arrière. Pendant que les compagnies de soutien suivent ce mouvement, M. Domenech, lieutenant de la 3e compagnie, est frappé d'une balle à la tête et tué sur le coup.

Malgré l'obscurité, l'ennemi remarque le mouvement de retraite des batteries. Il en profite pour faire avancer plusieurs colonnes. Le passage des pièces et des caissons à travers les troupes placées en arrière produit un moment de désordre, car les bataillons sont obligés de s'ouvrir pour leur faire place.

Le général Grenier, voyant ce flottement, se met à la tête du 43e, fait battre la charge, et, secondé par le colonel de Viville, enlève vigoureusement ce régiment. Les colonnes ennemies sont arrêtées, puis bientôt refoulées vers Servigny, qu'elles regagnent en essuyant un violent feu à volonté. Ce fut, sur cette partie du champ de bataille, le dernier épisode du combat. Notre 2e compagnie, qui n'avait plus de batterie à soutenir, prit part à ce retour offensif.

La nuit était devenue tout à fait obscure. Les troupes se trouvant mélangées et confondues, le général Grenier leur fait passer le mot d'ordre d'aller se former sur l'emplacement où elles avaient campé la nuit précédente.

Nous revenons donc, compagnie par compagnie, dans un pré voisin de Mey, et nous y restons pendant plus d'une heure, à quelques cents pas du bois, maintenant occupé par l'ennemi.

Le général Grenier, venu pour reconnaître les troupes qui se sont conformées à ses ordres, envoie la brigade camper sur les glacis du fort Saint-Julien, en l'avertissant de se tenir prête à reprendre avant le jour son mouvement vers la Moselle.

Nous ne restons donc pas longtemps sur les glacis de Saint-Julien. A deux heures du matin, on réveille les dormeurs sans faire aucune sonnerie et les troupes descendent silencieusement vers les ponts.

15 août.

Quelques heures après, la division était campée dans les prairies qui s'étendent entre Saint-Éloy et Woippy. Nous passons toute la journée du 15 en cet endroit, sans qu'il soit possible de communiquer avec le convoi engagé depuis la veille sur la route de Verdun. Le canon du fort Saint-Quentin, tirant à plusieurs reprises, nous indique que l'ennemi se montre sur la rive gauche.

Un armistice de quelques heures ayant été conclu sur le plateau de Saint-Julien pour permettre d'enterrer les morts, nous envoyons au bois de Mey des sous-officiers chargés de reconnaître les nôtres et d'en dresser la liste.

L'état de nos pertes pendant ce combat s'élève à 4 officiers tués ou mortellement blessés, 4 officiers blessés, 35 hommes de troupes tués ou blessés mortellement, 67 blessés et 11 disparus. En tout 8 officiers et 113 hommes hors de combat (1).

La 1re compagnie ayant perdu tous ses officiers, M. Dumarest en prend le commandement. M. de Traversay prend le commandement de la 5e, dont les deux officiers sont entrés à l'ambulance.

D'après les ordres donnés primitivement, toute l'armée devait coucher, le 15 août, sur les plateaux de la rive gauche. Le retard causé par le combat de Borny et l'encombrement des routes n'avaient pas permis au 4e corps d'exécuter ce programme.

Se trouvant en retard, il devait partir le 16, dès le point du jour, pour marcher vers la Meuse, en prenant à Gravelotte la route qui passe par Doncourt, Conflans et Etain.

16 août.

On ne peut cependant pas commencer le mouvement à l'heure prescrite, la route de Verdun, qu'il faut suivre jusqu'à Gravelotte, étant aussi encombrée que la veille.

Le général de Ladmirault prend alors le parti de lancer

(1) Voir l'état nominatif placé à la fin de cette partie.

ses troupes sur la route de Briey. La 3e division doit s'avancer jusqu'à Sainte-Marie-aux-Chênes, tandis que la 1re s'arrêtera à Saint-Privat.

La division Grenier et la cavalerie tournent à gauche au débouché des bois de Saulny, et s'engagent dans les chemins vicinaux conduisant à Amanvillers, à Verneville, à Jouaville et à Doncourt.

Elles longent, près de Verneville, quelques-uns des camps du 3e corps qui n'a pas encore commencé son étape.

Bataille de Rezonville.

Vers neuf heures, une vive canonnade se fait entendre à notre gauche, et l'on aperçoit, du côté de Vionville, les petits nuages de fumée blanche produits par les obus qui éclatent en l'air. Cela ne surprend personne, car on sait que la cavalerie prussienne a déjà passé la Moselle à Ars et à Pont-à-Mousson; mais on ne s'attend pas à une bataille sérieuse.

La division, accélérant sa marche, arrive avant onze heures à Doncourt, où son convoi l'attend depuis le matin.

Une patrouille du 2e chasseurs d'Afrique nous apprend que ce régiment, chargé d'éclairer la marche de l'armée, occupe le village de Jarny, situé à 2 kilomètres plus loin, sur la route d'Etain. Le 1er et le 3e chasseurs d'Afrique, formant le reste de la division du Barail, sont partis quelques heures auparavant pour escorter jusqu'à Verdun la voiture de l'empereur.

La brigade de Bellecourt s'établit entre Doncourt et Jarny. On dresse les tentes et les troupes se hâtent de faire le café, car le bruit du canon continuant à se faire entendre, on s'attend à prendre bientôt les armes.

En effet, nous recevons à midi l'ordre de nous porter en avant. La garde de police, les cuisiniers des compagnies, les ordonnances et les voitures restent au camp, les havre-sacs et les bagages sont laissés sous les tentes.

Nous gagnons le village de Bruville, situé sur les pentes d'un vallon, au delà duquel s'élève un grand plateau dont les crêtes sont couronnées par les vedettes de l'ennemi.

Nous traversons la vallée et nous montons sur le plateau avec la batterie de mitrailleuses, qui dissipe en quelques coups les escadrons sur lesquels ces vedettes se sont repliées à notre approche. Cette cavalerie et une batterie légère qui l'accompagne s'éloignent rapidement dans la direction de Mars-la-Tour.

Le plateau de Bruville.

Le plateau de Bruville présente à peu près la forme d'un triangle. Il est limité au nord-est par la vallée d'un ruisseau qui passe à Saint-Marcel et à Bruville avant de se jeter dans le ruisseau de Greyère, près du village de Jarny.

A l'ouest du plateau se trouve la vallée du ruisseau de Greyère, petit affluent de l'Yron qui naît près de Mars-la-Tour et descend au nord vers Jarny. Du côté du sud, le plateau de Bruville est terminé par un ravin profondément encaissé, au fond duquel coule un ruisseau dont les eaux vont tomber dans le ruisseau de Greyère.

La route de Metz à Verdun par Gravelotte et Mars-la-Tour se trouve à douze ou quinze cents mètres au delà de ce ravin, et l'espace qui les sépare est en grande partie couvert par les bois de Tronville. Ces bois forment deux massifs inégaux entre lesquels une grande percée donne un point de vue dans la direction de Vionville. A droite du plus petit des bois, et à quelques cents mètres en arrière de la route, se montre le village de Tronville, bâti sur le point culminant des crêtes. Mars-la-Tour est placé sur la route à environ deux kilomètres à l'ouest des bois de Tronville.

On ne trouve sur le plateau de Bruville d'autres habitations que la grande ferme de Greyère située sur les pentes qui descendent vers le ruisseau de ce nom. De l'autre côté de la vallée de ce cours d'eau, on voit un autre plateau nu et découvert aux environs de Mars-la-Tour, boisé dans la direction de Jarny.

La route de Mars-la-Tour à Jarny, signalée de loin par les files de hauts peupliers qui la bordent, court sur ce plateau parallèlement au ruisseau de Greyère.

Après avoir traversé le plateau de Bruville en marchant

vers le sud, nous arrivons vers deux heures au bord du ravin dont l'escarpement arrête les batteries de la division.

Le combat semble toujours acharné du côté de Vionville. En face de nous, des tirailleurs prussiens viennent d'entrer dans le petit bois de Tronville. La cavalerie allemande et la batterie qui l'accompagnait se sont repliées derrière Mars-la-Tour. D'autres escadrons se laissent voir auprès de Tronville.

Notre artillerie, qui ne peut franchir le ravin contre lequel elle est venue se heurter, prend position à quelques mètres des escarpements. Trois de nos compagnies, la 3e, la 4e et la 5e, sont placées comme soutien des batteries. La 1re et la 6e, très éprouvées au combat de Borny, sont laissées en réserve. La 2e compagnie, déployée en tirailleurs, couvre la droite d'un bataillon du 13e de ligne que le général Grenier dirige sur le grand bois de Tronville. Les Allemands sont bientôt rejetés de ce massif, mais ils se maintiennent dans le petit bois dont la lisière est fortement occupée par leurs tirailleurs.

Le 43e, établi plus à gauche, donne la main à une division de 3e corps qui vient d'entrer en ligne. Le 64e forme la réserve. Le 98e fait face à droite pour surveiller la vallée de Greyère.

Nos batteries dirigent leur feu quelquefois à droite contre la cavalerie de Mars-la-Tour, le plus souvent à gauche sur des colonnes d'infanterie et des batteries d'artillerie qui sont en arrière du bois. Bien qu'on voie des réserves de cavalerie se concentrer à Tronville, on ne tire pas de ce côté, parce que le drapeau des ambulances flotte au clocher de l'église.

Le combat reste quelque temps stationnaire sur cette partie du champ de bataille. On attend sans doute pour prononcer un mouvement les ordres du général en chef ou l'arrivée des autres divisions du 4e corps qui ont beaucoup de chemin à faire pour venir de Sainte-Marie et de Saint-Privat. La division Legrand, à laquelle le 2e chasseurs d'Afrique est venu se joindre, traverse le ruisseau de Greyère pour couvrir notre aile droite et contenir la cavalerie allemande toujours en vue près de Mars-la-Tour.

L'ennemi se tient sur la défensive et semble également attendre une heure fixée ou un signal convenu. Plusieurs batteries viennent se ranger près du chemin de Tronville à Mars-la-Tour, sans ouvrir leur feu. De nouveaux pelotons d'infanterie descendent de Tronville vers le petit bois situé au nord de la grande route. Le commandant Carré traverse alors le ravin et s'avance avec la 4e compagnie jusqu'à un chemin d'exploitation dont le revers nous donne une bonne embuscade à moins de 500 mètres de la pointe du bois. Deux compagnies du 43e, conduites par le capitaine d'Adhémar, étant venues se placer à gauche de la 4e compagnie, on forme une chaîne de tirailleurs qui dirigent leur feu sur la lisière du bois et sur les batteries qui sont rangées entre Tronville et Mars-la-Tour, à sept ou huit cents mètres du point que nous venons d'occuper. L'ennemi riposte, mais nous offrons peu de prise à ses coups. Ses batteries jusqu'alors silencieuses ouvrent leur feu auquel nos pièces restées sur le bord du ravin répondent aussitôt. Un échange de boulets et de mitraille se fait par-dessus nos têtes sans que nous ayons à en souffrir. Nos tirailleurs continuent à diriger leurs balles contre les canonniers allemands. Au bout de quelque temps l'ennemi, sans doute très incommodé par cette fusillade dont nous constatons souvent les effets, place une des batteries de Mars-la-Tour dans l'axe du chemin que nous occupons. Cette batterie ayant tout à coup ouvert un feu rapide, les obus viennent balayer les revers du talus que garnissent nos tirailleurs. La position devenant très périlleuse, le commandant Carré ordonne de battre en retraite. Le mouvement en arrière est d'autant plus nécessaire qu'il n'y a aucune réserve dans le ravin et qu'on voit apparaître, vers Mars-la-Tour, des troupes qui pourraient s'avancer dans cette dépression du sol pour nous couper la retraite.

Dès que nos tirailleurs se démasquent en quittant leurs embuscades pour se replier vers le ravin, l'ennemi redouble son tir, puis il fait avancer ses pièces qui traversent la route et viennent se placer contre le petit bois de Tronville. Nos batteries de 4 et nos mitrailleuses tirent à toute volée. Lorsque nous les rejoignons, après avoir traversé le ravin, elles ne se maintiennent qu'avec peine et au prix de grandes pertes.

A gauche, une forte colonne d'infanterie attaque au même instant le grand bois de Tronville et le reprend à la 2e compagnie et au bataillon du 13e qui l'avaient occupé quelques heures auparavant. Il est à peu près cinq heures.

Nos trois batteries sont très maltraitées par l'ennemi qui leur oppose un nombre supérieur de bouches à feu. Elles essaient vainement de changer d'emplacement pour dérouter les pointeurs allemands ; les obus les suivent de position en position et viennent toujours, avec une étonnante précision, tomber tout à côté de nos pièces.

Les batteries de 4 ayant épuisé leurs caissons se replient pour aller se ravitailler et pour reconstituer le personnel des servants, devenu tout à fait insuffisant. La 4e et la 5e compagnie les accompagnent. Les mitrailleuses du capitaine de Saint-Germain restent au bord du ravin et concentrent leur feu sur de fortes colonnes d'infanterie qui débouchent de Mârs-la-Tour. C'est une nouvelle brigade que l'ennemi fait entrer en ligne.

Attaque de la brigade prussienne de Wedell.

Une épaisse chaîne de tirailleurs, suivie de près par des colonnes de compagnie, sort des bois, des haies et des fossés qui la dissimulaient. Ces tirailleurs marchent rapidement et s'avancent jusqu'au ravin où les Allemands descendent en masse. Les mitrailleuses en fauchent des files entières sans les arrêter.

Le capitaine de Saint-Germain, voyant ses pièces compromises, les retire au galop pour aller se replier derrière les bataillons que le général Grenier amène à la rencontre de l'ennemi.

Le capitaine Chédeville a maintenu sa compagnie embusquée sur le bord du ravin. Voyant approcher les régiments de la brigade, il fait vivement appuyer ses chasseurs vers la droite, afin de démasquer le champ de tir.

Au moment où les Prussiens commencent à sortir du ravin, ils sont reçus par un feu qui foudroie la tête de leurs colonnes. Le 13ᵉ et le 43ᵉ, entre lesquels débouche en ce moment la division de Cissey accourant au pas de charge, s'avancent jusqu'au bord du ravin, qui devient le théâtre d'une lutte sanglante.

Les troupes, massées de part et d'autre, se fusillent à si faible distance que toutes les balles portent. En quelques instants, le terrain se couvre de morts et de blessés. Les Allemands, complétement écrasés, se retirent bientôt vers Tronville et Mars-la-Tour.

Plusieurs bataillons se jettent à leur poursuite et ramassent, dans le ravin, de nombreux prisonniers. Le 16ᵉ régiment prussien est presque entièrement détruit, le colonel et tous les officiers supérieurs sont morts, et son drapeau lui a été enlevé par la division de Cissey.

Notre 3ᵉ compagnie, placée à la droite du 13ᵉ de ligne, a pris part à cette sanglante mêlée. Entraînée par le capitaine Chédeville, elle s'est jetée à la poursuite des Allemands lorsque ceux-ci, décimés par la fusillade, ont été refoulés dans le ravin. Le clairon Oliger marche en tête et sonne la charge jusqu'au moment où une balle vient lui casser le bras.

Les chasseurs traversent le ravin en même temps que le second bataillon du 13ᵉ, et suivent, dans la direction de Tronville, l'ennemi qui tente de se rallier en arrière de la grande route.

Charge des dragons de la garde royale prussienne.

Tout à coup la compagnie est brusquement assaillie par un régiment des dragons de la garde prussienne. Cette cavalerie, lancée à fond de train, arrive sur la droite des chasseurs qui ont à peine le temps de se grouper pêle-mêle avec les soldats du 13ᵉ. Le capitaine Chédeville, violemment heurté par un cheval, va rouler tout étourdi sur le sol. Le sergent-major Sibeud vole à son aide et le protége en jouant de la baïonnette.

Nos tirailleurs, ralliés en petits pelotons, fusillent presque à bout portant les cavaliers qui s'écoulent dans les intervalles, avant d'aller se heurter contre les réserves massées un peu en arrière.

Un feu terrible, partant des rangs de cette réserve, écrase en un instant les dragons prussiens, dont l'élan est complétement rompu. Les débris de leurs escadrons se réfugient dans la direction de Tronville.

Une grande mêlée de cavalerie a lieu presque au même instant du côté du vallon de Greyère.

Combat de cavalerie devant Mars-la-Tour.

Le 2⁰ chasseurs d'Afrique, inquiété par une batterie postée sur la route de Jarny, à quelque distance en avant de Mars-la-Tour, charge ces pièces et réussit à sabrer les servants. Mais il est presque aussitôt assailli et ramené par un régiment prussien qui s'est porté à sa rencontre. Le général Legrand fait avancer plusieurs échelons, formés par le 2⁰ et le 7⁰ hussards, le 3⁰ dragons, les lanciers et les dragons de la garde. Ces grandes lignes déployées se heurtent, à plusieurs reprises, contre les brigades de la cavalerie prussienne.

Le lieutenant de Traversay porte rapidement de ce côté la compagnie qu'il a sous ses ordres.

Cessant de faire tirer contre une compagnie du 16⁰ régiment prussien, qui se replie sur Mars-la-Tour en se défilant dans le vallon de Greyère, il va s'établir près de la ferme, de manière à venir en aide à notre cavalerie. Les chasseurs de la 5⁰ compagnie, tirant à travers la vallée, criblent de balles les escadrons prussiens quand ils ramènent les nôtres ou quand ils s'avancent pour les charger.

Fin de la bataille.

A la chute du jour, vers sept heures et demie, le feu se ralentit, puis cesse tout à fait. L'ennemi s'est retiré sur Tronville et Mars-la-Tour, qui sont les clefs de ses positions, puisque ces villages commandent les ravins par lesquels ses forces débouchent sur le champ de bataille en arrivant des ponts de la Moselle.

La division de Lorencez survient en ce moment et nous relève sur le plateau de Bruville. La division Grenier retourne à Doncourt et nos chasseurs rentrent à la nuit tombante dans le camp, où ils peuvent enfin prendre un peu de repos et de nourriture.

Nos pertes ne s'étaient élevées, pendant cette journée, qu'à 6 hommes tués ou mortellement blessés, 13 blessés et 1 disparu (1).

Malgré le peu de distance qui sépare les avant-postes des deux armées, la nuit est tranquille et silencieuse. On dirait que des deux côtés on ne songe qu'à reprendre des forces pour mieux continuer la lutte au point du jour.

17 août.

Aussi le 17, toutes les troupes sont mises sous les armes dès le réveil. Chacun est convaincu que la bataille ne tardera pas à recommencer.

Cependant plusieurs heures s'écoulent sans qu'on entende un coup de canon et sans qu'on reçoive l'ordre de se mettre en mouvement.

Nous voyons passer, sur la route au bord de laquelle nous avons bivouaqué, les ambulances de la cavalerie qui évacuent Jarny et le château du Moncel pour se replier sur Metz.

Le bruit se répand bientôt que les coureurs prussiens ont coupé la route d'Etain et qu'ils se sont montrés à Conflans. Cette nouvelle ayant causé du désordre dans la colonne des blessés, la brigade s'établit face à l'ouest pour protéger le défilé de ce long convoi. Nous apprenons qu'on fait de même évacuer les ambulances de Bruville et de Doncourt.

Vers midi, la division de Lorencez revenant du plateau de Bruville sur lequel elle a couché, traverse Doncourt et continue se marche vers Jouaville. On emmène sous escorte quelques centaines de prisonniers appartenant tous au X⁰ corps allemand.

(1) Voir le détail à la fin du chapitre.

Marche de Doncourt à Amanvillers.

Bientôt après le passage de la 3ᵉ division, nous recevons l'ordre de partir pour Amanvillers. Notre marche est très lente car on se règle sur les allures des ambulances, auxquelles nous servons d'escorte.

Arrivés à Jouaville, nous dépassons la division de Lorencez qui s'est déployée face au sud pour repousser l'ennemi s'il essayait de nous suivre. Du reste, on n'aperçoit rien de suspect à l'horizon.

La division atteint vers quatre heures le village d'Amanvillers situé au pied d'une ligne de hauteurs rocheuses dans lesquelles on exploite de nombreuses carrières.

La partie orientale de ces hauteurs est couronnée par des bois portant le nom de bois de Vigneulles, bois de Sauny, et bois de Jaumont. La partie occidentale, dont le village de Saint-Privat-la-Montagne occupe le point culminant, est au contraire dénudée. Le chemin de fer de Metz à Verdun, encore inachevé, suit le pied de ces collines. D'un côté, il descend vers Metz par le ravin de Chatel-Saint-Germain ; de l'autre, il décrit une courbe pour se diriger vers Habonville et Jouaville.

Le général de Ladmirault établit son quartier général à Montigny-la-Grange et fait camper le 4ᵉ corps sur deux lignes. La première, formée par la division de Cissey et par la division Grenier, s'installe face au sud-ouest, à droite et à gauche d'Amanvillers. La seconde, formée par la cavalerie et par la division de Lorencez, occupe les hauteurs en arrière de la voie ferrée.

Peu de temps après notre arrivée à Amanvillers, nous voyons défiler devant nous tout le 6ᵉ corps qui abandonne Verneville, où il s'était d'abord établi, pour aller s'installer à notre droite sur les hauteurs de Saint-Privat.

Ce corps, très éprouvé dans la journée de la veille et dépourvu de réserve d'artillerie, est envoyé à l'aile droite pour se trouver moins exposé dans le cas où l'on aurait à livrer une nouvelle bataille.

Le mouvement que l'on vient d'exécuter est donc un changement de front en arrière, pendant lequel on a pivoté sur le 2e corps dont la gauche occupe Rozérieulles, presque aux portes de Metz.

La soirée et la nuit se passent tranquillement.

On reçoit pendant la nuit l'ordre d'établir immédiatement des mémoires de proposition permettant de remplir les vides que les combats du 14 et du 16 ont faits dans presque tous les corps. Ce travail doit être envoyé dès le réveil aux commandants des corps d'armée.

18 août.

Pendant la matinée du 18, on ne signale rien d'inquiétant. Cependant notre cantinier, parti la veille au soir pour aller s'approvisionner à Moulins-les-Metz où il a passé la nuit, affirme, lorsqu'il rentre au camp vers dix heures, qu'il a vu très distinctement de fortes colonnes prussiennes en marche du côté de Saint-Marcel et de Doncourt.

A neuf heures, l'intendance avait réquisitionné nos voitures pour les envoyer chercher des vivres. Elles accompagnent les prolonges d'artillerie qui vont prendre, à Metz, un ravitaillement de munitions.

On pense qu'après le retour de ce convoi l'armée reprendra son mouvement par les routes de Briey et de Thionville.

La sécurité paraît tellement complète qu'une crête qui se trouve à 500 mètres au sud-ouest d'Amanvillers n'est pas même occupée par une grand'garde, bien qu'on puisse de cet endroit observer les bois de la Cusse et ceux des Génivaux.

Cependant, au moment où les troupes se préparent à se rassembler pour l'appel de midi, quelques vedettes de cavalerie reviennent au galop nous annoncer l'approche de l'ennemi.

Le commandant Carré fait aussitôt sonner l'appel sans attendre l'heure habituelle. L'artillerie attelle rapidement ses pièces qui sont parquées à côté de nous. Des paysans, fuyant devant les Prussiens, arrivent en ce moment et confirment le dire des vedettes. Quelques coups de canon se font entendre dans la direction du sud.

Bataille de Saint-Privat ou de Gravelotte.

Nos batteries divisionnaires, déjà prêtes, se portent au trot vers la crête qui arrête notre vue. Le bataillon les accompagne pour les soutenir. En arrivant sur la hauteur, nous apercevons en effet des colonnes d'infanterie s'avançant entre le bois de la Cusse et le bois des Génivaux. Les plus rapprochées sont à douze ou quinze cents mètres de nous. L'artillerie allemande semble déployée contre Montigny. Plusieurs pièces changent de position pour nous faire face aussitôt que nous apparaissons sur la hauteur où nos batteries s'arrêtent et commencent un feu rapide. Les mitrailleuses, qui entrent en ligne quelques instants après, déciment les servants et les attelages des batteries allemandes les plus rapprochées de nous; nos canons de 4 démontent plusieurs de leurs pièces.

Les colonnes d'infanterie qui venaient à Verneville s'arrêtent et vont chercher un abri dans les bois de la Cusse. L'artillerie se maintient assez longtemps, mais après une heure de lutte, elle est obligée de changer de position en abandonnant sur le terrain quelques-unes de ses pièces.

Position de la brigade en face des bois de la Cusse.

Les régiments de notre brigade ayant fait avancer plusieurs compagnies déployées, nous appuyons à droite pour leur faire place, et comme nous suivons, dans cette marche de flanc, le chemin de la Folie à Habonville, nous nous rapprochons sensiblement des bois de la Cusse, dont la lisière paraît fortement occupée par l'infanterie qui s'est jetée dans ces taillis.

Le chemin de fer, qui décrit derrière nous une courbe dont Amanvillers occupe le sommet, se dirige à notre droite vers les bois de la Cusse, dont l'angle est coupé par une tranchée à peu de distance d'Habonville.

Une maison de garde-barrière, située en avant du bois,

nous indique le point où le chemin sur lequel nous sommes placés coupe la voie ferrée.

La division de Cissey vient prendre position à notre droite, à cheval sur le chemin de fer.

Le commandant Carré organise définitivement la ligne de tirailleurs qui doit occuper le chemin en la formant de quatre compagnies : à droite la 2e, capitaine Régnier ; au centre la 3e, capitaine Chédeville, et la 1re, lieutenant Dumarest ; à gauche, la 5e, lieutenant de Traversay. La 4e, qui a passé la nuit à la grand'garde, et la 6e sont laissées en réserve à quelques cents mètres en arrière.

Prise de possession de deux pièces ennemies près des bois de la Cusse.

Pendant que le bataillon appuyait à droite pour faire place au 13e de ligne, un chasseur de la 2e compagnie, nommé Hamoniaux, réussissait à se glisser jusqu'aux pièces abandonnées par l'ennemi à peu de distance des bois de la Cusse. Ces pièces se trouvant en ce moment vis-à-vis du 13e de ligne, un caporal et un clairon de ce régiment vont rejoindre Hamoniaux et s'assurent avec lui que deux des pièces sont en bon état. Ils reviennent aussitôt prévenir notre artillerie divisionnaire qui envoie immédiatement des attelages pour les enlever. L'opération, protégée par une section du 13e de ligne, réussit parfaitement, et ces deux canons sont acheminés vers l'arsenal de Metz. Pendant ce temps, nos compagnies, postées le long du chemin d'Habonville, échangent une vive fusillade avec les soldats allemands embusqués sur la lisière du bois de la Cusse. La 2e compagnie qui, par suite de l'obliquité du chemin, se trouve la plus rapprochée de l'ennemi, éprouve des pertes sensibles, mais elle réussit à refouler les tirailleurs qui tentent plusieurs fois de déboucher du bois pour traverser la tranchée du chemin de fer et pour venir occuper la maison du garde-barrière. A gauche du bois, le duel d'artillerie, un instant interrompu, n'a guère tardé à recommencer. Les batteries prussiennes envoient une quantité d'obus, dont beaucoup vont tomber derrière nous, jusque dans nos camps.

Le 3ᵉ corps, établi à notre gauche, a commencé le combat presque en même temps que nous, dans la direction du bois des Génivaux et de la ferme de Moscou. La ligne de feu semble maintenant s'étendre à notre droite, vers Sainte-Marie et Saint-Privat, occupés tous les deux par le 6ᵉ corps. Plusieurs batteries allemandes viennent successivement se placer à droite des bois de la Cusse, au-dessus de la tranchée du chemin de fer. Vers trois heures, nos pièces, qui ont épuisé leurs derniers caissons en répondant à ces feux convergents, sont obligées de se retirer pour attendre l'arrivée des munitions qu'on est allé chercher à Metz. Plusieurs heures se passent encore sans que, devant nous, l'ennemi puisse gagner du terrain. Notre fusillade ne lui permet pas de sortir du bois de la Cusse. Mais à notre droite, nous le voyons progresser continuellement. Ses tirailleurs réussissent à se jeter dans la maison du garde-barrière, d'où ils nous font beaucoup de mal. La ligne des batteries prussiennes s'allonge devant Habonville et commence à former un arc de cercle convergent sur Saint-Privat et Amanvillers.

L'artillerie du 6ᵉ corps tient énergiquement sur la hauteur, mais on voit qu'elle est écrasée par la supériorité numérique de l'ennemi.

Nos tirailleurs continuent à battre la lisière du bois pour empêcher les Allemands d'en sortir. La consommation des munitions est considérable, et les quatre compagnies sont à deux reprises ravitaillées par le caisson du bataillon (1). Nous avons déjà beaucoup de blessés. Le sous-lieutenant de la 3ᵉ compagnie, M. Molle, a reçu une balle au milieu du front, le sergent-major Sibeud a le bras fracassé.

Vers six heures, l'attaque devenant plus vive à notre droite, on fait avancer des renforts. La division de Lorencez se porte jusqu'à notre hauteur, et le 2ᵉ bataillon de chasseurs s'établit à la gauche de nos tirailleurs. Un ba-

---

(1) Dans son rapport officiel, le prince Frédéric-Charles mentionne les pertes énormes que ce feu à grande portée causa aux régiments hessois postés dans le bois de la Cusse. Il dut vers six heures les faire appuyer par une brigade de la garde royale, car ils se trouvaient hors d'état de concourir à l'offensive générale.

taillon du 54e, conduit par le colonel et le lieutenant-colonel de ce régiment, s'avance en bataille, drapeau déployé, jusqu'à l'étroit chemin que nous occupons, et où nous sommes dès lors entassés les uns sur les autres. Les Allemands, qui ont vu ces renforts se porter sur la ligne des tirailleurs, les accablent de projectiles qui labourent le sol en éclatant autour de nous.

Offensive des Allemands à notre droite contre Saint-Privat.

Les batteries prussiennes établies à droite du bois de la Cusse s'avancent maintenant par échelons en faisant un feu terrible qui finit par éteindre celui des batteries du 6e corps. Notre attention se porte de ce côté, car les mouvements de l'ennemi deviennent fort inquiétants. De nombreux bataillons, s'avançant au pas de charge d'Habonville vers Saint-Privat, gagnent rapidement du terrain. Ils arrivent bientôt à notre hauteur, puis nous dépassent. La division de Cissey est obligée d'exécuter un changement de front, l'aile droite en arrière pour éviter d'être prise à revers. Les batteries prussiennes font un feu violent sur tous les points occupés par nos troupes, plusieurs maisons de Saint-Privat et d'Amanvillers commencent à brûler.

Cependant la marche des bataillons allemands contre Saint-Privat s'est tout à coup arrêtée. Leurs échelons restent couchés dans les sillons à une faible distance du village pendant que l'artillerie, tirant au-dessus d'eux, continue son feu infernal. La fumée qui voile les murs de clôture et les maisons de Saint-Privat, prouve que le 6e corps tient encore, mais son artillerie est complétement réduite au silence. Nous voyons un moment apparaître sur la hauteur la cavalerie qui s'avance pour charger. Du point où nous sommes, nous entendons ses cris de : En avant! En avant! Mais elle est presque aussitôt refoulée sur Amanvillers par les projectiles de l'ennemi.

Le soleil disparaît en ce moment à l'horizon, la nuit approche; il est environ sept heures.

Depuis quelque temps, nous sommes complétement débordés sur notre droite, mais le mouvement de l'ennemi semble arrêté.

Prise de Saint-Privat par les Allemands.

Soudain, nous voyons tous ses bataillons se relever et reprendre leur marche. Ils se portent cette fois d'un seul bond sur Saint-Privat où ils pénétrent.

A ce moment, plusieurs obus viennent tomber au milieu de la masse d'hommes entassés dans le chemin où le bataillon du 54e est venu nous rejoindre. Ils sont envoyés par les batteries qui ont cessé de tirer sur Saint-Privat depuis que les Allemands y ont pénétré. Libres de leurs mouvements, elles viennent de changer de front pour enfiler et balayer le chemin que nous occupons. Nous n'avons pas une pièce de canon pour leur répondre et nos armes sont impuissantes à cette distance. La situation devient critique, car nous voyons les débris du 6e corps abandonner Saint-Privat. L'ennemi gagne déjà du terrain sur les hauteurs qui sont derrière nous.

Protégée par le tir des batteries qui nous criblent d'obus, l'infanterie allemande débouche en même temps du bois de la Cusse. C'est une brigade de la garde royale qui vient de relever les Hessois que notre fusillade a jusqu'alors tenus en échec.

Retraite sur les hauteurs d'Amanvillers.

Si l'on avait commencé plus tôt le mouvement de retraite, on aurait pu se replier tranquillement par échelons, ou même exécuter un changement de front en arrière, reportant l'aile droite du 4e corps sur les hauteurs d'Amanvillers. Menacé comme on l'est à présent de se trouver coupé par l'ennemi déjà maître de Saint-Privat, il faut regagner au plus vite la colline, sous peine de voir les Allemands y arriver avant nous.

Du reste, la situation est critique même sur le point que nous occupons. Les obus, qui viennent de trois côtés à la fois labourer le plateau, font à chaque minute des victimes au milieu d'une ligne de tirailleurs tellement épaisse que, dans les endroits un peu abrités, les hommes sont sur quatre ou cinq rangs de profondeur. Le sergent-major Lambert, de la 5ᵉ compagnie, a le bras fracassé et presque coupé par un éclat de projectile. Un flottement commence à se manifester et il est à craindre, si l'on tarde à prendre un parti, qu'une déroute ne se produise dans cette agglomération d'hommes battus de face par une fusillade nourrie et pris d'écharpe et de revers par une quantité d'obus.

Le colonel du 54ᵉ et le commandant Carré ordonnent donc la retraite sur Amanvillers.

Cette retraite, commencée au pas gymnastique, dégénère bientôt en course tumultueuse.

Le capitaine Chédeville et le lieutenant de Traversay tentent de réagir contre la panique qui peut en résulter. Ralliant la 3ᵉ et la 5ᵉ compagnie, ils essaient de se porter à la rencontre de l'ennemi pour couvrir le mouvement de retraite du reste de la ligne. Quelques officiers du 54ᵉ, entre autres le sous-lieutenant Valette qui porte le drapeau du régiment, se joignent à eux et amènent un groupe de leurs soldats. Ces officiers, se plaçant à la tête de la petite troupe qu'ils ont réunie, l'entraînent aux cris de : En avant!

Mais que pouvait cet effort d'une poignée d'hommes contre le flot de tirailleurs sortant du bois de la Cusse pendant qu'une autre ligne ennemie, masquée jusqu'alors par la tranchée du chemin de fer, débouche sur la droite et menace de leur couper complétement la retraite? Ce dernier échelon se voit donc bientôt obligé de se replier sous une pluie de balles et d'obus. Il s'arrête encore à Amanvillers dont il essaie de défendre la première enceinte. Les officiers disposent leurs soldats derrière un long mur de clôture qui les abrite à peine du feu de l'ennemi.

Plusieurs maisons d'Amanvillers sont en ce moment la proie des flammes, entre autres, une grande ambulance dans laquelle plusieurs blessés périssent victimes de l'incendie allumé par les obus prussiens.

Le général de Ladmirault, qui a reçu les troupes à la sortie d'Amanvillers, les fait rallier et leur indique la position que chaque corps doit aller prendre.

Le capitaine Chédeville, entendant les clairons du bataillon qui sonnent le ralliement sur les hauteurs qui dominent le chemin de fer, se décide à abandonner Amanvillers. Les tirailleurs allemands se sont arrêtés sur les positions que nous occupions avant la retraite et n'essaient pas de pousser plus loin leur mouvement offensif.

La 3e compagnie et la 5e rejoignent le reste du bataillon près des Carrières où la brigade de Bellecourt prend position.

A ce moment, la garde impériale débouche des bois de Saulny. Si elle était arrivée quelques heures plus tôt pour appuyer les troupes du maréchal Canrobert, Saint-Privat n'aurait peut-être pas été enlevé par l'ennemi. Maintenant il est trop tard pour reprendre l'offensive; la nuit est venue. Les batteries de la garde se déploient cependant sur la hauteur et tirent quelques salves qui empêchent les Allemands de continuer leur marche. Le feu cesse bientôt après sur toute la ligne. Le champ de bataille, devenu silencieux, n'est plus éclairé que par les flammes qui dévorent les villages autour desquels on s'est battu.

Les troupes sont épuisées et n'ont presque plus de munitions. Le 6e corps fait sa retraite par la route de Briey sur Saulny et Woippy.

Le général Bourbaki, voyant qu'il n'y a plus rien à faire, pour le moment, ordonne à la garde de retourner sur le plateau de Plappeville.

Retraite sur Metz.

Le 4e corps commence alors à se retirer vers Metz. Ses deux premières divisions ont perdu dans cette journée leurs bagages et leur matériel. Les havre-sacs, laissés sous les tentes au moment où les troupes avaient pris les armes, le campement, les registres des conseils d'administration, les bagages des officiers, qu'on aurait probablement sauvés si l'intendance n'avait pas disposé de nos voitures, tout est perdu. Chacun est strictement réduit à ce qu'il porte sur lui, les hommes n'ont plus ni vêtements de rechange, ni pain, ni vivres de réserve.

Notre camp avait beaucoup souffert pendant toute l'après-midi. Les obus y étaient venus tomber en si grand nombre qu'une partie des hommes de la garde de police avaient été tués ou blessés, et que beaucoup de tentes avaient été renversées ou lacérées par les éclats des projectiles.

Les pertes du bataillon s'étaient élevées pendant cette journée à :

OFFICIERS	TROUPE		
Blessés	Tués ou morts de blessures	Blessés	Disparus
2	27	78	6
2	111		

Après ces affaires du 14, du 16 et du 18 août, le bataillon est réduit à 12 officiers et à 525 hommes disponibles.

A dix heures du soir, la brigade de Bellecourt se met en marche pour descendre vers Lorry. La route est encombrée par les troupes qui se rallient et par les ambulances dont le défilé est à chaque instant suspendu ou arrêté.

Nous traversons, vers onze heures, le village de Lorry qui semble désert et inhabité; toutes les maisons sont hermétiquement closes et l'on n'aperçoit pas un filet de lumière à travers les fentes des volets. A quelque distance au delà de Lorry, nous tournons à droite et nous suivons la route de Saulny à Metz jusqu'à la Ronde, où le bataillon achève de passer la nuit dans une grange dépendant de la maison de campagne du collége des Jésuites.

Le lendemain, dès le réveil, on s'occupe de pourvoir aux besoins les plus urgents des soldats qui, à jeun depuis vingt-quatre heures, n'ont rien à manger.

On réussit à leur procurer du lard et du biscuit et à leur faire une distribution d'eau-de-vie.

Dans l'après-midi, ils reçoivent des tentes et des couvertures de campement. Au lieu de havre-sac, on leur donne un étui-musette. On a plus de peine à remplacer les marmites qui font complétement défaut dans les magasins du campement. On y supplée comme on peut avec des ustensiles de toute forme et de toute dimension. Quatre jours après notre rentrée dans le camp retranché, nos pertes matérielles sont suffisamment réparées pour qu'on puisse se remettre en mouvement.

Du 19 au 25 août. — Camps du Coupillon et de la Bonne Fontaine.

Le 19, le bataillon était allé bivouaquer sur les hauteurs du Coupillon, à droite de la route de Saulny.

Le lendemain, il quitte cet emplacement et traverse la route pour aller camper dans le vallon de la Bonne-Fontaine.

Le 6e corps est campé à notre droite entre la route de Saulny et la Moselle, le 3e corps est établi à notre gauche sur les hauteurs de Plappeville.

Nous faisons face au nord, comme si nous devions tenter de déboucher dans la direction de Thionville.

Depuis le 20 août, le blocus est formé et nous ne savons plus rien de ce qui se passe au dehors. On s'occupe pendant plusieurs jours de retrancher nos positions, et l'on construit quelques batteries sur les points qui commandent la vallée de Saulny.

Dans la soirée du 25, le 4e corps reçoit l'ordre de se mettre en mouvement le lendemain matin pour aller passer la Moselle aux ponts de Chambière, et monter ensuite sur le plateau de Saint-Julien.

26 août. — Mouvement vers Saint-Julien.

La pluie tombe pendant une partie de la nuit, aussi lorsque nous nous mettons en route les chemins sont en mauvais état.

Les ponts se trouvant en nombre insuffisant pour toutes

les colonnes de troupes qui débouchent à Chambière par des chemins différents, le passage dure beaucoup plus longtemps qu'on ne l'avait prévu.

Nous sommes forcés de nous arrêter une première fois au passage à niveau de la gare Devant-les-Ponts, pour laisser défiler l'artillerie de la garde, dont le mouvement est déjà commencé. En arrivant à Chambière, nous trouvons l'accès des ponts obstrué par des régiments du 6e corps, qui attendent le moment où ils pourront passer.

La pluie, menaçante depuis le matin, recommence à tomber. Il est plus de deux heures quand nous pouvons enfin traverser la Moselle et gravir, sous une violente averse, la rampe de Saint-Julien. Arrivés sur le plateau, nous allons prendre position dans le voisinage de Mey, et nous y restons longtemps l'arme au pied. La pluie ne cesse pas de tomber et contrarie les mouvements de l'artillerie qui s'embourbe dans les champs.

Le 3e corps, campé depuis la veille sur la rive droite, a occupé le plateau, sans coup férir, jusqu'au ravin de Vallières. Une compagnie du 1e bataillon de chasseurs garde le bois de Mey, près duquel un grand nombre de tertres fraîchement remués marquent les sépultures des soldats tués à l'affaire du 14 août.

On entend tirailler mollement du côté de Charly et de Villers-l'Orme ; partout ailleurs règne un calme complet.

A cinq heures, on nous apporte l'ordre de retourner au Coupillon.

Le 4e corps, le 6e et la garde regagnent, en conséquence, les ponts de la Moselle qui sont encore très encombrés.

Le bataillon, formant la tête de la division, peut dresser ses tentes, vers neuf heures du soir, sur les emplacements qu'elles occupaient la veille ; mais les régiments de la brigade Pradier ne rentrent dans leur camp qu'à deux heures du matin.

Du 27 au 30 août. — Camp de Lorry.

Le 2e et le 3e corps étant restés sur la rive droite de la Moselle, nous recevons dans la matinée du 27 l'ordre de nous étendre vers les hauteurs de Plappeville, qui ne sont plus occupées.

Nous cédons notre camp à la division Levassor-Sorval et nous allons nous installer à quatre ou cinq cents mètres plus à gauche, la brigade de Bellecourt en première ligne sur le coteau, à quelque distance en arrière de Lorry ; la brigade Pradier en seconde ligne dans la vallée. La division de Lorencez monte à Plappeville, et la division de Cissey va occuper Moulins-les-Metz.

Ce mouvement s'exécute par une pluie torrentielle qui fait déborder tous les ruisseaux de ces vallons, et qui rend l'installation des troupes difficile et pénible.

Installation d'une grand'garde à la croisée des chemins de Saulny et de Woippy.

A partir du 27, nous envoyons chaque jour à la croisée des chemins de Saulny et de Woippy une compagnie de grand'garde qui détache un petit poste chargé de surveiller la vallée de Saulny, et particulièrement la tuilerie que les Allemands font souvent occuper par un poste avancé.

La route de Saulny est coupée à la croisée par une forte barricade liée à un retranchement qui court tout le long du chemin de Lorry à Woippy.

De leur côté, les Prussiens travaillent avec une très grande activité sur le coteau de Saulny. Ils font des abatis, des tranchées et construisent plusieurs batteries à Plenoy, à Fèves et à Sémécourt.

Le 29, nous recevons vers cinq heures du soir l'ordre de lever le camp le lendemain matin pour retourner sur le plateau de Saint-Julien. Mais on apporte pendant la nuit un contre-ordre motivé par l'état des routes, qui sont impraticables à l'artillerie.

Pendant la journée du 30, arrivent les lettres d'avis des nominations faites pour remplir les vacances qui existent dans le cadre des compagnies.

Par arrêté du 24 août :

M. Chabert est nommé commandant du 9e bataillon de

chasseurs. M. de Traversay·est nommé capitaine à la
1ᵉ compagnie, en remplacement de M. Humbert, tué à
l'ennemi. M. Villa est nommé sous-lieutenant à la 3ᵉ compagnie, en remplacement de M. Domenech, tué à l'ennemi.

Le sergent-major Lambert, blessé grièvement le 18 août
et amputé quelques jours après, est nommé sous-lieutenant
au bataillon, ainsi que le sergent-fourrier Mariani, qui est
aussi retenu à l'ambulance par une blessure.

Le bataillon reçoit en outre, comme lieutenant de la
1ᵉ compagnie, M. Bernault, venu des sous-lieutenants du
14ᵉ bataillon, dont une compagnie fait partie de la brigade
Lapasset.

Il perd l'adjudant Lamm, le sergent-major Sibeud, blessé le 18 août et amputé, le sergent-major Verney et le sergent Louvel de Monceaux, qui sont nommés sous-lieutenants dans d'autres corps.

Ces nominations entraînent une forte promotion de
sous-officiers et de caporaux, d'autant plus que ceux qui
semblent devoir être retenus longtemps à l'ambulance
sont mis à la suite et remplacés.

On reçoit pendant la nuit l'ordre de se mettre en marche
le lendemain dès le réveil, pour exécuter le mouvement
qu'on avait d'abord dû faire dans la matinée du 30. Un des
régiments de notre division, le 64ᵉ, est désigné pour garder
Lorry et les retranchements que nous avons construits
auprès de ce village. Le 9ᵉ de ligne, appartenant au
6ᵉ corps, doit occuper Woippy et s'étendre sur la gauche
pour donner la main au 64ᵉ.

31 août. — Nouveau mouvement vers le plateau de Saint-Julien.

A cinq heures du matin, nous nous mettons en mouvement. Cette fois, les mesures ont été mieux prises : le
nombre des ponts a été augmenté. De plus, le temps
s'étant remis au beau depuis le 29, les routes ont séché,
on marche mieux et plus vite.

A huit heures, la division débouchait sur le plateau et

prenait position à cheval sur la route de Sainte-Barbe, à quelque distance en arrière de la chapelle de la Salette.

Le bataillon se trouvait réduit à cinq compagnies, la 3e compagnie, capitaine Chédeville, étant depuis la veille de garde au trésor. Les convois des corps et les fourgons du trésor avaient été attelés et s'étaient massés à Chambière, tout prêts à suivre le mouvement de l'armée, si on réussissait à percer les lignes d'investissement.

D'après les rumeurs du moment, le plan du maréchal Bazaine était de se diriger sur Thionville par les routes de Boulay et de Bouzonville.

On savait vaguement que l'armée du maréchal de Mac-Mahon s'était portée vers le nord et qu'elle devait nous donner la main. Bien des personnes supposaient même que notre mouvement, déjà essayé le 26, n'était qu'une feinte ayant pour but d'attirer sur la rive droite toutes les forces prussiennes, afin de faire dégarnir la rive gauche par laquelle l'armée de Châlons devait venir à nous.

Ce qui semble donner quelque valeur à cette interprétation, c'est que nous ne nous pressons pas d'attaquer l'ennemi placé en face de nous. On le laisse tranquillement se grossir de tous les renforts qui lui arrivent.

Nous recevons même l'ordre de faire la soupe, ce qui indique qu'on n'agira pas avant plusieurs heures.

Notre artillerie s'est cependant mise en batterie, mais elle reste silencieuse comme celle de l'ennemi qui lui fait face. Nous voyons distinctement les pointeurs allemands immobiles à leur poste. Ils semblent nous observer et se régler sur nous.

Deux de nos compagnies, la 4e et la 6e, se déploient en tirailleurs et vont se coucher dans les sillons, l'une à quatre cents mètres en avant de nos pièces, l'autre un peu plus loin sur la gauche, à mi-distance, entre cette première ligne et les batteries.

Les trois autres compagnies se forment en colonne à droite de l'artillerie, dont l'aile gauche est appuyée à la route.

Le 43e est placé un peu en arrière, à droite de la route, le 98e est à gauche, se tenant à la même hauteur, le 13e de ligne est allé occuper Villers-l'Orme.

La division de Cissey, placée à droite de la division Grenier, s'étend au delà du bois de Mey. La division de Lorencez est en seconde ligne à trois ou quatre cents mètres derrière nous.

Vers midi, le 6e corps débouche au-dessous des bois de Grimont et se déploie en éventail ; la droite suit le pied des hauteurs qui s'étendent du bois de Grimont à Villers-l'Orme et à Failly ; la gauche, appuyée à la Moselle, marche sur Malroy, où les Prussiens ont établi un pont de bateaux et un camp.

Il est facile de constater que, depuis la tentative du 26, l'ennemi a pris ses mesures pour repousser une attaque. Des batteries de position ont été construites sur les hauteurs à Malroy, à Charly, à Failly, à Poixe, à Servigny et à Noisseville. Elles forment un arc dont les feux convergent sur le chemin de Sainte-Barbe et sur celui de Bouzonville.

On n'entend pas un seul coup de fusil sur les plateaux occupés par le 3e et par le 4e corps, mais dans la vallée de Chieulles, le 6e corps tiraille contre les avant-postes ennemis qu'il est obligé de refouler pour atteindre les emplacements qu'on lui a dit d'occuper.

A deux heures, le maréchal Bazaine, accompagné d'un nombreux état-major et suivi d'un gros peloton d'escorte, vient s'établir à cent pas de nous, près de la chapelle de la Salette. Nous voyons arriver les commandants des corps d'armée qu'il a fait appeler pour tenir conseil ou pour leur donner ses instructions. Les chefs d'état-major et les généraux de l'artillerie grossissent encore ce groupe brillant qui semble défier les pointeurs ennemis toujours immobiles auprès des pièces rangées entre Poixe et Servigny. Il est inconcevable que cette troupe de cavaliers, signalée de loin par les fanions multicolores des généraux, n'attirent pas leur attention.

Le conseil terminé, les commandants des corps d'armée retournent auprès de leurs troupes et nous apprenons que l'attaque doit commencer à quatre heures.

Le maréchal Bazaine examine le terrain qui se trouve devant nous, fait élever un épaulement à gauche du chemin de Sainte-Barbe, et donne l'ordre d'y amener des pièces de 12.

On se hâte de faire ce travail, et à quatre heures le canon du fort Saint-Julien donne le signal de l'attaque.

Combat de Servigny.

Le feu s'allume aussitôt sur toute la ligne et les batteries, qui depuis le matin s'observaient en silence, échangent de furieuses volées. Le fort Saint-Julien mêle la grosse voix de ses pièces de 24 au bruit plus strident des canons de campagne et au crépitement des mitrailleuses. A droite, le 3e corps se met en mouvement pour se porter sur Montoy et Noisseville. Quant à nous, couchés dans les sillons à la droite ou en arrière de nos batteries, nous attendons le moment où l'on donnera l'ordre de marcher en avant.

Pendant plus de deux heures, ce duel d'artillerie se soutient avec acharnement. Nos canonniers, admirables de calme et de sang-froid, éprouvent de grandes pertes, mais se maintiennent en position. Vers six heures, le général de Cissey, remarquant que l'explosion incessante des obus commence à énerver les troupes, prend le parti de lancer sa division contre Servigny. D'ailleurs le jour baisse et il est bien temps de commencer le mouvement si l'on veut agir avant la nuit.

Se mettant avec le commandant Copri à la tête du 20e bataillon de chasseurs, le général de Cissey pousse droit sur Servigny. Les quatre régiments de sa division, déployés en échelons, suivent le 20e chasseurs.

Quelques minutes plus tard, nous voyons venir à nous un officier d'artillerie, envoyé par le général de Cissey, pour demander qu'on appuie son attaque. En effet, les positions paraissent bien défendues et la distance à parcourir sous le feu de l'artillerie ennemie est considérable.

Sans attendre les ordres des généraux de notre division, le commandant Carré n'hésite pas à prêter au général de Cissey le concours qu'on lui demande. Il forme en colonne par peloton, sur un rang, les trois compagnies qu'il a sous la main : Ire compagnie, capitaine de Traversay ; 2e, capitaine Régnier ; 5e, lieutenant Dumarest, et leur donne comme direction le village de Servigny, qui paraît tout illuminé par les feux du canon et de la mousqueterie.

Le fort Saint-Julien tire à toute volée par-dessus nos têtes pour appuyer l'attaque, mais nos batteries de campagne prennent un moment de repos pendant que nous les masquons. Le 43e suit le mouvement et s'avance en bon ordre derrière nous.

Après une marche rapide sur un terrain battu par les obus, nous rejoignons bientôt les derniers échelons de la division de Cissey, dont la tête vient d'aborder le village de Servigny que le 3e corps attaque en même temps par le côté sud.

Au moment où nous venions de traverser le chemin de Nouilly à Villers-l'Orme, ie commandant Carré voit que nous allons être masqués par un bataillon du 57e qui appuie fortement à gauche pour déborder Servigny. Il fait aussitôt changer de direction dans le but de traverser le chemin de Sainte-Barbe pour s'avancer sur Poixe par la gauche de cette route. En ce moment deux pièces, mises en batterie sur le chemin sans que nous les ayons remarquées malgré le peu de distance qui nous en sépare, ouvrent leur feu qui balaie la chaussée. Ne voulant pas leur présenter le flanc des pelotons, ainsi qu'on allait le faire, le commandant ordonne de reprendre la direction primitive et de se porter en avant.

A cet instant, alors que, le premier mouvement étant exécuté, les clairons commencent à sonner la charge, le commandant Carré reçoit une balle qui lui traverse le cœur et tombe entre les bras des sapeurs qui l'escortent.

Le docteur Suquet, accouru en toute hâte, ne trouve plus qu'un corps inanimé.

Le mouvement dont l'impulsion est donnée continue.

Le capitaine de Traversay enlève vigoureusement la Ire compagnie placée en tête de colonne. Les trois pelotons traversent la route en obliquant un peu vers la gauche et envahissent le camp prussien établi entre Poixe et Failly. Quelques compagnies du 57e s'y réunissent à nous.

L'ennemi s'est retiré précipitamment, laissant sur le terrain des armes, des havre-sacs, et un certain nombre de blessés, entre autres un officier qui repousse, avec une vive expression de haine, les soins que veut lui donner le docteur Géniaux. Les deux pièces de canon qui tiraient un instant auparavant pour défendre l'entrée du camp ont été repliées à notre approche. La fusillade s'est ralentie devant nous, mais elle continue à notre droite, du côté de Servigny, et se fait entendre sur la gauche, auprès de Failly.

Ce village de Failly se trouve caché dans un bas-fond dominé au nord et à l'est par des collines boisées où l'ennemi a construit plusieurs batteries, et au sud par le plateau que nous venons d'occuper.

Nous nous portons de ce côté pour profiter de l'avantage que nous donne le commandement du terrain et venir en aide aux troupes du 6ᵉ corps qui s'avancent sur Failly par le fond du vallon. Mais le jour a tellement baissé que les méprises sont à craindre; même à faible distance, on ne sait plus sur qui l'on tire.

Plusieurs clairons viennent de faire entendre notre sonnerie : *Cessez le feu*. Est-ce une ruse de l'ennemi qui veut se dégager tranquillement? Est-ce l'effet d'un ordre donné à notre droite dans la division de Cissey? On l'ignore, mais la sonnerie est répétée et le feu cesse presque aussitôt sur toute la ligne, sauf dans l'intérieur de Servigny, où l'on entend encore quelques décharges.

La nuit est à peu près complétement venue. Il eût été dangereux de pénétrer dans le village de Failly, même dans le cas où l'ennemi l'aurait eu complétement évacué, car le village, commandé de trois côtés différents, pouvait devenir une véritable souricière.

On s'exposait en outre à recevoir, par suite de méprises, les feux d'un régiment du 6ᵉ corps qui tirait de temps à autre sur Failly, d'où l'ennemi ne répondait plus. Quelques-uns de nos chasseurs furent même touchés par des balles qui devaient venir du 6ᵉ corps.

Le capitaine de Sourdeval, appelé à prendre le commandement par suite de la mort du commandant Carré, fait en conséquence remonter sur le plateau les deux compagnies qui se sont avancées jusqu'auprès du village.

Le combat a cessé. Les troupes mélangées cherchent à se réunir par corps; on entend même sonner le refrain de quelques régiments.

Ayant appris que le 43e se trouve près de la route à une centaine de mètres en arrière, nous allons nous placer auprès de lui pour attendre des ordres. Le 38e est formé en colonne derrière le 43e. Le 13e est resté à Villers-l'Orme. Les compagnies de partisans des régiments d'infanterie s'établissent devant nous comme postes avancés.

Vers dix heures, l'aide de camp du général de Bellecourt apporte l'ordre de se rapprocher de Villers-l'Orme. Nous bivouaquons quelque temps après à droite de l'auberge qui s'élève à l'angle de la route de Sainte-Barbe et du chemin de Mey. Le 43e et le 98e campent un peu plus en arrière, l'un à droite, l'autre à gauche de la route de Sainte-Barbe, tandis que le 73e, de la division de Cissey, vient bivouaquer à côté de nous. La nuit n'est troublée que par quelques feux de peloton qui éclatent à deux reprises différentes du côté de Servigny. Les corps placés en première ligne signalent de temps en temps que l'ennemi reçoit des renforts et qu'on entend incessamment rouler ses voitures d'artillerie.

<h3 style="text-align:center">1er septembre.</h3>

Au point du jour, tout le monde est sur pied. La division de Lorencez va relever en première ligne la division de Cissey dont quelques corps, le 20e chasseurs entre autres, ont beaucoup souffert la veille.

Vers cinq heures, le feu commence sur plusieurs points à la fois, mais il est bientôt ralenti, puis interrompu complétement par un épais brouillard qui s'élève de la vallée de la Moselle et s'étend, pendant plusieurs heures, sur toute la campagne.

Lorsque ce voile se dissipe, on reconnaît que les Prussiens ont habilement profité de la nuit et de l'interruption du feu causée par le brouillard pour gagner du terrain et pour tourner ou reprendre sans coup férir une partie des positions qu'on leur avait enlevées la veille. Ils nous opposent une artillerie considérablement renforcée, et le nombre de leurs bataillons semble avoir doublé pendant la nuit.

Les pièces de 12 établies derrière l'épaulement de Villers-l'Orme et les batteries de campagne placées à la même hauteur, à droite de la route, tiennent tête à l'artillerie allemande. La division Grenier restant en réserve à Villers-l'Orme, le bataillon, désigné pour faire l'office de soutien des batteries, se place à gauche des pièces, sur le versant du coteau.

De cet endroit, nous dominons les villages de Chieulles et de Vany, en avant desquels le 6ᵉ corps essaie de continuer le mouvement de la veille. L'ennemi est revenu occuper pendant la nuit les tranchées qui défendent l'approche de Failly.

Les tirailleurs disputent longtemps le terrain, mais malgré l'appui que leur donne la grosse artillerie du fort Saint-Julien, les pièces de campagne du 6ᵉ corps ne peuvent lutter contre les fortes batteries de position qui garnissent la ligne de Charly, Failly, Sainte-Barbe.

La division de Lorencez, engagée devant Poixe et Servigny, perd peu à peu du terrain. Les batteries de Servigny ont été de nouveau occupées par l'ennemi et tirent avec vigueur.

Le combat consistant surtout en un échange de boulets, se maintient à peu près stationnaire jusqu'à onze heures. Vers midi, le 6ᵉ corps, dont l'artillerie est en partie démontée, commence à se rapprocher de Metz, tout en refoulant, par des feux de salve, l'ennemi qui tente de le suivre.

La division de Lorencez se replie également et fait sa retraite dans le meilleur ordre. Le combat du 3ᵉ corps se prolonge un peu davantage autour de Noisseville. Le fort Saint-Julien et nos batteries de 12 tirent à toute volée pour protéger la retraite des troupes qui se replient par échelons, jusqu'à ce qu'elles aient repris les positions qu'elles occupaient la veille avant l'attaque.

Le maréchal Bazaine, placé près du château de Grimont avec son état-major, fait avancer la garde impériale pour couvrir le mouvement, mais l'ennemi ne semble pas disposé à s'engager sur le plateau, comme il l'avait fait le 14 août.

Le canon cesse bientôt de se faire entendre, mais on voit des tourbillons de flammes et de fumée s'élever au-dessus des villages incendiés par les obus.

A trois heures, le maréchal Bazaine donne l'ordre de faire rentrer les troupes dans leurs camps.

Laissant le 2e et le 3e corps sur la rive droite, le reste de l'armée descend vers les ponts de la Moselle.

Nous arrivons vers cinq heures dans notre camp, où la 3e compagnie, relevée de la garde du trésor, nous attendait depuis quelque temps. Le capitaine Chédeville prit aussitôt le commandement du bataillon.

Nos pertes s'étaient élevées pendant le combat de Servigny à :

OFFICIERS		TROUPE		
Tués	Blessés	Tués ou morts de blessures	Blessés	Disparus
1	2	10	25	1
3		36		

Le docteur Suquet avait été fortement contusionné par une balle pendant que, sans se soucier du danger, il prodiguait ses soins à nos blessés.

2 septembre. — Enterrement du commandant Carré au cimetière de Metz.

Dans l'après-midi du 2 septembre, tous les officiers du bataillon, sauf ceux qui sont de service au camp, se rendent à Metz avec une députation des sous-officiers et des chasseurs pour assister aux obsèques du commandant Carré.

Lorsque le commandant s'était affaissé, frappé au cœur par une balle, quelques-uns de nos sapeurs s'étaient élancés pour le recevoir dans leurs bras. L'un d'eux, Fourmageat, vieux soldat médaillé, fut tué pendant qu'ils le portaient contre les revers du fossé de la route.

Le docteur ayant constaté que tous les secours étaient inutiles, les sapeurs voulurent du moins mettre sa dépouille mortelle à l'abri de la mêlée. Ils transportèrent le corps à l'ambulance de Grimont, où les plus anciens le veillèrent pendant toute la nuit.

La mère et les sœurs du commandant Carré habitaient à Metz, et, depuis le 14 août, ces dames n'avaient cessé de prodiguer les soins les plus dévoués aux officiers blessés du bataillon. Dès le point du jour, le docteur Suquet s'était rendu chez Mme Carré pour la préparer au coup terrible qui allait la frapper, et quelques heures après, nos sapeurs lui apportaient le corps inanimé de son malheureux fils.

Le service funèbre fut célébré dans la chapelle de l'hôpital militaire. Après l'office, nos sapeurs enlevèrent le cercueil qu'ils portèrent eux-mêmes au cimetière. Là, sur le bord de la fosse encore ouverte, le capitaine Chédeville prit la parole pour adresser au commandant les derniers adieux de son bataillon. En succombant glorieusement aux portes de sa ville natale, assiégée par l'ennemi, le commandant Carré échappa du moins à la douleur de voir la noble cité lorraine arrachée violemment à la France pour devenir une dépendance de l'Empire allemand.

Du 1er au 8 septembre.

Après notre retour dans les camps de la rive gauche, nous menons une vie monotone. L'insuccès final des trois journées de Metz, le défaut d'entente et de direction qui a caractérisé les dernières tentatives de sortie, commencent à causer de l'inquiétude Depuis le 19 août, les communications avec l'extérieur sont complétement interrompues, et chacun reste sans nouvelles des siens, sans nouvelles du maréchal de Mac-Mahon, dont nous espérons encore le concours; sans nouvelles de la France que nous savons envahie par d'autres armées aussi nombreuses que celles qui investissent Metz.

Nous restons sur une défensive complète. Les corps fournissent chaque jour de nombreuses corvées de travailleurs, qui achèvent les terrassements des forts et perfectionnent les retranchements tracés en avant de nos camps.

De leur côté, les Prussiens remuent beaucoup la terre et construisent des tranchées et des batteries pour renforcer les lignes d'investissement. Nous entendons souvent gronder l'artillerie des forts, qui cherche à disperser leurs travailleurs en envoyant à d'énormes distances les boulets des pièces de 24. C'est le seul acte d'hostilité qui se produise, les coups de fusil sont rares aux avant-postes. Depuis la fin d'août, chaque régiment a organisé une compagnie de partisans, mais les reconnaissances et les patrouilles que ces compagnies font pendant la nuit ne produisent pas grand résultat, l'ennemi se tenant attentivement sur ses gardes.

Compagnies d'éclaireurs et de partisans.

Quelques jours après le combat de Servigny, on organise au quartier général du 4ᵉ corps une compagnie d'éclaireurs, composée d'un peloton de cavaliers et d'une section de 25 hommes prise dans chacun des bataillons de chasseurs du corps d'armée. Le détachement du bataillon est commandé par M. Villa, qui a sous ses ordres le sergent Poirot et le caporal Zuccarelli.

La compagnie d'éclaireurs, dont le capitaine d'état-major de la Tour-du-Pin est l'organisateur et le chef, doit surveiller, pendant la nuit, la zone de terrain qui sépare nos avant-postes des lignes d'investissement formées par l'ennemi.

Les conséquences du blocus ne tardent pas à se faire sentir. Les troupeaux qu'on a fait entrer dans le camp retranché sont bientôt consommés ; depuis le 3 septembre, la viande de cheval a remplacé celle de bœuf. Le fourrage et l'avoine manquant, on nourrit les chevaux avec les feuilles des arbres, les pampres des vignes et l'herbe qui pousse au bord des chemins.

Le temps s'était remis à la pluie peu de jours après le combat de Servigny. Du 5 au 10 septembre, il tombe des torrents d'eau qui changent en une boue gluante les terres au milieu desquelles nous sommes campés.

Canonnade du 9 septembre.

Dans la soirée du 9, pendant un de ces orages, nous entendons le canon gronder de plusieurs côtés à la fois. Ce sont les batteries prussiennes qui viennent d'ouvrir le feu contre nos forts. Ceux-ci ne tardent pas à répondre et, malgré l'obscurité, le feu continue pendant une heure et demie.

La canonnade, très nourrie d'ailleurs, produit peu d'effet, car les obus n'arrivent pas jusqu'aux camps établis dans la vallée. Seuls, les postes avancés du plateau et les villages de Tignomont et de Plappeville reçoivent quelques projectiles. Cette tentative de bombardement ne fut jamais renouvelée.

Première nouvelle de la bataille de Sedan.

Le lendemain, de sinistres nouvelles commencent à circuler dans les camps. On affirme que l'armée du maréchal de Mac-Mahon, enveloppée par l'ennemi après avoir perdu une grande bataille, s'est vue forcée de mettre bas les armes. Les uns accueillent ces bruits avec consternation, d'autres refusent formellement d'y ajouter foi.

Malheureusement cet immense désastre est confirmé quelques jours plus tard. L'ennemi nous renvoie, par suite d'un échange de prisonniers, deux ou trois cents soldats de l'armée de Mac-Mahon, qui ont tous été pris à Beaumont ou à Sedan. Le doute n'est plus possible, et la fatale nouvelle ne tarde pas à être officiellement annoncée.

14 septembre. — Changement de camp près de Lorry.

Le 14 septembre, le temps s'étant remis au beau et la terre ayant séché, nous changeons une dernière fois de camp. Nous nous approchons de Lorry et nous cédons les emplacements que nous quittons à la brigade Pradier, établie jusqu'alors dans un terrain trop bas et sujet aux inondations.

15 septembre. — Réduction des rations.

Le 15, la ration de pain est réduite à 500 grammes, ce qui indique que les ressources des magasins militaires commencent à diminuer. Cependant on ne voit aucun préparatif faisant pressentir qu'on s'apprête à sortir de l'énervante position dans laquelle nous sommes.

Seules, les compagnies de partisans continuent à battre le terrain qui s'étend jusqu'aux lignes de l'ennemi. Des coups de feu sont parfois échangés entre les petits postes les plus avancés, et le canon des forts continue à déranger les travailleurs allemands.

On vit sur place, consommant pour la nourriture des chevaux les sarments après les pampres, brûlant, pour se chauffer ou pour faire la cuisine, les arbres déjà dépouillés de leur récolte et de leur feuillage, envoyant à la boucherie les chevaux qui sont hors d'état de marcher.

Du 15 septembre au 1ᵉʳ octobre.

Au milieu du mois de septembre, on avait fait de nouvelles promotions pour remplir les vides existant dans les cadres.

Arrivée de M. le commandant Renaud.

Le 17, M. Renaud, chef de bataillon au 67ᵉ, était venu prendre le commandement du bataillon. Nous perdons à la même époque un excellent officier, M. Chédeville, nommé chef de bataillon au 73ᵉ. M. Chomer nous quitte quelques jours après en passant lieutenant au 2ᵉ bataillon de chasseurs. M. Bonzon, lieutenant au 11e chasseurs, vient remplacer le capitaine Chédeville à la 3e compagnie. Deux de nos sergents-majors. MM. Gouniault et Bridon, sont nommés sous-lieutenants au bataillon. Malgré ces nominations, le cadre des présents est toujours très incomplet. Il manque dix officiers qui n'ont pu rejoindre le bataillon, qui se trouvent détachés, ou qui sont encore retenus à l'ambulance par leurs blessures.

Le temps étant constamment beau pendant la deuxième quinzaine de septembre, on espère que l'armée va enfin se mettre en mouvement. Le commandant Renaud s'occupe en conséquence à faire réparer, le plus possible, les pertes matérielles éprouvées dans la journée du 18 août.

On commande à Metz des chemises, des caleçons et des gilets de tricot ; on fait fabriquer par un industriel les marmites, les bidons et les gamelles que les magasins de l'Etat n'ont pu fournir. Un atelier organisé dans le camp confectionne des guêtres. L'habillement et la chaussure sont réparés et remis en bon état. On est bientôt équipé de manière à pouvoir marcher au premier ordre. Cependant le temps s'écoule ; les vivres deviennent de plus en plus rares. Le 3e corps tente le premier de petites opérations pour aller se ravitailler en dehors de ses lignes. Le 23 septembre, il exécute un fourrage à Lauvallier. Le 27, le 2e corps et le 3e font une opération plus importante du côté de Peltre et de Mercy. La division de Cissey opère de son côté quelques coups de main en avant de Moulins. Le 30, le 3e corps va fourrager vers Chieulles et Vany ; la division de Lorencez s'empare de Lessy et s'y maintient.

Les Prussiens ont pris le parti de livrer aux flammes les villages où nous allons nous ravitailler. Peltre et Mercy sont complétement détruits par des incendies qu'on aperçoit de tous nos camps.

Du 1er au 7 octobre.

Le 1er octobre, des partisans du 6e corps surprennent le château de Ladonchamps, d'où l'on rapporte des journaux allemands contenant d'importants détails sur ce qui se passe en France. C'est ainsi qu'on apprend la chute de Strasbourg et l'investissement de Paris.

Plusieurs des corps allemands qui étaient le 18 août à la bataille de Saint-Privat sont maintenant devant Paris, mais sept corps et une forte division de réserve forment l'armée qui investit Metz. Cela fait une réunion de plus de 200,000 combattants et l'armée qui entoure Paris est plus nombreuse encore !

C'est donc une invasion complète ! Toutes les forces de l'Allemagne ont débordé sur notre pauvre France si mal organisée et si peu préparée à faire la guerre !

Le 4 octobre, nous recevons des ordres qui semblent présager une tentative de départ. Les bagages sont réduits à une seule voiture par corps. Les batteries d'artillerie, qui ont perdu une grande partie de leurs attelages, ne se composent que de quatre pièces. Les cavaliers démontés, au nombre de 5,000, resteront à Metz pour renforcer la garnison.

7 octobre. — Combat de Woippy.

Le 7, nous recevons, à dix heures du matin, l'ordre de prendre les armes pour concourir à un mouvement qui doit être fait dans la vallée de la Moselle.

S'agit-il de forcer le passage pour gagner Thionville ? Veut-on simplement enlever quelques villages pour en tirer des approvisionnements ? On n'en sait rien et le plan, s'il en existe un, est ignoré de ceux qui doivent concourir à son exécution.

La brigade Pradier, à laquelle le bataillon se trouve adjoint, doit occuper la lisière des bois de Woippy pour couvrir la gauche de la garde et du 6e corps qui vont opérer dans la vallée de la Moselle.

Les tentes restent dressées, ce qui n'indique pas un projet de sortie poussée bien à fond, mais l'effectif mis en mouvement est beaucoup plus considérable que dans les petites opérations précédentes.

A midi, pendant que le 6e corps partant de Woippy et de Saint-Eloy s'avance dans la vallée de la Moselle, la brigade Pradier traverse le vallon de Saulny, vis-à-vis la ferme du Chêne, et pénètre dans le petit bois qui se trouve sur la pente du versant opposé.

Ayant atteint le plateau sans avoir aperçu une seule vedette ennemie, la brigade entre dans le grand bois qui est encore plus fourré que le petit taillis déjà traversé.

Le bataillon, qui ouvre la marche, est formé en colonne à distance entière, les compagnies déployées sur un rang. Au milieu de ces broussailles, il est très difficile de garder les distances et l'alignement. Le fourré est tellement épais qu'un peloton perd souvent de vue celui qui le précède immédiatement.

La 6e compagnie formant l'avant-garde tombe sur le chemin de Woippy à Noroy, en face d'une clairière défrichée et mise en culture qui s'étend jusqu'à l'extrémité du bois. Cette compagnie traverse le terrain découvert et se jette dans les taillis à droite de la clairière.

La 3e compagnie et la 4e, qui débouchent sur le chemin au même endroit que la 6e, vont occuper le petit massif qui se trouve à gauche de cette percée. Sur ce point, la lisière du taillis n'est qu'à deux cents mètres d'un poste ennemi placé dans la tuilerie de Villers. On voit distinctement les soldats prussiens qui se hâtent de garnir les murs et les retranchements qu'ils ont préparés. Dès que les deux compagnies conduites par le capitaine Bonzon et par le capitaine Coulon apparaissent au bord du bois, elles sont accueillies par une vive fusillade partant de la tuilerie et des tranchées qui s'y rattachent. Les chasseurs embusqués derrière les arbres répondent au feu de l'ennemi. Tandis que ces trois compagnies s'établissent sur la lisière nord du bois de Woippy, les autres, qui ont appuyé trop à droite en traversant les fourrés, sont venues tomber sur le chemin de Noroy, dans le voisinage de l'étang.

La 1re s'établit en réserve au fond de la clairière, la 2e et la 5e se portent en arrière de la pièce d'eau, sur une éminence qui domine le bois et d'où l'on peut suivre l'ensemble de l'action.

Pendant une demi-heure, la 3e compagnie et la 4e échangent une vive fusillade avec le poste de la tuilerie. Malgré les arbres qui les abritent, plusieurs chasseurs sont blessés,. entre autres le sergent-major Poli, de la 4ᵉ compagnie, qui est frappé mortellement à la tête. Un peloton sorti de la tuilerie s'étant avancé derrière une haie pour tourner le bois par la gauche, en même temps qu'un détachement que l'on voit descendre de Plenois, les deux compagnies vont alors prendre un peu plus en arrière une position moins aventurée.

La fusillade continue longtemps encore à travers les fourrés. Le capitaine Coulon, atteint par une balle qui lui traverse la cuisse, est obligé de quitter le terrain en remettant au sous-lieutenant Clère le commandement de la 4ᵉ compagnie.

Pendant cet engagement un combat très vif se livre sur la droite, autour de la ferme Sainte-Agathe, que la brigade Gibon (25ᵉ et 26ᵉ de ligne) n'enlève pas sans peine.

La division des voltigeurs de la garde s'avance au même moment dans la vallée et marche sur les fermes des Tappes.

De l'autre côté de la Moselle, le 3ᵉ corps doit également prendre part à la lutte, car les batteries de Malroy, de Charly, de Failly et de Servigny font un feu roulant auquel le fort Saint-Julien répond avec vivacité.

Le fort de Plappeville canonne les batteries de Fèves et de Sémécourt qui criblent d'obus les échelons des voltigeurs de la garde.

Vers quatre heures, l'ennemi ayant reçu des renforts. essaie de prendre l'offensive sur plusieurs points.

Les compagnies du bataillon qui occupent les bords de la. clairière du bois de Woippy se voient menacées par des réserves dont le mouvement commence à se dessiner. Le commandant Renaud envoie demander des renforts. A cet instant, un bataillon du 98ᵉ, placé un peu plus à gauche sur la lisière du bois, dirige sur l'ennemi un feu à volonté et s'élance ensuite à la baïonnette pour le refouler.

La 3ᵉ et la 4ᵉ et une partie de la 1ʳᵉ et de la 6ᵉ compagnie prennent aussitôt part à cette charge conduite par le commandant Renaud, le capitaine Bonzon et le sous-lieutenant Clère. Elles rejettent les Allemands vers la tuilerie. On les suit jusqu'aux tranchées dans lesquelles ils se sont réfugiés et les chasseurs y font quelques prisonniers, entre autres un jeune enseigne qui est saisi au collet et désarmé par le caporal Vernet, de la 4e compagnie.

Revenues après ce retour offensif sur la lisière du bois qu'elles défendent avec le 98e, nos compagnies échangent une fusillade avec l'ennemi qui occupe les murs de la tuilerie et plusieurs embuscades préparées aux alentours.

Le sergent-fourrier Marie, de la 6e compagnie, est en ce moment tué d'une balle à la tête.

Les voltigeurs de la garde ont occupé pendant ce temps les fermes des grandes Tappes et des petites Tappes; mais les voitures de l'administration qui s'avancent pour enlever les fourrages et les grains qu'elles renferment sont arrêtées par les obus et ne peuvent arriver jusque-là. Ces projectiles finissent par incendier les granges qu'on voulait vider.

A cinq heures, la garde commence à se retirer par échelons et le 6e corps se conforme à ce mouvement, après en avoir prévenu le général Pradier, qui doit se maintenir sur les hauteurs tant que la garde et le 6e corps ne seront pas complétement repliés.

Après le mouvement offensif qui a dégagé le bois, le commandant Renaud et le commandant Séveno, du 98e, ont échelonné de nouveau leur ligne de tirailleurs le long de la clairière Ils s'y maintiennent jusqu'au moment où le général Pradier, voyant le mouvement de retraite assez avancé dans la vallée, leur envoie l'ordre d'abandonner le bois pour venir prendre position sur les hauteurs qui sont en arrière.

La brigade y forme plusieurs échelons que les Allemands n'essaient pas d'inquiéter.

A six heures et demie, quand le jour commence à baisser, ces échelons se retirent tour à tour vers la vallée de Saulny.

Avant de quitter ce terrain, les soldats se chargent d'une récolte de pommes de terre qu'ils arrachent dans les champs que l'on traverse.

Nous rallions dans le vallon le 13e de ligne qui est venu s'y établir pendant que le 43e occupait Lorry et Vigneulles.

A la nuit tombante, le bataillon regagnait son camp. Il avait perdu dans cette journée 1 officier mortellement blessé, 5 sous-officiers ou chasseurs tués ou mortellement blessés et 10 autres blessés.

Retour du mauvais temps.

Le lendemain de cette sortie le temps, constamment beau depuis plus d'un mois, se remet à la pluie. Le mauvais temps, qui va durer sans interruption jusqu'à la catastrophe finale, a pour effet de supprimer le service des ballons-courriers auxquels nous confiions les certificats de vie adressés à nos familles, à défaut de nouvelles détaillées.

A Metz, la situation est devenue bien grave. Les vivres sont rares et très chers. On commence à craindre la disette. La ration de pain est réduite à 300 grammes et l'on cesse de bluter les farines pour augmenter le rendement des grains. La ration de viande est par compensation portée à 750 grammes, car on ne peut plus nourrir les chevaux qui meurent chaque jour en grand nombre. Les malheureuses bêtes ayant épuisé les feuillages et les sarments dans l'intérieur du camp retranché, sont réduites à grignoter l'écorce des arbres auxquels on les attache. Les chevaux de troupes, réunis à la même corde, se rongent entre eux la queue et la crinière. Le pluie qui tombe sans discontinuer depuis le 9 octobre, et la boue dans laquelle ils piétinent sans vouloir se coucher, en font périr un grand nombre avant qu'on ait le temps de les conduire à l'abattoir.

Aux souffrances morales, que le soldat éprouve depuis le commencement du blocus, viennent se joindre les privations matérielles et les souffrances physiques.

La pluie fait de tous nos camps des cloaques fangeux. Les soldats, dépourvus de vêtements de rechange, ne peuvent arriver à sécher les habits qu'ils ont sur le dos. Lorsqu'ils sont de grand'garde, ce qui revient tous les six jours, ils sont obligés, pour suppléer aux manteaux qui leur manquent, de s'envelopper dans une tente-abri ou dans une couverture de campement. En revenant de la grand'garde, il faut planter les tentes au milieu d'une épaisse couche de boue, et cependant, à quelques minutes de notre camp, se trouve le grand et beau village de Lorry, où l'on pourrait loger et abriter toute la brigade.

Le pain, dont on ne reçoit qu'une ration insuffisante, renferme autant de son que de farine. Le sucre, le riz et le sel font complétement défaut. La privation de sel est particulièrement pénible, car les aliments, préparés sans cet indispensable condiment, sont tellement fades qu'on ne les mange qu'avec dégoût.

Chaque nuit, des soldats dépassent les avant-postes, et vont, au risque de se faire enlever par l'ennemi, récolter quelques pommes de terre dans le voisinage des bois de Woippy.

Fausse dépêche du 11 octobre.

Le 11 octobre, une nouvelle, rapidement colportée dans tous les camps, vient relever pendant quelques heures le moral qui s'affaisse. On se passe de main en main la dépêche suivante, qui vient d'être affichée dans la ville de Metz et publiée par un journal : « Trois victoires sous « Paris. — 180,000 hommes hors de combat. — L'armée « prussienne en retraite sur Châlons. — Les francs-tireurs « des Vosges et de la Franche-Comté, au nombre de « 30,000, ont repris Lunéville et marchent sur Nancy. — « Communications coupées. — Que Metz attende ; on ar-« rive. »

Pour expliquer l'exagération évidente du chiffre de 180,000 hommes mis hors combat, on raconte que l'on a fait sauter les carrières de Montrouge, au-dessus desquelles plusieurs corps de l'armée prussienne avaient leurs bivouacs.

On ne peut savoir quelle est la provenance de cette dépêche, dont les autorités n'ont eu connaissance qu'en la voyant sur les murs. On prétend qu'elle a été remise par un employé du chemin de fer à un prisonnier que les Prus-siens renvoyaient à Metz par suite d'un échange.

Quoique les renseignements recueillis aux avant-postes

soient d'une nature bien différente, beaucoup de gens s'endorment ce jour-là en se berçant de douces illusions.

Canonnade du 14 octobre.

Dans la soirée du 14, on entend dans le lointain le grondement d'une canonnade qui se prolonge pendant toute la nuit. Autant qu'on peut en juger, ce bruit vient de la direction de Briey ou de Verdun. L'émotion devient grande, lorsqu'au point du jour la canonnade redouble d'intensité et paraît se rapprocher.

Le temps est moins mauvais que les jours précédents, mais un épais brouillard couvre la campagne et voile l'horizon.

Tous les camps sont en émoi. Les soldats, croyant à la coopération d'une armée de secours, attendent le signal du départ et sont pleins d'entrain. Ceux qui pensent à la dépêche du 11 soutiennent que ce sont les francs-tireurs des Vosges qui s'avancent entre la Meuse et la Moselle.

Les camps prussiens semblent partager notre alerte, et les avant-postes redoublent de vigilance. Une sentinelle de notre grand'garde, s'étant démasquée pendant un instant, est aussitôt frappée par une balle.

Vers midi, le bruit du canon cesse de se faire entendre. L'espoir d'être secouru s'évanouit bientôt.

On sait vaguement que des négociations sont engagées entre le quartier général et l'état-major de l'armée prussienne, mais on ignore le but et la marche de ces pourparlers.

Quelques jours après la canonnade du 15, le bruit court que Thionville et Verdun ont capitulé. La chute de ces places ferme les deux routes par lesquelles on avait songé à s'ouvrir un passage.

Agonie de l'armée de Metz du 15 au 28 octobre.

Les journées s'écoulent lentement dans l'incertitude et le découragement. Le temps est redevenu plus détestable que jamais. Les chevaux, épuisés et affamés, meurent par centaines. Les hommes s'affaiblissent par suite de l'insuffisance de la nourriture, et par suite des fatigues causées par les intempéries. Le service des grand'gardes est extrêmement pénible. Les terrassements des forts sont achevés, mais il faut maintenant aller chercher le bois de chauffage à une grande distance dans les bois de Vigneulles. Ces voyages faits à travers des terrains défoncés par la pluie sont bien fatigants, mais ce mouvement est encore préférable à l'inaction qui laisse les hommes couchés pendant des journées entières sous leur petite tente au milieu de la fange et de la boue. L'état sanitaire laisse bien à désirer. Les hôpitaux de la ville regorgent de blessés et de malades, et cependant nous ne pouvons obtenir qu'on mette à notre disposition une des maisons de Lorry, dans laquelle il serait facile d'établir une infirmerie. Les forces physiques et morales de l'armée s'affaiblissent rapidement, et chaque jour qui s'écoule diminue les chances qui nous restent de sortir les armes à la main.

On n'est plus en état de tenter un effort comme celui du 31 août ou même comme celui du 7 octobre. L'artillerie pourrait à grand'peine mettre sur pied quelques attelages qui ne marcheraient pas pendant trois jours de suite.

C'est dans ces tristes conditions que nous attendons l'issue des négociations engagées. On nous fait espérer tout d'abord que l'armée sera libre de se retirer en Algérie ou dans le midi de la France, et chacun croit que la fin de la guerre est prochaine.

Les vivres arrivent cependant à leur dernière limite. A partir du 20 octobre, il ne reste plus de pain. On distribue, pendant deux jours, aux divisions du 4ᵉ corps, de la graine de trèfle qui, bouillie dans l'eau sans aucun assaisonnement, donne un triste brouet. Il ne reste plus après cela que la viande des chevaux anémiques et quelques morceaux de biscuit, dernière réserve des magasins de la place.

Les soldats supportent les souffrances et les privations avec patience et résignation. On veut espérer encore un dénouement acceptable; mais le roi de Prusse rejette, après de longs pourparlers, les conditions demandées par le maréchal Bazaine.

De nouvelles négociations sont aussitôt entamées avec le prince Frédéric-Charles, car la disette qui règne dans la ville comme dans les camps force à chercher quand même une solution immédiate.

Le 27, nous apprenons avec douleur que les conditions qu'on se flattait encore d'obtenir sont refusées. Nos dernières illusions s'envolent avec notre dernier espoir. L'armée va capituler et entraîner dans son désastre la ville de Metz qui ne peut plus se défendre elle-même.

Capitulation de Metz. — 28 octobre.

Cette nouvelle répand une morne consternation dans les camps, où bien des officiers et des soldats avaient espéré qu'on tenterait encore une fois la fortune des armes, si l'on ne pouvait obtenir des conditions acceptables.

Il fallut cependant exécuter les clauses de cette douloureuse capitulation.

L'armée de Metz était déclarée prisonnière, ses armes et son matériel devenaient la proie du vainqueur! Nos malheureux soldats allèrent, pendant la journée du 28, déposer leurs fusils dans ces forts qu'ils avaient contribué, par deux mois de travaux et de corvées, à mettre dans un état formidable.

Le lendemain, jour à jamais néfaste dans la mémoire de l'armée française, nos pauvres bataillons sont conduits sur la ligne des avant-postes, où les officiers, dévorant leurs larmes, sont obligés de les abandonner et de les livrer aux Prussiens.

Le 5ᵉ bataillon de chasseurs cesse d'exister. . . . .

Le bataillon emmené en captivité.

Après avoir bivouaqué dans les boues glacées de la plaine d'Amanvillers, nos malheureux chasseurs, partagés en trois détachements, furent envoyés à Posen, à Neisse et dans l'île de Vesel. L'état-major du général Kummer, qui venait de s'installer à Metz en qualité de gouverneur, accordait des saufs-conduits aux officiers qui prenaient l'engagement de ne plus servir contre l'Allemagne. Aucun des officiers du bataillon ne voulut profiter de cette triste faveur. Rentrés dans la ville où, d'après les termes de la capitulation, ils étaient prisonniers sur parole, ils ne tardèrent pas à être conduits en Allemagne et internés dans les villes de Cologne, de Mayence, de Hambourg et de Lübeck.

Les sous-officiers et les soldats, qui voyageaient par étapes et sous escorte, n'étaient liés par aucun engagement d'honneur. Beaucoup tentèrent de s'évader pendant la route.

Le sergent-major Poissonnier, les sergents Fravelle, Gréber, Caubios, les fourriers Lebon et Traby et plusieurs caporaux ou chasseurs du bataillon réussirent à tromper la vigilance de leur escorte et allèrent reprendre du service à l'armée de la Loire ou à l'armée du Nord.

Le docteur Suquet et le docteur Géniaux, qui depuis le commencement de la campagne n'avaient cessé de donner l'exemple d'un courage intrépide joint au plus noble dévouement, furent gardés à Metz jusqu'au mois de décembre pour soigner les malades et les blessés dont le nombre dépassait 20,000 au moment de la capitulation.

D'autres officiers restèrent à Metz pendant quelque temps encore. Le capitaine Garcet, retenu au lit depuis le 14 août par suite de la blessure qu'il avait reçue au bois de Mey, n'était pas transportable. Le capitaine Coulon, blessé le 7 octobre dans le bois de Woippy, succomba le 19 novembre à l'ambulance de la caserne du génie.

M. Chabert, blessé le 14 août à Mey, était mort le 19 octobre à l'ambulance de l'école d'application.

Le sous-lieutenant Lambert, amputé d'un bras, et le sous-lieutenant Charpentier du Moriez, dont le bras était ankylosé par suite de la présence d'un projectile qu'on n'avait pu extraire, furent mis en liberté. Il en fut de même pour le capitaine Garcet, lorsque deux mois après la capitulation, il put enfin quitter son lit.

M. Mariani, blessé au pied le 14 août et considéré comme suffisamment guéri, fut dirigé sur Mayence lorsqu'il sortit de l'hôpital.

Relevé des pertes du bataillon pendant la campagne.

Des 21 officiers qui, partis de Rennes au mois de juillet, avaient fait la campagne sous les murs de Metz, 6 avaient été tués ou étaient morts de leurs blessures, et 7 avaient été blessés.

Sur les 839 chasseurs qui avaient fait partie du bataillon pendant cette même période, 300 avaient été tués ou blessés.

Nous avions en outre, pendant le dernier mois, perdu plusieurs de nos soldats enlevés par les maladies qui résultèrent des fatigues et des privations.

Beaucoup d'autres, complétement épuisés à l'époque de la capitulation, succombèrent en Allemagne pendant leur dure captivité.

ÉTAT NOMINATIF

DES TUÉS ET DES BLESSÉS

Combat de Borny (14 août 1870)

Compagnies	OFFICIERS		Compagnies
	Tués ou morts de blessures	Blessés	
	MM.	MM.	
Ét.-M.	Chabert, capit. adjud.-major.	Le Caron de Fleury, capitaine.	5°
1re	Humbert, capitaine.	Garcet, capitaine.	6°
3°	Domenech, lieutenant.	Azéma, lieutenant (disparu).	1re
1re	Knœpffler, sous-lieutenant.	Charpentier du Moriez, s.-l^t.	5°

Compagnies	SOUS-OFFICIERS ET SOLDATS		
	Tués ou morts de blessures	Blessés	Disparus
1re	Foisset, sergent-four.	Fravelle, sergent.	Delmas, chasseur.
	Castaguet, chasseur.	Pernold, serg. (prisonnier)	Roussel, id.
	Trojani, id.	Jacob, caporal.	Boucher, id.
	Lestrade, id.	Besnier, id.	Gibot, chas. (prisonnier)
	Grisoni, id.	Marsenadot, id.	
	Belut, id.	Verge, id.	
	Thiébault, id.	Christnacher, chasseur	
	Lemoine, id.	Grieshabert, clairon.	
	Michel, id.	Laffont, chasseur.	
	Auger, id.	Salobert, id.	
	Borie, id.	Saure, id.	
	Roanne, id.	Clary, id.	
	Gatault, id.	Cellerier, id.	
		Pinel, id.	
		Alérini, id.	
		Viratelle, id.	
		Bouchet, id.	
		Visseron, id.	
		Orogné, id.	
		Gauterot, id.	
À reporter { Officiers 4 / Troupe 13		4 / 20	» / 4

Cⁱᵉˢ	Tués ou morts de blessures	Blessés	Disparus
	Report { Officiers 4 / Troupe 13	4 / 20	» / 4
1ʳᵉ		Richaud, chasseur.	
		Jaulin, id.	
		Rampion, id.	
		Laborie, id.	
		Bourdier, id.	
		Perbet, id.	
		Ravel, id.	
2ᵉ		Massias, id.	
		Revelli, id.	
3ᵉ	Calmeil, chasseur.		
	Moreau, id		
4ᵉ	Pons, id.	Bautz, id.	
5ᵉ	Garnier, caporal.	Caubios, sergent.	Chastel, chasseur.
	Lacaze, chasseur.	Poirot, id.	Lefranc, id.
	Crémoux, id.	Mariani, sergent-four.	Bodin, serg. (prison').
	Bidouze, id.	Bouffartigues, caporal.	Grolleau, ch. id.
	Bauby, id.	Chenevez, id.	
		Dardevet, chasseur.	
		Bellard, id.	
		Laroche, id.	
		Vuilhem, id.	
		Jalabert, id.	
		Vincent, id.	
		Denjean, id.	
		Gouttenoir, id.	
	Gogot.	Constant, serg.-maj.	
		Bouiface, chasseur.	
		Desplaces, id.	
		Serré, id.	
		Lamalatie, id.	
6ᵉ	Rivaud, sergent.	Louvel de Montceau, sergent.	Grand, chasseur.
	Morel, caporal.	Turillon, id.	Lagneux, id.
	Blanchard, id.	Brault, caporal.	Haberey, ch. prés. mort
	Guittard, chasseur.	France, chasseur.	
	Laffond, id.	Graziani, id.	
	Paret, id.	Rivalz, id.	
	Bouchaud, id.	Dubouis, id.	
	Feuga, id.	Cuinet, id.	
	Pleignet, id.	Béchasson, id.	
	Chauffourrier, id.	Mabilleau, id.	
	Le Miler, id.	Leyraud, id.	
	Vicaire, id.	Maniveau, id.	
	A reporter { Officiers 4 / Troupe 34	4 / 60	» / 11

Cies	Tués ou morts de blessures		Blessés	Disparus
	Report	Officiers 4 Troupe 34	4 60	» 11
6°	Dumier, sapeur.		Andrieu, chasseur. Battut, id. Martinent, id. Laas, id. Perrier, id. Brunet, id. Brulon, id.	
	Total {	Officiers 4 Troupe 35	4 67	» 11
	Total général des pertes {	Officiers. . . . . 8 Troupe. 113		

Bataille de Rezonville ou Mars-la-Tour

(16 août)

Cies	Tués ou morts de blessures	Blessés	Disparus
2°		Heussler, chasseur. Aussandon, id.	
3°	Valade, chasseur. Tripier, id. Roudil, id. Rouzoul, id. Monier, id.	Oliger, clairon. Buisson, chasseur. Bonnet, id.	
4°		Jacquier, id. Petit, id. Hoste, id. Cazassus, id. Lauzeral, id. Colmart, clairon.	
5°	Rasse, caporal.	Camiccioni, chasseur. Lelain, id.	Masson, chasseur.
	Total . 6	13	1

Bataille de Saint-Privat ou Gravelotte (18 août)

C.ᵉˢ	OFFICIERS		
	Tués ou morts de blessures	Blessés	Disparus
3ᵉ 6ᵉ		M. Molle, s.-lieut. M. Chomer, id.	
	TROUPE		
Ét.-M.	Boichard, caporal-cl.	Lamm, adjudant.	
1ʳᵉ	Normand, caporal. Lauseille, chasseur. Foret, id.	Thaon, sergent. Tisseyre, chasseur. Brunet, id. Thil, id.	Chevalier, serg. (pris') Hauger, chasseur.
2ᵉ	Estœuf, caporal. Mas, id. Michel, id. Sournille, chasseur. Beaume, id. Servizet, id. Rochon, id. Boissy, id. Lafille, id. Montagné, id. Fromentin, id. Cladières, id.	Lebou, sergent-four. Magnier, sergent. Cazelles, caporal. Vissault, clairon Fau, chasseur. Maire, id. Doste, id. Chaume, id. Colomban, id. Heussler, id. Bouissou, id. Cahour, id. Blanchard, id. Bried, id. Coulier, id. Lauxade, id. Fongealaz, id. Jardinet, id. Bonnet, id.	Thévenon, id. Castagnet, id.
3ᵉ	Azam, caporal. Marty, id. Lamorlière, sapeur.	Sibeud, serg.-m. amp. Lécolier, sergent. Rabaud, id. Santoni, chasseur. Castaing, id. Susini, id. Beaugé, id. Perdreau, id. Bramarégue, id.	Pareire, id.
A reporter	19	33	8

Cies	Tués ou morts de blessures	Blessés	Disparus
	Report 19	33	5
3^e		Kersaudy, chasseur.	
		Boutaric, id.	
		Agnel, id.	
		Roth, id.	
		Clara, id.	
		Tailleux, id.	
4^e	Salajoli, chasseur.	Poli, sergent-major.	
		Lamary, chasseur.	
		Herbette, id.	
		Hauswirth, id.	
		Boursault, id.	
		Pelata, id.	
		Fieschi, id.	
		Couzi, id.	
		Cau, id.	
		Mini, id.	
		Pagès, id.	
		Guérin, id.	
5^e	Bride, clairon.	Lambert, s.-m. amp.	Michaux, chasseur.
	Bridoux, chasseur.	Hélyot, sergent-four.	
		Vincent, sergent.	
		Delor, caporal.	
		Nerou, chasseur.	
		Franchi, id.	
		Vachot, id.	
		Lacaze, id.	
		Bourguigneau, id.	
		Galley, id.	
		Richard, id.	
		Grézels, id.	
		Grandperrin, id.	
		Gens, id.	
		Dumas, id.	
		Baconnier, id.	
		Samara, sapeur.	
		Dedieu, chasseur.	
		Tarisse, id.	
		Guilhamat, id.	
		Lascombes, id.	
		Fargues, id.	
		Auderot, id.	
6^e	Martin, sergent.	Vergnes, id.	
	Beaucart, chasseur.	Burner, id.	
	Lelong, id.	Landeau, id.	
	A reporter 25	77	6

Subsistants du 17e bataillon.

Cies	Tués ou morts de blessures		Blessés	Disparus
	Report	25	77	6
6°	Langlois, sapeur. Boisselot, chasseur.		Kriger, chasseur.	
	Total	27	78	6
	Total général des pertes { Officiers . . . . 2 Troupe 111			

Combat de Servigny (31 août)

Cies	OFFICIERS		
	Tués ou morts de blessures	Blessés	Disparus
Ét.-M. 4°	M. Carré, chef de bat[on], com[t]	M. Suquet, méd[n] maj[r] M Coulon, capitaine.	
	TROUPE		
1re	Brutus, chasseur.	Ketterer, chasseur. Perbet, id. Muraccioli, id. Ferraz, id. Rousse, id. Laquet, id. Cuminal, id. Gauterot, id. Coutelle, id. Widmann, id. Bigot, id. Lamet, id. Semeilhon, id. Magnac, id. Crispel, id.	Merlet, chasseur.
2°	Supéry, id. Dutreuil, id.	Clolery, id.	
4°	Laffond, sergent. Escudié, chasseur.	Bonvalot, caporal. Descombes, chasseur.	
	A reporter 5	18	4

Cies	Tués ou morts de blessures	Blessés	Disparus
	Report 5	18	1
4°		Lavrut, chasseur. Fabre, id. Meynadier, id.	
5°	Duflot, caporal. Fourmageat, sapeur. Vuilhem, chasseur. Grand, id. Lecomte, id.	Terratz, id. Alène, id. Ferrié, id. Couillandeau, id.	
Sub° du 17° b°°.			
	Total 10	25	1
	Total général des pertes { Officiers. . . . . 3 Troupe 36		

Combat de Woippy (7 octobre)

Cies	OFFICIERS		
	Tués ou morts de blessures	Blessés	Disparus
4°	M. Coulon, capitaine.		
	TROUPE		
1re		Duprat, chasseur.	
2°		Roualde, id. Lauxade, id.	
3°	Perdreau, chasseur.	Guiguet, id. Lamour, id. Lamouzie, id.	
4°	Poli, sergent-major. Cagnac, chasseur. Baureille, id.	Lambanne, id. Plancher, id.	
6°	Marie, sergent-four.	Burner, id. Paret, id.	
	Total 5	10	
	Total général des pertes { Officiers . . . . 1 Troupe 15		

TUÉS OU BLESSÉS AUX AVANT-POSTES

Cies	Tués ou morts de blessures	Blessés
2° 4° 3° 6°	Laval, chasseur.	Martin, clairon. Puig, chasseur. Michel, id. Maupas, id (Thionville).
	Total 1	4

RELEVÉ GÉNÉRAL

BATAILLES	DATES	OFFICIERS		TROUPE		
		Tués	Blessés	Tués	Blessés	Disparus
Borny	14 août	4	4	35	67	11
Rezonville . . .	16 août	»	»	6	13	1
Saint-Privat . .	18 août	»	2	27	78	6
Servigny	31 août	1	2	10	25	1
Woippy	7 octobre	1	»	5	10	»
Divers	diverses	»	»	1	4	»
Totaux du 14 août au 15 octobre.		6	8	84	197	19
Totaux généraux		13 (*)		300		

(*) Au total, on porte 13 au lieu de 14, afin de ne pas compter deux fois
M. Coulon, blessé le 31 août, et blessé mortellement le 7 octobre.

TABLEAU DES RÉCOMPENSES

ACCORDÉES PENDANT LA CAMPAGNE DE METZ

Légion d'honneur

Au grade d'officier : M. le commandant Renaud.
Au grade de chevalier : M. Le Caron de Fleury, capitaine à la 5° compagnie.
— — M. Mourain de Sourdeval, capitaine adjudant-major.
— — M. Molle, sous-lieutenant à la 3° compagnie.
— — M. Le Gal, lieutenant à la 6° compagnie.
— — M. Charpentier du Moriez, sous-lieutenant à la 5° compagnie.
— — Hamoniaux, chasseur à la 2° compagnie.

Médailles militaires

Fravelle, sergent 1^{re}Cie	Jacob, caporal 1^{re}Cie	Mabilleau, chass. 6° Cie
Turillon, id. 6°	Marsenadot, id. 1re	France, id. 6°
Caubios, id. 5°	Brault, id. 6°	Lemiller, id. 6°
Sébastiani, id. 3°	Boichard, cap.-cl.	Oliger, clairon 3°
Keller, id. 3°	Duflot, caporal 5°	Buisson, chasseur 3°
Hélyot, serg.-four. 5°	Vernet, id. 1re	Foruy, sapeur 3°
Lécolier, sergent 3°	Zuccarelli, id. 3°	Michel, chasseur 3°
Lebon, serg.-four. 5°		Laval, id. 3°
Duché, sergent 1re		Burner, id. 6°
Poli, serg.-major 4°		Tailleu, id. 3°
		Lauxade, id. 2°
		Lamour, id. 3°

Total. . . . { 1 croix d'officier de la Légion d'honneur.
6 croix de chevalier.
29 médailles militaires.

ÉPILOGUE

—

Histoire du dépôt pendant la guerre. Réorganisation du bataillon.

(1870-1875)

RENAUD, DE LIGNIVILLE, CUGNIER

Le dépôt pendant la guerre.

1870. — Lorsque l'armée du maréchal Bazaine se trouva bloquée dans le camp retranché de Metz, le bataillon perdit toute communication avec son dépôt.

Le capitaine-major Tarillon nous avait envoyé, dès le commencement d'août, deux détachements de réservistes de cent hommes chacun, qui furent conduits par le capitaine Cézerac et le lieutenant Béziers.

La 7ᵉ compagnie à Paris.

A peine revenu à Rennes, M. Cézerac recevait l'ordre de se rendre au camp de Châlons avec la 7ᵉ compagnie, dont l'effectif s'élevait à plus de 200 hommes. On organisait en ce moment des régiments de marche pour en former de nouvelles divisions.

Notre 7ᵉ compagnie se trouva placée dans le 13ᵉ corps, sous les ordres du général Vinoy. La division dont elle faisait partie était aux environs de Mézières le jour où fut livrée la bataille de Sedan. Ayant appris le désastre de l'armée du maréchal de Mac-Mahon, cette division commença immédiatement sa retraite et réussit à gagner Paris.

A Paris, la 7e compagnie fit d'abord partie du 28e régiment de marche, puis entra dans la formation du 21e bataillon de chasseurs. A ce moment, M. Cézerac fut nommé commandant du 22e bataillon, et M. Béziers promu capitaine. Quelque temps après, M. Mondain fut nommé lieutenant et le sergent-major Geney passa sous-lieutenant.

Lorsque la 7e compagnie quitta Rennes on créa, pour la remplacer au dépôt, une 9e compagnie, qui fut donnée à M. Perrin-Machoux, revenu de l'armée de Metz et aussitôt nommé capitaine.

La 8ᵉ et la 9ᵉ compagnie à l'armée de la Loire.

Le 1er octobre, cette 9e compagnie et la 8e, capitaine Renault, quittèrent Rennes pour aller concourir à la formation du 6e bataillon de marche de chasseurs à pied.

Bientôt après, M. Tarillon, nommé chef de bataillon, alla prendre le commandement du 10ᵉ de ces bataillons de marche. Il fut remplacé dans la position de capitaine-major commandant le dépôt par M. Chamereau, qui venait d'enjamber le grade de lieutenant. Le trésorier, M. Fouineau, ayant été nommé capitaine dans un autre corps le 10 août, le personnel fixe du dépôt fut complété par un nouveau sous-lieutenant trésorier, M. Joannet, et par un nouvel officier d'habillement, M. Février.

Depuis la fin du mois d'octobre jusqu'à la conclusion de la paix, le dépôt ne cesse pas de recevoir des recrues qu'on habille, qu'on arme et qu'on réunit en compagnies pour former ensuite des bataillons de marche.

Création des bataillons de marche.

Le 8 novembre, on organise à Rennes le 11e bataillon de marche, dont M. Fouineau prend le commandement.

Le 11 novembre, on forme le 12e de marche.

Le 19 novembre, le dépôt envoie deux compagnies au 13e de marche, le 29, il en envoie une au 21e de marche.

Enfin le 19 janvier, il en expédie deux au 27e de marche.

Ces bataillons de marche étaient composés de quatre compagnies, ayant chacune un effectif de 250 à 300 hommes.

Par suite de la création d'un si grand nombre de compagnies auxquelles il fallait absolument des cadres, on vit au dépôt de nombreux exemples de ces avancements extraordinaires et inconsidérés, qui nécessitèrent plus tard la création d'une commission de révision des grades.

Fin de la guerre.

1871 — Quand la paix fut signée, il ne restait au dépôt du 5e chasseurs que deux compagnies ; l'une commandée par des officiers en retraite qui avaient repris momentanément du service ; l'autre commandée par des officiers du 5e bataillon de marche, blessés à l'armée de la Loire et dirigés sur Rennes à leur sortie de l'ambulance.

La 1re de ces compagnies ayant été licenciée dès la conclusion de la paix, l'autre fut chargée de recevoir les prisonniers de Metz à leur rentrée de captivité.

Cette compagnie, commandée par le capitaine Vidal, le lieutenant Patron et le sous-lieutenant Brum, fut la seule organisée jusqu'à la fin du mois de mai.

Une circulaire ministérielle du 13 mars 1871 avait ordonné de fondre les corps de marche dans les régiments de l'ancienne armée portant le même numéro.

Cette prescription ne put être appliquée immédiatement au 5e chasseurs, parce que le 5e bataillon de marche se trouvait à Besançon au moment de la cessation des hostilités. Bien que la paix fût faite, les transports de troupes restèrent interceptés pendant plusieurs mois entre Rennes et Besançon, par suite de l'occupation de Gray et de Dijon par un corps prussien.

Rentrée en France du commandant Renaud. — Reconstitution du bataillon.

Le commandant Renaud qui, pendant sa captivité avait été interné à Cologne, rentra en France dès le mois de mars et se rendit à Rennes pour prendre le commandement du dépôt et présider la réorganisation du bataillon.

A la fin d'avril, tous les officiers étaient revenus d'Allemagne ; mais les sous-officiers et les chasseurs ne commencèrent à rentrer en France qu'un mois plus tard. On put alors former des compagnies dont MM. Régnier, de Fleury et Bonzon prirent le commandement. Les prisonniers venant de Posen n'arrivèrent à Rennes qu'à la fin de juin.

A cette époque, les communications se trouvant librement rétablies entre Rennes et Besançon, le ministre prescrivit d'opérer la fusion du 5e bataillon de chasseurs avec le 5e de marche.

Comme les casernes dont l'infanterie disposait à Rennes étaient insuffisantes pour loger les deux corps, le 5e chasseurs reçut l'ordre de se rendre à Laval, où l'opération pouvait s'effectuer plus facilement.

Le 5ᵉ bataillon de chasseurs se rend à Laval. — Sa fusion avec le 5ᵉ bataillon de marche.

Parti de Rennes le 1ᵉʳ juillet, le bataillon couche à Vitré et arrive le lendemain à Laval. Le 5e de marche, venant de Besançon par le chemin de fer, l'y rejoint dans la soirée.

Les deux corps se trouvant réunis, on s'occupe de l'organisation du bataillon.

M. Renaud étant appelé à prendre le commandement du corps, M. Chamard-Boudet, commandant du 5e de marche, est mis à la suite.

On fait un tiercement général de tous les officiers pour placer les plus anciens de chaque grade dans les huit compagnies que l'on organise. Après cette opération, le cadre est ainsi composé :

ÉTAT-MAJOR

Chef de bataillon commandant. . . MM.	Renaud.
Capitaine adjudant-major.	Mourain de Sourdeval.
Capitaine instructeur de tir . . .	P. Sansac de Traversay.
Capitaine major	Chamereau.
Lieutenant faisant fonctions de trésorier.	Laurent.
Lieutenant faisant fonctions d'officier d'habillement	Février.
Médecin major.	Suquet.
Médecin aide-major	Géniaux.

Cies	Capitaines	Lieutenants	Sous-Lieutenants
	MM.	MM.	MM.
1re	Régnier.	Le Gal.	Molle.
2e	Vidal.	Villa.	Bouvier.
3e	Le Caron de Fleury	Dumarest.	Clère.
4e	Salaün.	Baudemont.	Bonnard.
5e	Garcet.	Patron.	Mariani.
6e	Gérard.	Paulus.	Haulon.
7e	Bonzon.	Bernault.	Bridon.
8e	Michon.	Azéma.	De Maupas.

Les officiers en excédant de ce cadre sont mis à la suite. Ce sont : M. le chef de bataillon Chamard ; MM. les capitaines : Albaret, Tournié, Boyenval ; MM. les lieutenants Métrot, Gallat, Bourgois, Joannet, Darras et M. le sous-lieutenant Brum. Une partie de ces officiers sont quelques mois plus tard envoyés dans d'autres corps où il existe des vacances.

L'emploi de capitaine de tir ayant été supprimé le 24 juillet, M. de Traversay prend le commandement de la 7e compagnie ; M. Bonzon passe à la 2e compagnie, et M. Michon est mis à la suite.

Les sous-officiers et les caporaux, qui se trouvent en excédant du complet réglementaire, sont également mis à la suite.

L'effectif total du bataillon s'élève à 1,200 hommes.

Service anniversaire du combat de Borny.

Le 14 août, jour anniversaire du combat de Borny, le bataillon fait célébrer un service funèbre en mémoire des officiers et des soldats qui sont restés sur les champs de bataille de Metz ou qui ont succombé dans les ambulances. Mgr l'évêque de Laval vient présider cette cérémonie, à laquelle assistent toutes les autorités de la ville et un grand nombre d'habitants.

Retour à Rennes.

Quelques jours après, les trois premières compagnies sont envoyées à Rennes pour occuper le casernement devenu disponible par suite du licenciement de la légion des Volontaires de l'ouest.

Le 1er octobre, les autres compagnies actives partent aussi pour Rennes, mais le dépôt reste à Laval jusqu'au commencement de décembre.

Au mois de novembre, M. le général de Cissey, ministre de la guerre, passe une revue des troupes de la garnison de Rennes et remet la croix de la Légion-d'Honneur à M. Azéma. Cet officier, blessé dans le bois de Mey, avait été ramassé par les Prussiens qui l'avaient soigné dans leurs ambulances. D'après le témoignage de plusieurs chasseurs qui l'avaient vu tomber frappé par une balle et qui certifiaient sa mort, il avait été rayé des contrôles et remplacé comme ayant été tué à l'ennemi. On put heureusement lui remettre en main propre l'acte authentique de son décès.

A cette même revue, le sergent Poirot, qui à Metz avait fait partie des éclaireurs du 4e corps, le sergent Coutin, blessé et amputé au 5e de marche, et le chasseur Beauté, également amputé, reçurent la médaille militaire.

1872 — Au mois de mars 1872, de nombreux changements ont lieu dans les cadres par suite des décisions prises par la commission de révision des grades.

Décisions de la commission de révision des grades.

M. Chamereau est remis lieutenant, ainsi que M. Boyenval et M. Tournié. M. Paulus, M. Joannet, M. Février et M. Bourgois sont replacés dans le grade de sous-lieutenant M. Bouvier est remis sous-officier; M. Darras redevient chasseur de 2e classe; MM. Gallat, Bonnard et de Maupas sont rendus à la vie civile.

Tous les officiers qui rétrogradent changent de corps par permutation d'office avec d'autres officiers se trouvant dans la même situation.

M. Bouvier, ancien et digne serviteur, obtient de revenir comme adjudant au bataillon, où il jouit de l'estime de tous. M. de Maupas s'engage comme chasseur et, à la fin de l'année, entre à l'école militaire. M Darras, cantinier du bataillon pendant la campagne de Metz, devenu ensuite sous-lieutenant et lieutenant sans quitter le dépôt, obtient, au bout de quelque temps, d'entrer dans la gendarmerie

M. Brum, estropié par suite de ses blessures, reçoit à la même époque la croix de la Légion-d'Honneur et la notification de sa mise à la retraite. Peu de temps après, il obtient une perception des finances.

Au mois d'août, M. le général Fauvart-Bastoul, venant passer l'inspection générale du bataillon, le trouve rentré dans les cadres réglementaires.

Le bataillon, à la fin de décembre, quitte la ville de Rennes, dont le casernement est devenu insuffisant par suite de l'appel des jeunes soldats de la classe 1871.

Il retourne pour la seconde fois à Laval.

1873 — Le 1er janvier, M. Renaud, nommé lieutenant-colonel et placé à la suite du 25e de ligne, quitte le commandement du bataillon. Il est remplacé par M. de Ligniville.

M. de Ligniville prend le commandement du bataillon.

Au mois de mars, M. le capitaine Gérard prend les fonctions de major en remplacement de M. Pavot, passé dans le corps de l'intendance.

M. Gérard imprime une vive impulsion aux travaux de la liquidation des comptes de la guerre. Grâce à son initiative et à la bonne direction qu'il donne aux bureaux, cette liquidation est achevée avant l'inspection administrative et l'on peut enfin clore les exercices 1870, 1871, 1872.

Au mois d'août, M. le général de Brauer vient passer l'inspection générale et, peu de temps après, le bataillon perd M. de Ligniville, nommé lieutenant-colonel au 26e de ligne.

M. Cugnier nommé commandant du bataillon en remplacement de M. de Ligniville.

Il est remplacé par M. Cugnier, major de ce même régiment.

Le 28 septembre paraît le décret qui crée 18 corps d'armée et qui forme, avec tous les régiments d'infanterie et de cavalerie, des brigades et des divisions permanentes.

Le 5ᵉ bataillon de chasseurs se trouve placé dans le 8ᵉ corps d'armée, commandé par M. le général Ducrot dont le quartier général est à Bourges.

Il fait partie de la 15ᵉ division, général Goze, et de la 29ᵉ brigade d'infanterie, général Sanglé-Ferrière.

Le 8ᵉ corps comprend quatre départements : le Cher, la Nièvre, la Côte-d'Or et Saône-et-Loire. La 16ᵉ division d'infanterie doit occuper les deux premiers de ces départements; la 15ᵉ division les deux autres.

En conséquence, nous recevons, le 4 octobre, l'ordre de quitter Laval pour nous rendre à Auxonne.

Parti de Laval le 7 octobre, avec un effectif de 500 hommes, le bataillon séjourne à Bouloire le 11, à Blois le 15, à Bourges le 19, à Château-Chinon le 24, et arrive le 30 à Auxonne où, pendant quelque temps, il est très éprouvé par la fièvre typhoïde.

Cette épidémie fait dans nos rangs une douzaine de victimes et ne disparaît qu'au bout de deux mois, après avoir nécessité l'envoi de beaucoup de malades en congé de convalescence.

1874 — Le 19 mai, le 5ᵉ bataillon quitte Auxonne, pour aller tenir garnison à Dijon, où il se trouve depuis cette époque.

1875 — A la fin du premier trimestre 1875, l'application de la loi des cadres vient bouleverser complétement le bataillon qui est réduit à quatre compagnies actives et une compagnie de dépôt.

Le procès-verbal dressé le 9 avril licencie les 5ᵉ, 6ᵉ et 8ᵉ compagnies commandées par les capitaines Garcet, Vidal, et de Sagazan. Ces trois officiers sont mis à la suite, ainsi que les lieutenants Patron, Dusigne et Henriet, et les sous-lieutenants de Laborde et Busch.

Le 5ᵉ bataillon de chasseurs, constitué sur ces nouvelles bases, est définitivement désigné pour faire partie du 8ᵉ corps d'armée et tenir garnison à Dijon.

APPENDICES

HISTORIQUE SOMMAIRE

DU

5ᵉ BATAILLON DE MARCHE DE CHASSEURS

Octobre 1870 — Juillet 1871

Formation du 5ᵉ bataillon de marche de chasseurs à pied.

Le 5ᵉ bataillon de marche de chasseurs à pied, formé à Bourges le 6 octobre 1870, devait faire partie de la 2ᵉ division du 15ᵉ corps d'armée.

Ce bataillon était composé de deux compagnies tirées du dépôt du 4ᵉ bataillon de chasseurs, et de deux compagnies venues du dépôt du 16ᵉ bataillon.

Le cadre de ces compagnies se trouva formé de la façon suivante, lorsque le bataillon fut définitivement organisé :

Cⁱᵉˢ	Capitaines	Lieutenants	Sous-lieutenants
	MM.	MM.	MM.
1ʳᵉ	de Boissieu.	X.	Brum.
2ᵉ	Vidal.	X.	Gaudelette.
3ᵉ	Salaün.	X.	Henriet.
4ᵉ	Gathe (César)	Albaret.	Paulus.

L'effectif du bataillon s'élevait, au moment de la formation, à 1,174 hommes.

Le général de la Motterouge avait été placé à la tête du 15ᵉ corps, qui se rassemblait à Bourges et à Orléans.

La 2ᵉ division, commandée par le général Martineau des Chenez, comprenait la brigade d'Ariès et la brigade Rebillard.

Le 5ᵉ de marche et deux régiments appelés d'Algérie, le 39ᵉ de ligne et la légion étrangère, devaient composer la première de ces brigades.

Le 10 octobre, trois bataillons seulement, le 5ᵉ de marche, le 3ᵉ bataillon du 39ᵉ et le 5ᵉ bataillon de la légion étaient arrivés à Bourges, lorsque la brigade, commandée provisoirement par le lieutenant-colonel Jouffroy-d'Abbans, fut précipitamment appelée à Orléans. On la faisait venir au secours de la cavalerie du général Reyau, malmenée par les Allemands, dans la journée du 9, et repoussée d'Artenay.

11 octobre. — Combat d'Orléans.

Le lendemain, le corps bavarois du général von der Tann continuant à s'avancer sur Orléans, le général de la Motte-rouge lui oppose les forces dont il peut disposer, c'est-à-dire : le 5ᵉ bataillon de marche, dont le capitaine de Boissieu a pris le commandement ; un bataillon de la légion étrangère, commandant Arago ; un bataillon du 39ᵉ de ligne, deux compagnies du 8ᵉ chasseurs de marche, deux bataillons du 4ᵉ régiment de marche, deux bataillons des mobiles de la Nièvre, trois compagnies des zouaves pontificaux, commandant Le Gonidec, et quelques compagnies de différents régiments de marche.

Malgré leur infériorité numérique, ces troupes disputent bravement l'entrée d'Orléans. La gare des Aubrais, la chapelle des Aydes, le château des Bordes, le faubourg Saint-Jean et le faubourg Bannier sont le théâtre de combats acharnés, auxquels le 5ᵉ chasseurs de marche prend une grande part. Vivement engagé pendant plusieurs heures, le bataillon éprouve de cruelles pertes.

Le capitaine de Boissieu, qui défend le faubourg Bannier avec les deux premières compagnies, est tué au moment où il vient de sortir victorieux d'un combat corps à corps, véritable duel à l'épée engagé contre un officier bavarois.

Le capitaine Vidal, commandant de la 2e compagnie, reçoit trois blessures, et le sous-lieutenant Brum a les deux cuisses brisées par une balle.

Au château des Bordes, où se trouve la 3e compagnie, M. Henriet est blessé et M. Gaudelette est fait prisonnier.

Le soir, près de 300 chasseurs manquent à l'appel.

Ce sanglant baptême du feu avait réduit le 5e de marche à 4 officiers et à 800 hommes.

Retraite derrière la Loire.

Après la prise d'Orléans par les Bavarois, les troupes françaises s'étaient repliées sur la rive gauche de la Loire. La brigade d'Ariès, complétée par l'arrivée du 1er et du 2e bataillon du 39e ligne, occupe pendant plusieurs jours La Ferté et Pierrefitte.

C'est à Pierrefitte que, le 14 octobre, M. le chef de bataillon Chamard-Boudet rejoint le 5e de marche, dont il vient d'être nommé commandant. Quelques jours après, M. Gaudelette, fait prisonnier au château des Bordes, réussit à s'évader et vient prendre le commandemeut de la 2e compagnie.

Organisation de l'armée de la Loire par le général d'Aurelle.

Le général d'Aurelle, nommé commandant en chef de l'armée de la Loire, emploie la fin d'octobre à organiser ses divisions et à préparer un mouvement offensif.

22 octobre. — Mouvement offensif pour reprendre Orléans.

Le 22, la brigade d'Ariès est appelée à Salbris, où l'on fait une concentration de troupes. Elle en part en chemin de fer le 27, passe par Vierzon et par Tours, où elle traverse la Loire, et remonte sur la ligne d'Orléans jusqu'à la station de Mer, près de laquelle elle établit ses camps.

Le 8 novembre, à la suite du combat de Marchenoir, le 15e corps s'avance jusqu'à Beaugency.

Bataille de Coulmiers. — 9 novembre.

Le lendemain, le général d'Aurelle attaque les Bavarois à Coulmiers et enlève leurs positions. La brigade d'Ariès, formant la réserve du 15e corps, n'est pas engagée dans cette journée.

Reprise d'Orléans. — 11 novembre.

Après le combat, la brigade d'Ariès se dirige vers Orléans, où elle fait son entrée le 11 novembre, juste un mois après la prise de cette ville par les Allemands.

Quelques jours après, la brigade va occuper Gidy et Chevilly, où l'on reste jusqu'à la fin du mois.

Les cadres du 5e de marche se trouvent, à la date du 1er décembre, composés de la façon suivante :

ÉTAT-MAJOR

MM. Chamard-Boudet, chef de bataillon.
Termonia, médecin major.
Jossot, médecin aide-major.

C	Capitaines	Lieutenants	Sous-Lieutenants
	MM.	MM.	MM.
1re	Albaret.	X.	Gallat.
2e	Michon.	X.	Metrot.
3e	Salaün.	X.	Bourgois.
4e	X.	Paulus.	Sauvegrais.

Du 2 au 4 décembre. — Bataille de Patay. — Retraite sur Orléans.

Le 1er décembre, on reçoit à dix heures du soir l'ordre de se mettre en marche le lendemain matin, pour s'avancer à la rencontre du général Ducrot, qu'une dépêche officielle dit être sorti de Paris à la tête d'une armée considérable.

2 décembre.

La 2ᵉ division du 15ᵉ corps se met en mouvement à l'heure prescrite, traverse Artenay et s'établit, vers deux heures, à Ruan, qu'on lui a donné comme objectif.

Le canon gronde fortement à droite et à gauche, mais aucun ennemi ne se montre devant Ruan. A l'aile droite, c'est la 1ʳᵉ division du 15ᵉ corps qui vient d'être attaquée par le prince Frédéric-Charles. A l'aile gauche, ce sont le 16ᵉ et le 17ᵉ corps qui luttent contre le duc de Mecklembourg.

Des deux côtés, on fait demander du renfort. La brigade d'Ariès se porte à gauche, tandis que la brigade Rebillard va au secours de l'aile droite.

Le 5ᵉ bataillon de marche, arrivé à Dambron vers la fin du combat, bivouaque dans ce village.

3 décembre.

Dès le lendemain matin, la 2ᵉ division du 15ᵉ corps, restée seule intacte au centre des positions françaises, se voit attaquée par les Allemands qui, dans la journée de la veille, ont refoulé les deux ailes de l'armée de la Loire.

La retraite s'opère sous la protection des batteries de marine établies à Chevilly. Le 5ᵉ de marche et le 39ᵉ de ligne se maintiennent pendant plusieurs heures autour de ce village, dont les Prussiens s'emparent à la nuit tombante.

4 décembre.

Le 4 décembre, la brigade d'Ariès, repliée sur Cercottes, se met en marche dès la pointe du jour pour continuer sa retraite. Elle dispute, aussi longtemps qu'elle le peut, les approches d'Orléans, et défend l'entrée de la ville jusqu'à ce que les convois aient achevé de traverser la Loire.

Retraite derrière la Loire.

Elle franchit alors les ponts, et vers onze heures du soir les Allemands sont, pour la seconde fois, maîtres d'Orléans. Ces deux journées de combat ont coûté au 5e bataillon de marche 300 hommes tués, blessés ou disparus. Le capitaine Salaün a été fait prisonnier au château de Chevilly. L'effectif du bataillon est réduit à 400 hommes.

Après la bataille du 2 décembre, le 16e et le 17e corps avaient fait leur retraite sur le Loir dans la direction de Vendôme, tandis que le 15e corps se repliait sur Gien et sur Orléans, où il traversait la Loire. L'armée française se trouvait donc coupée en deux parties qui furent réorganisées en armées distinctes. L'armée de l'Ouest dut être composée des 16e, 17e, 19e et 21e corps. L'armée du Centre ou de l'Est des 15e, 18e, 20e, et 24e corps.

Organisation de l'armée de l'Est.

Le 15e corps, continuant son mouvement vers le sud après avoir traversé la Loire, se dirige vers Bourges, où la brigade d'Ariès arrive le 10 décembre.

Jusqu'à la fin de décembre, le 5e bataillon de marche occupe successivement Bourges, Mehun, Vierzon et Orçay.

Le cadre, complété par de nouvelles nominations, est composé de la façon suivante à la date du 1er janvier 1871 :

<table>
<tr><td colspan="4" align="center">ÉTAT-MAJOR</td></tr>
<tr><td colspan="4">MM. Chamard-Boudet, chef de bataillon.
Termonia, médecin major
Jossot, médecin aide-major.</td></tr>
<tr><td>Cies</td><td>Capitaines</td><td>Lieutenants</td><td>Sous-Lieutenants</td></tr>
<tr><td></td><td>MM.</td><td>MM.</td><td>MM.</td></tr>
<tr><td>1re</td><td>Tournié.</td><td>X.</td><td>Gallat.</td></tr>
<tr><td>2e</td><td>Michon.</td><td>Metrot.</td><td>Bouvier.</td></tr>
<tr><td>3e</td><td>Gérard.</td><td>Bourgois.</td><td>Descamps.</td></tr>
<tr><td>4e</td><td>Albaret, ff^{ons} d'adj.-maj.</td><td>Paulus.</td><td>Bonnard.</td></tr>
</table>

Le général Martineau des Chenez, nommé au commandement du 15e corps, est remplacé à la tête de la 2e division par le général Rebillard.

Le 7 janvier, le général d'Ariès va prendre le commandement d'une division du 24e corps. Il est remplacé à la 1re brigade de la 2e division par le général Le Camus.

7 janvier. — Départ pour les opérations dans l'Est.

Le 7 janvier, la division se rassemble à Bourges, d'où elle doit partir pour aller rejoindre le général Bourbaki sur la haute Saône.

Le transport des troupes a lieu par les voies ferrées, mais l'encombrement est tel que la brigade Le Camus met huit jours pour atteindre la station de Clerval, où la ligne de Besançon à Belfort est coupée.

Pendant le séjour à Chagny, on a reçu la nouvelle de la bataille de Villersexel, dont l'issue nous a été si favorable qu'on espère pouvoir débloquer Belfort. La brigade, débarquée à Clerval, s'achemine par étapes vers Monbéliard, où l'ennemi s'est retranché fortement après le combat de Villersexel. La campagne est couverte de neige et le froid est extrêmement rigoureux. Le 15, la brigade Le Camus bivouaque à Sainte-Marie. Toute la journée le canon s'est fait entendre dans la direction de Montbéliard, dont les Allemands occupent toujours le château, tandis que les troupes du 18e corps ont essayé de pénétrer dans la ville.

Arrivée devant Montbéliard. — 16 janvier.

Le 16, la brigade s'avance jusque sur le plateau de Sainte-Suzanne, où elle passe la nuit.

Le lendemain matin le 5e de marche, placé sous les ordres du capitaine Gérard, qui remplace le commandant absent, est envoyé près de la ferme du Mont-Chevis pour soutenir des batteries concourant à l'attaque du château.

Après avoir essayé de s'établir derrière un petit bois complétement battu par les feux du château, le capitaine Gérard fait placer ses quatre compagnies dans un chemin creux situé à une centaine de pas en arrière de nos pièces.

Les chasseurs, exposés aux éclats des obus qui tombent tout autour de notre batterie, restent pendant plusieurs heures immobiles malgré le froid dont une pluie glaciale augmente la rigueur.

Vers midi, on entend l'appel des artilleurs qui, menacés par l'apparition d'une colonne ennemie, demandent l'appui des compagnies de soutien.

Le capitaine Gérard fait aussitôt sortir le bataillon du chemin dans lequel il est masqué, se met à sa tête et le lance contre l'infanterie allemande qui recule sans attendre le choc.

Pendant ce vigoureux mouvement offensif, et pendant la retraite qui lui succède, les chasseurs se trouvent exposés au feu des batteries prussiennes qui mettent 60 hommes hors de combat. Le lieutenant Metrot et le sous-lieutenant Bonnard sont au nombre des blessés.

Mais, grâce à cette offensive, nos batteries, un moment compromises, ont pu conserver leur position et recommencer le feu qui dure jusqu'à la nuit.

Retraite de l'armée de l'Est. — 19 janvier.

Dans la soirée on apprend que Garibaldi n'ayant pas arrêté les Prussiens devant Dijon, l'armée de l'Est va être prise entre deux feux.

On renonce aussitôt à débloquer Belfort et, dès le 19, la retraite commence.

La brigade Le Camus couche le 19 à Longevelle, le 21 à Baume-les-Dames, et le 22 à Roullans.

Le 23 janvier, après avoir passé le Doubs à Chalèze, elle file un peu à l'est de Besançon en passant par Morard, Pugey et Larnol. Apprenant, pendant cette marche, que les Allemands l'ont devancée vers le sud et que le chemin de fer est coupé à la station de Quingey, la brigade s'arrête à Buzy, où elle passe toute la journée du 24.

Le lendemain les Prussiens marchant sur Besançon, attaquent le 39e et la légion dans le voisinage d'Abbans. Le bataillon, détaché à Vorges, n'est pas engagé ce jour-là.

Le 28, les troupes se rapprochent de Besançon, où la division du général Rebillard doit être conservée pour renforcer la garnison. Les corps qui la composent sont échelonnés dans les villages des environs.

Après avoir passé deux jours à Larnod et aux Mouli-
neaux, le bataillon va s'installer à Beure, auprès du quartier général de la division. Il y reste depuis le 3 février
jusqu'au 20 mars, époque à laquelle, les hostilités étant terminées, il entre dans la ville de Besançon pour y tenir
garnison.

Pendant le séjour que le bataillon fait à Beure, les
cadres sont complétés par de nouvelles nominations.
M. Albaret, nommé à l'emploi d'adjudant-major, est remplacé comme commandant de la 4e compagnie par M. Boyenval. M. Gallat est nommé lieutenant au bataillon et est
remplacé par M. Haulon.

M. le capitaine Gérard et M. le capitaine Tournié sont
nommés chevaliers de la Légion-d'Honneur, par suite des
propositions faites après le combat de Montbéliard. Les
sergents Sainte-Marthe, Putin, Boulas et Guivarch reçoivent la médaille militaire.

Réduit à 150 hommes par suite du départ des engagés
pour la durée de la guerre, le 5e de marche remonte bientôt son effectif en s'incorporant des prisonniers qui rentrent de Suisse ou d'Allemagne.

Aussi, le 2 juillet, il compte plus de 600 hommes lorsqu'il arrive à Laval pour se fondre dans le 5e bataillon de
chasseurs.

NOTICES BIOGRAPHIQUES

OFFICIERS TUÉS A L'ENNEMI

De Jouvancourt (Pierre-Joseph-Gabriel-Jules), né à l'île Bourbon, le 26 novembre 1806, sortit de l'école militaire, comme sous-lieutenant au 24ᵉ de ligne, le 1ᵉʳ octobre 1827. Trois mois plus tard, il entrait aux gardes du corps, dans la compagnie de Noailles.

Quelques mois après la révolution de juillet, il fut placé comme sous-lieutenant au 26ᵉ de ligne. Lieutenant en 1831, il était nommé capitaine en 1837, et se rendait en Algérie,

Il revint en France au moment de la formation des bataillons de chasseurs pour entrer au 5ᵉ bataillon. M. de Jouvancourt était heureusement doué sous tous les rapports. Quelques mois avant sa mort, les notes suivantes lui étaient données par le commandant Canrobert : « *Superbe militaire, aussi brave, aussi loyal, aussi généreux qu'il est beau.* »

Le capitaine de Jouvancourt se signala toujours par sa vigueur, et reçut le commandement des carabiniers, lorsque M. d'Exéa eut été nommé chef de bataillon.

Nous avons raconté sa mort aux grottes du Dahra, le 10 juin 1844.

M. de Jouvancourt était chevalier de la Légion-d'Honneur du 24 avril 1842.

Etournaud (François), né le 24 septembre 1817 à Saint-Jean-d'Angély, entra au service en 1835 comme engagé volontaire au 37ᵉ de ligne. Il était sergent-fourrier depuis deux ans au moment de la création des chasseurs à pied. Entré au 4ᵉ bataillon, il devint rapidement sergent-major, adjudant, et fut nommé, le 14 août 1842, sous-lieutenant au 5ᵉ bataillon. « *Excellent officier, plein de zèle, vigoureux au moral comme au physique,* » écrivait à son sujet le commandant Canrobert.

Le 1ᵉʳ juin 1845, M. Etournaud était tué dans les circonstances que nous avons racontées.

Hochedez (Louis-Jules), né à Paris le 9 juin 1820, s'était engagé en 1841 au 9ᵉ bataillon de chasseurs. Sergent-major en 1845, il s'embarquait l'année suivante pour l'Algérie. Adjudant en 1848, il passait la même année sous-lieutenant au 5ᵉ bataillon.

Véritable enfant de Paris, insouciant du danger, toujours gai et plein d'entrain, M. Hochedez fut tué près de Bougie, le 21 mai 1849.

Olagnier (François), né à Saint-Brieuc le 20 octobre 1803, s'était engagé en 1819 dans les cuirassiers de la garde royale. En 1828, il entrait aux gardes du corps, compagnie de Luxembourg.

Quelques mois après la révolution de juillet, M. Olagnier était placé comme sous-lieutenant au 3ᵉ régiment de hussards. Devenu lieutenant en 1832, il passa, quelques années plus tard, dans l'infanterie.

Lieutenant, puis capitaine au 4ᵉ de ligne, il vint au 5ᵉ bataillon de chasseurs en permutant avec M. de Luxer. Nous avons raconté sa mort.

M. Olagnier était chevalier de la Légion-d'Honneur du 22 avril 1847.

Bonnet (Auguste-Gustave), né à Bayonne le 27 novembre 1817, était enfant de troupe au 9ᵉ de ligne. En 1839, il entrait comme sous-officier dans le bataillon d'essai qui devint plus tard le 1ᵉʳ bataillon de chasseurs.

Sous-lieutenant au 10ᵉ bataillon en 1841, lieutenant au 5ᵉ bataillon en 1843, M. Bonnet fut toujours noté et signalé comme un brave et vigoureux officier. Nous avons raconté sa mort à Zaatcha.

M. Bonnet était chevalier de la Légion-d'Honneur du 21 mai 1846.

Debout (Paul), né à Lesdins (Aisne) le 18 février 1821, était sorti de l'école militaire en 1843 comme sous lieutenant au 3e bataillon de chasseurs. Il rejoignit ce corps dans la province d'Alger, devint lieutenant au 5e bataillon en octobre 1846 et rentra en France en 1847, par suite d'un tiercement. Revenu en Algérie en 1849, il était tué quelques mois après à Zaatcha.

Renard (Laurent-Étienne Martin), né à Draguignan le 10 août 1827, était enfant de troupe au 6e léger. Lors de la formation des nouveaux bataillons de chasseurs, en 1854, il entra comme sous-officier au 19e bataillon, qui s'embarquait quelques mois après pour l'Orient.

Blessé à la bataille d'Inkermann et décoré de la médaille militaire, le sergent-fourrier Renard recevait au mois d'avril 1855 le brevet qui le nommait sous-lieutenant au 5e bataillon. Il rejoignit son nouveau corps aux attaques de gauche, et fut tué, ainsi que nous l'avons raconté, pendant la nuit qui suivit son arrivée.

Masse (Charles-Hyacinthe), né à Paris le 14 juillet 1823, se distingua de bonne heure par ses brillantes aptitudes militaires Sorti en 1844 de l'école de Saint-Cyr, où il était sergent-major, il rejoignit en Algérie le 10e bataillon de chasseurs. Nommé lieutenant au 5e bataillon en 1848, il arrivait avec les notes les plus brillantes, et montrait en Kabylie et à Zaatcha combien ces notes étaient méritées.

« A une instruction parfaite, à une conduite excellente, cet officier joint la plus brillante bravoure, » écrit le commandant Auzouy.

« Son savoir, son zèle et son intelligence en font un officier du premier mérite, » ajoute, quelques mois après, le commandant Levassor.

Nommé, en 1851, capitaine au bataillon, M. Masse contribue, comme adjudant-major, à la réorganisation du bataillon en 1854.

Quelques mois après, il se signale en Crimée, comme il l'a fait toujours et partout : « *Officier du plus brillant avenir, modeste, intelligent et brave*, dit dans ses notes le commandant de Saint-Aubin, *il possède toutes les qualités du commandement.* »

Ce brillant avenir devait lui manquer. Le 18 juin, M. Masse était tué aux premiers rangs dans l'intérieur de Malakoff, et son corps restait au pouvoir des Russes.

Il était chevalier de la Légion-d'Honneur du 10 novembre 1851.

De Garnier des Garets (Jean-Marie), né à Saint-Didier-de-la-Tour (Isère) le 8 mars 1832, sortit de l'école militaire le 1er octobre 1854, et rejoignit en Crimée le 5e bataillon de chasseurs. Il fut promptement apprécié de ses chefs et de ses camarades qu'il séduisait par sa distinction personnelle et par son courage.

Entré des premiers dans la batterie Gervais, le 18 juin 1855, il reçut à la tête une blessure qui le conduisait quatre jours après au tombeau.

Roger du Nord (Charles-Fernand-Edouard), né à Paris le 6 avril 1829, était entré au service en 1849, comme engagé volontaire au 24e de ligne. Possédant une brillante instruction, il ne pouvait manquer de parvenir rapidement à l'épaulette. Nommé, le 29 décembre 1853, sous-lieutenant au 5e bataillon de chasseurs, il s'embarquait quelques mois après pour l'Orient. Le jeune sous-lieutenant se fit vite apprécier : « Noble nature, excellent officier, très brave et toujours modeste, possédant le plus aimable caractère, » écrit dans ses notes le commandant de Saint-Aubin.

« Quoique jeune, ajoute le commandant Garnier, M. Roger a toutes les qualités d'un excellent officier. Instruit, intelligent et surtout très brave, il a su s'attirer l'estime de ses chefs, l'amitié de ses camarades, la confiance et l'affection de ses inférieurs. »

Le 18 juin, M. Roger recevait, en voulant forcer le réduit de Malakoff, deux blessures qui le conduisirent au tombeau après un mois de cruelles souffrances. Sa mort fut un deuil pour le bataillon.

Le 25 juillet, un décret le nommait chevalier de la Légion-d'Honneur. Il avait succombé 13 jours auparavant.

Grimart (Nicolas-Georges-Joseph), né à Strasbourg le 5 février 1836, sortit de l'école militaire en 1856. Intelligent, vigoureux, tout pouvait lui faire présager une belle carrière, lorsqu'il reçut une blessure mortelle à la bataille de Solferino. Il mourut dans la journée du lendemain.

Humbert (Camille-Ernest), né à Compiègne le 17 septembre 1836, était à l'école militaire de la promotion des recrues de M. Grimart.

Sorti comme sous-lieutenant au 18ᵉ bataillon de chasseurs, il fit avec ce corps la campagne d'Italie et s'embarqua en août 1862 pour le Mexique. Il se distingua plusieurs fois pendant cette expédition et fut à deux reprises cité à l'ordre de l'armée, le 23 avril 1863 au siége de Puebla, le 28 février 1864 à Teocaltiche. Décoré le 30 septembre 1863, il fut, le 14 mars 1864, nommé lieutenant au 20ᵒ bataillon.

Rentré en France à la fin de l'année 1864, il passait en 1866 au bataillon des chasseurs de la garde. Nommé capitaine au 5ᵉ chasseurs, le 24 juin 1870, il ne rejoignit son nouveau corps que peu de semaines avant la guerre. Nature énergique, loyale et chevaleresque, M. Humbert sut, dès les premiers jours de la campagne, inspirer à sa compagnie une confiance absolue. Aussi, le 14 août, au bois de Mey, ses officiers, ses sous-officiers et ses chasseurs, entraînés par le noble exemple qu'il leur donnait, montrèrent la plus grande énergie. Les deux officiers, la moitié des sous officiers, le tiers des caporaux ou des chasseurs furent mis hors de combat sur la lisière qu'il leur avait dit de défendre, et où lui-même venait de trouver la mort.

Knœpffler (Marie-Adolphe-Fernand), né à Phalsbourg le 9 avril 1845, sortit de l'école militaire en 1867. Son heureux caractère, sa nature douce et affectueuse lui eurent bien vite acquis la sympathie de ses camarades du 5e bataillon de chasseurs. Sa conduite au bois de Mey fut énergique et digne d'éloges. Resté un des derniers officiers survivants, il tenta de s'ouvrir un passage pour ne pas être fait prisonnier lorsque les Prussiens forcèrent l'entrée du taillis sur plusieurs points à la fois. Ramassant le fusil d'un homme mort, il s'élança à la tête de quelques chasseurs; mais, frappé par une balle à l'aine, il alla presque aussitôt tomber à côté d'un officier allemand qu'il venait de tuer à bout portant.

Son corps, relevé le lendemain pendant la suspension d'armes, fut inhumé près du bois avec celui du capitaine Humbert et celui de l'officier prussien qu'il avait tué.

Domenech (Clément-Marie-Joseph), né à Perpignan le 5 avril 1840, sortit de l'école militaire en 1859. Se trouvant de bonne heure l'aîné de plusieurs orphelins, il sut prendre au sérieux son rôle de chef de famille et diriger l'éducation de ses jeunes frères qui, guidés par lui, entrèrent les uns après les autres à l'école polytechnique ou à l'école de Saint-Cyr.

Sous-lieutenant au 3e bataillon de chasseurs, il vint au 5e avec le grade de lieutenant au mois de juin 1865.

M. Domenech était un homme charmant et un officier des plus distingués. Déjà fort instruit, il travaillait sans relâche pour étendre le cercle de ses connaissances. Il parlait l'anglais, l'espagnol, l'italien et lisait l'allemand à livre ouvert. † [illegible]

Au moment où la guerre vint interrompre ses études, il employait ses loisirs de garnison à suivre les cours de droit de la faculté de Rennes. Sa mort causa les plus vifs regrets aux officiers du bataillon qui avaient autant d'estime pour son caractère que d'affection pour sa personne.

Chabert (Pierre-Frédéric), né à Grenoble le 7 mai 1827, sortit de l'école militaire en 1849 comme sous-lieutenant au 59e de ligne. Passé au 6e bataillon au moment de l'augmentation du nombre des bataillons de chasseurs, il était bientôt après nommé lieutenant au 13e bataillon, avec

lequel il passa en Algérie les années 1856, 1857, 1858.
Nommé capitaine au mois d'août 1858, M. Chabert rentra
en France pour rejoindre le 17e bataillon, qu'il quitta en
1860 pour passer au 19e. En 1868, il vint occuper l'emploi
d'adjudant-major au 5e chasseurs.

Nature vive et nerveuse, M. Chabert était entraîné par
ce courage aveugle qui ne tient aucun compte des obstacles.

Au moment où la guerre éclata, il était sur le point de
se marier. Il partit de Rennes en emportant l'espoir de revenir mettre dans la corbeille de sa fiancée l'épaulette
d'officier supérieur.

Blessé très grièvement le 14 août, M. Chabert pouvait
être sauvé par une grave opération. Il n'y voulut pas con-
sentir, craignant trop l'impression qu'aurait produite sur
sa fiancée la vue d'un pauvre amputé. L'épaulette tant
désirée était venue récompenser sa bravoure, il voulait se
conserver tout entier pour la porter fièrement.

Chrétien convaincu et patriote ardent, le commandant
Chabert montra sur son lit de douleurs une résignation et
un courage admirables. Les désastres de la patrie l'im-
pressionnaient autant que la crainte de ne plus revoir la
jeune fille qu'il aimait. Pendant neuf longues semaines, il
lutta contre la mort en pensant à la France qui avait tant
besoin de cœurs dévoués comme le sien, et en songeant à
celle qui attendait anxieusement son retour. Usé par tant
de souffrances, il succomba le 19 octobre à l'ambulance de
l'école d'application. M. Chabert était chevalier de la
Légion-d'Honneur du 12 mars 1868.

Carré (Louis-Auguste), né à Sarreguemines le 21 juin
1828, fut élevé à Metz où il passa toute sa jeunesse. Sorti
de l'école militaire en 1849, il débuta au 4e bataillon de
chasseurs et passa en Algérie les années 1850 et 1851.
Nommé, en juin 1852, lieutenant au 5e, il rentra en France
et rejoignit son nouveau corps à Paris.

Au mois d'avril 1855, il faisait partie des compagnies
qui s'embarquèrent pour l'Orient. Maintenu à Varna pendant quelques mois pour commander le dépôt des conva-

lescents et des isolés, M. Carré obtint, au mois de janvier 1854, l'autorisation de rejoindre sa compagnie en Crimée.

Blessé à l'assaut de Malakoff, le 18 juin, par un coup de feu qui l'atteignit à la jambe droite, il fut, quelques jours après, nommé capitaine au 4e bataillon et reçut, au mois de septembre de la même année, la croix de la Légion-d'Honneur.

Onze ans plus tard, M. Carré était nommé chef de bataillon au 91e et, le 1er mars 1868, il venait prendre à Toulouse le commandement du 5e bataillon de chasseurs.

Nous avons dans ce récit exposé les faits qui se passèrent sous son commandement et raconté sa mort au combat de Servigny.

Doué de convictions religieuses vraies et sincères, le commandant Carré était d'une grande bonté et portait un bienveillant intérêt à ses subordonnés. Père d'une nombreuse famille, il adorait les enfants.

Une de ses préoccupations constantes était le sort des enfants de troupe. Chaque année à l'inspection, il faisait ressortir les inconvénients de la vie de la caserne pour leur éducation, et présentait un travail relatif à l'organisation et à la création d'écoles spéciales pour ces enfants.

En 1874, Mme Carré, voulant perpétuer la mémoire de son mari dans le 5e bataillon de chasseurs, fit en faveur des enfants de troupe de ce corps une fondation de 100 fr. de rente.

D'après les intentions de la donatrice, chaque année, au moment de l'inspection générale, cette somme est divisée en deux prix qui sont décernés aux deux enfants de troupe dont la conduite et le travail ont été le plus satisfaisants depuis l'inspection précédente.

Coulon (Adolphe-Bonnaventure), né à Mâcon le 9 décembre 1828, était enfant de troupe au 17e léger. Engagé volontaire en décembre 1846, il passa en 1854 au 1er régiment de voltigeurs de la garde comme sergent-major. En avril 1855, il s'embarquait pour la Crimée avec le grade d'adjudant et ne tardait pas à être nommé sous-lieutenant.

Rentré de Crimée à la fin de 1855, il faisait en 1859 la campagne d'Italie après laquelle il était nommé lieutenant.

En passant capitaine en 1868, il vint au 5e bataillon de chasseurs par permutation avec M. Mauduit.

Blessé au bois de Woippy le 7 octobre par une balle qui avait traversé la cuisse sans fracturer les os, M. Coulon succomba le 19 novembre des suites de cette blessure, qu'on avait d'abord considérée comme sans gravité.

Il était chevalier de la Légion-d'Honneur du 28 avril 1865.

CHEFS DE BATAILLON

ayant commandé le 5ᵉ bataillon de chasseurs

Mellinet (Emile), né à Nantes le 1ᵉʳ juin 1798, fut
nommé sous-lieutenant au 80ᵉ régiment d'infanterie en
1814. Il fit avec ce régiment, devenu l'année suivante le
96ᵉ de ligne, la campagne de Waterloo. Mis en non-acti-
vité à la seconde restauration, il fut replacé en 1817 à la
légion départementale de l'Orne et admis trois ans plus
tard au traitement de réforme. En 1823, M. Mellinet est de
nouveau rappelé à l'activité et placé au 5ᵉ léger avec lequel il fait la guerre d'Espagne.

Blessé d'un coup de feu devant Saint-Sébastien en 1823,
il est nommé lieutenant et reçoit la croix de l'ordre espagnol de Charles III.

En 1828, le lieutenant Mellinet passe au 5ᵉ régiment de
la garde royale, dans lequel il sert juqu'à la révolution de
juillet 1830.

La garde royale ayant été licenciée, M. Mellinet fut
placé au 14ᵉ de ligne avec le grade de capitaine. Chef de
bataillon au 35ᵉ de ligne en 1839, il est chargé un an plus
tard d'organiser le 5ᵉ bataillon de chasseurs à pied.

Nous avons, dans le cours de ce récit, raconté cette partie de sa carrière militaire.

Nommé lieutenant-colonel au 41ᵉ le 16 octobre 1842, il
passe deux ans plus tard au 32ᵉ, et devient colonel du
1ᵉʳ régiment de la légion étrangère en 1846.

Nommé général de brigade en 1850, il commande pendant plusieurs années le département du Rhône. Chargé
d'organiser une brigade de la garde qui doit prendre part
au siège de Sébastopol, il gagne en Crimée le grade de

général de division, et rentre en France balafré par un éclat d'obus qui lui a déchiré une partie de la figure.

En 1859, il fait la campagne d'Italie à la tête de la division des grenadiers de la garde, et gagne à Magenta la grand'croix de la Légion-d'Honneur.

Passé dans le cadre de réserve en 1865 et élevé à la dignité de sénateur, le général Mellinet exerce jusqu'en 1870 le commandement supérieur des gardes nationales de la Seine.

Canrobert (François), né à Saint-Céré (Lot) le 10 juin 1809.

Il faudrait un volume pour écrire sa biographie et raconter en détail sa carrière militaire à laquelle nous ne pouvons censacrer que quelques lignes.

Sorti de l'école de Saint-Cyr en 1828 comme sous-lieutenant au 47ᵉ de ligne, il passe lieutenant en 1832, et s'embarque quelques mois après pour l'Algérie.

Le 47ᵉ opère d'abord dans la province d Oran et assiste aux combats de la Macta et à la bataille de la Sikah sous les ordres du général Bugeaud.

Transporté dans l'est après le premier siége de Constantine, le 47ᵉ prend une glorieuse part à la prise de cette ville le 13 octobre 1837.

Lorsque, après l'assaut, le colonel Combes, maître d'une des maisons voisines de la brèche, voulut faire savoir au duc de Nemours qu'il avait pris pied dans la place, il chargea le capitaine Canrobert de cette périlleuse mission. Il fallait, pour la remplir, traverser de nouveau sous un feu continu tout l'espace qui séparait la brèche des tranchées. En faisant ce trajet, le capitaine Canrobert reçut une balle à la jambe, mais n'alla se faire panser qu'après s'être acquitté de la mission dont on l'avait chargé. Quelques jours après, il recevait comme récompense la croix de la Légion-d'Honneur.

Rentré en France en 1840, le capitaine Canrobert assiste aux essais de manœuvre du camp de Saint-Omer, et devient, à la création des chasseurs, adjudant-major du 6ᵉ bataillon.

Le 6ᵉ chasseurs ne tarde pas à se rendre en Algérie, où, sous les ordres du général Changarnier, il fait de rudes campagnes dans l'Atlas et dans le bassin du Chéliff.

Le capitaine Canrobert y gagne en mai 1842 son épaulette de chef de bataillon. Placé d'abord au 13ᵉ de ligne, il vient quelques mois après prendre le commandement du 5ᵉ bataillon de chasseurs.

Nommé en 1845 lieutenant-colonel au 16ᵉ de ligne, il est maintenu en Afrique pour commander le cercle de Tenez, et passe au 22ᵉ, puis au 64ᵉ de ligne.

Promu au grade de colonel en 1847, il commande le 2ᵉ régiment de la légion étrangère, avec lequel il prend activement part à la création de Batna et à la soumission des tribus de l'Aurès. Appelé en 1849 à commander le régiment des zouaves et le cercle d'Aumale, il se distingue de nouveau en Kabylie, à Zaatcha et à Narah.

Nommé général le 13 juin 1850, il reçoit le commandement d'une brigade de l'armée de Paris et se trouve appelé à remplir les fonctions d'aide de camp du Président de la République.

Général de division en janvier 1853, il est placé l'année suivante à la tête de la 1ʳᵉ division de l'armée d'Orient.

Quelques jours après la bataille de l'Alma, le général Canrobert est désigné par le maréchal de Saint-Arnaud mourant pour lui succéder dans le commandement en chef.

On connaît les obstacles qu'il eut à vaincre pendant le rigoureux hiver de 1854 à 1855. Son énergie et sa sollicitude lui permirent de traverser cette crise et de remettre au général Pelissier son armée intacte et en parfait état. On sait aussi avec quelle noble dignité il se démit du commandement en chef pour aller se placer à la tête de son ancienne division, sous les ordres de ses subordonnés de la veille.

Elevé, le 18 mars 1856, à la dignité de maréchal de France, il exerce successivement le commandement du 3ᵉ corps d'armée à Nancy, du 4ᵉ corps à Lyon et du 1ᵉʳ à Paris.

En 1859, il commande le 3ᵉ corps de l'armée d'Italie et

déploie, à la bataille de Magenta, la chevaleresque bravoure qui lui est habituelle.

En 1870, il reçoit le commandement du 6ᵉ corps qui se rassemble au camp de Châlons pour former la réserve de l'armée du Rhin.

Appelé à Metz après l'échec de Speicheren, le maréchal donna une nouvelle preuve de son désintéressement et de son abnégation militaires. L'empereur ne voulant pas le subordonner au maréchal Bazaine, de huit ans plus jeune de grade, lui laissait son indépendance complète et la libre direction des mouvements de son corps d'armée.

Le maréchal Canrobert n'hésita pas à déclarer qu'il se rangeait sous les ordres de son collègue pour assurer l'unité dans le commandement et l'ensemble dans les opérations.

Vivement engagé le 16 août, le 6ᵉ corps, incomplet en artillerie, supporta le principal effort de la journée du 18. Combattant sous les yeux du maréchal Canrobert, il se fit écraser avant d'abandonner Saint-Privat et sans doute, s'il eût été soutenu à temps, il aurait maintenu ses positions.

Le maréchal Canrobert préside actuellement la commission chargée d'établir le classement des officiers proposés pour l'avancement.

Chevalier de la Légion-d'Honneur en 1837, officier de l'ordre en 1845, il reçut la croix de commandeur après Zaatcha, celle de grand-officier après l'Alma, et la grand'-croix au mois de mai 1855.

Le souvenir du maréchal Canrobert est toujours vivant au 5ᵉ bataillon de chasseurs et s'y transmet de génération en génération.

Le 5ᵉ est toujours « *le bataillon Canrobert,* » de même que pour le maréchal il est : « *Mon cinquième bataillon.* »

C'est que l'histoire du bataillon se lie d'une façon bien intime à celle du maréchal.

Après l'avoir commandé pendant trois ans comme chef de corps, il l'a gardé sous ses ordres, alors qu'il soumettait le Dahra et les tribus du cercle de Tenez. Devenu colonel des zouaves, il l'a encore dirigé en Kabylie, à Zaatcha, à

Narah. Général, il l'a retrouvé à Paris le 2 décembre; général en chef, il l'avait dans son armée sous les murs de Sébastopol.

Une légende qui repose sur de tels faits ne saurait s'éteindre dans la mémoire des soldats.

Gaillard de Saint-Germain (Marie-Charles-Emmanuel), né au château de Mailly, près de Saint-Germain-la-Poterie Oise), le 19 décembre 1810, sortit de l'école militaire en 1831.

Sous-lieutenant, lieutenant, puis capitaine au 30e de ligne, il passe, en 1842, au 3e bataillon d'infanterie légère d'Afrique, afin de faire des campagnes.

A peine arrivé dans la province de Constantine, il s'attache sérieusement à l'étude des questions algériennes, et se fait remarquer par la justesse de ses idées sur l'administration et l'avenir de la colonie, aussi bien que par l'intrépidité qu'il montre dans les engagements contre l'ennemi.

En 1843, il est cité par le général Baraguay-d'Hilliers pendant l'expédition du Collo.

L'année suivante, le duc d'Aumale, frappé de ses remarquables aptitudes, le charge d'organiser le cercle de Biskra, premier établissement permanent que nous essayons de créer dans le sud.

Nommé, le 26 octobre 1845, chef du 5e bataillon de chasseurs, il renonce quelques jours après à ce commandement pour rester à la tête du cercle qu'il vient d'organiser. Il passe en conséquence au 56e, par suite d'une permutation avec M. Soumain. En 1848, on le place au 2e régiment de la légion qui, tenant garnison à Batna sous les ordres du colonel Canrobert, fournit la garnison de Biskra.

Au mois de mai 1848, le commandant de Saint-Germain tente un hardi coup de main dans l'Aurès et va enlever l'ancien bey de Constantine, Achmet, qui agitait les montagnards de cette région.

Au printemps de 1849, il était à Philippeville, prêt à s'embarquer pour la France afin de jouir d'un congé, lorsqu'il apprend que des troubles ont éclaté dans le sud. Il revient en toute hâte à Biskra et rejoint la petite colonne avec laquelle le colonel Carbuccia se porte sur Zaatcha pour enlever Bou-Zian. Malheureusement ce coup de main échoue et la légion étrangère, qui n'a pas les moyens de faire un siége en règle, est forcée de se retirer.

Après cet échec, l'insurrection fait de rapides progrès dans le Zab et s'étend jusqu'à l'Aurès.

Le 17 septembre, le commandant de Saint-Germain apprend qu'un parti nombreux de cavaliers et de fantassins est descendu de ces montagnes pour forcer les tribus qui nous restent fidèles à prendre part au soulèvement. Il rassemble aussitôt ses forces disponibles, 140 hommes de la légion, 150 sabres réguliers, et 200 chevaux du goum, et court à l'ennemi qu'il rencontre au bord de l'Oued-Birasse, près de Sériana.

Les insurgés sont au nombre de 3 à 4,000, mais se retirer devant eux, c'est faire preuve d'impuissance et abandonner les tribus alliées. Le commandant n'hésite pas à attaquer et conduit en personne la charge de la cavalerie régulière qui rompt au premier choc les nombreuses bandes indigènes. Au moment où la victoire se dessine, M. de Saint-Germain reçoit à bout portant deux balles dans la tête et tombe mort sans avoir pu jouir de ce brillant succès.

La citadelle de Biskra reçut, en mémoire du créateur de ce cercle, le nom de fort Saint-Germain.

M. de Saint-Germain était chevalier de la Légion-d'Honneur du mois de juin 1844.

Soumain (Jules-Henri), né à Châteauroux le 29 mars 1805, sortit de l'école militaire en 1823 pour aller rejoindre le 5ᵉ léger à l'armée d'Espagne. Il y passa les années 1824 et 1825. Lieutenant en 1830, capitaine en 1836, il entra dans les chasseurs à pied au moment de leur formation et fut placé au 6ᵉ bataillon.

Embarqué pour l'Algérie en 1841, le 6ᵉ bataillon opéra longtemps sous les ordres du général Changarnier. Le capitaine Soumain fut à quatre reprises différentes cité à l'ordre de l'armée pendant les années 1842 et 1843. La dernière de ces citations, faite par le général Changarnier le 7 juin 1843, se rapporte à l'enlèvement des crêtes de l'Ouar-en-Senis, un des plus curieux épisodes des campagnes de cette époque.

Les Kabyles s'étaient réfugiés avec leurs troupeaux sur un étroit plateau qu'ils croyaient inaccessible. Voyant les chasseurs escalader les rochers en s'aidant des pieds et des mains, ils n'eurent bientôt plus le temps de charger leurs armes et se mirent à rouler sur les assaillants d'énormes pierres, et à lancer tous les projectiles qui leur tombaient sous la main. Le capitaine Soumain, qui dirigeait l'attaque de sa compagnie, fut tout à coup renversé et presque écrasé par la chute d'un bœuf, qu'à défaut d'autre chose, on avait précipité sur lui.

Devenu chef de bataillon au 56e en 1844, il fut appelé l'année suivante, par suite d'une permutation d'office, à prendre le commandement du 5e bataillon de chasseurs.

Nommé lieutenant-colonel au 51e en 1848, colonel du 4e léger en 1850, M. Soumain devint général de brigade en 1854.

En 1856, il fut appelé à commander la subdvision de la Seine et la place de Paris, poste qu'il conserva après être devenu général de division en 1859.

Placé dans le cadre de réserve quelques mois avant la guerre de 1870, le général Soumain reprit le 16 juillet le commandement de la 1re division militaire et le conserva jusqu'au mois de février 1871.

Il est mort à Paris le 30 mars 1873.

Chevalier de la Légion-d'Honneur en 1846, officier en 1851, commandeur en 1858, le général Soumain était devenu grand-officier de l'ordre en 1865.

Auzouy (Pierre-François-Henri), né à Rignac (Aveyron) le 28 octobre 1809, sortit de l'école militaire en 1829 comme sous-lieutenant au 6e de ligne, avec lequel il prit part à l'expédition d'Alger. Rentré en France en 1831, il passait l'année suivante au 64e avec le grade de lieutenant et devenait capitaine en 1838.

Retourné en Algérie en 1841, M. Auzouy y passe neuf

années consécutives. En avril 1842, il est cité par le gouverneur général comme s'étant distingué dans un combat livré à El-Berkani. Au mois d'octobre de la même année, il est de nouveau cité et reçoit un coup de feu pendant une expédition chez les Beni-Menacer.

Appelé le 18 juin 1848 au commandement du 5e bataillon de chasseurs, il prend part à l'expédition de Kabylie du mois de juin 1849.

Revenu au 64e de ligne par suite d'une permutation avec M. Levassor-Sorval, il est, quelques mois après, placé à la tête du 9e bataillon de chasseurs, qui rentre en France à la fin de l'année 1850.

Nommé lieutenant-colonel au 48e en juin 1853, il prend part à l'expédition de la Baltique, et devient en 1857 colonel du 23e de ligne, qu'il rejoint en Algérie.

En 1859, la division Renault, dont le 23e fait partie, est rappelée d'Afrique pour prendre part à la campagne qui va s'ouvrir. Quoique blessé d'un coup de feu au bras à la bataille de Magenta, le colonel Auzouy assiste à la bataille de Solferino et commande pendant cette journée la brigade formée par le 23e et le 41e.

Le 25 juin 1859, il recevait la croix de commandeur de la Légion-d'Honneur.

Le colonel Auzouy a pris sa retraite en 1869.

Levassor-Sorval (Marie-Auguste-Rolland), né à la Guadeloupe le 21 mars 1808, sortit de l'école militaire en même temps que le maréchal Canrobert, avec qui il débuta au 47e de ligne. Nommé lieutenant en 1832, il fit en Algérie les campagnes de 1836 à 1839 et devint capitaine adjudant-major en 1840.

Au moment de la création des chasseurs à pied, il fut placé au 4e bataillon, mais passa bientôt après au 10e lorsque ce bataillon reçut l'ordre de se rendre en Algérie.

Pendant le séjour de sept années qu'il fit en Algérie, il obtint en 1842 la croix de la Légion-d'Honneur et en 1847 le grade de chef de bataillon. Son régiment, le 64e de ligne, ayant été rappelé en France, il permuta en 1849 avec M. Auzouy, et retourna en Algérie pour prendre le commandement du 5e bataillon de chasseurs qu'il rejoignit devant Zaatcha.

Nommé lieutenant-colonel au 15e léger en décembre 1851, il fut promu, le 1er mai 1854, au grade de colonel et placé au 3e léger qui, pendant son commandement, devint le 78e de ligne.

Nommé général de brigade au mois de mai 1859, pendant la campagne d'Italie, il rentre en France pour commander la subdivision de l'Hérault. Général de division en 1869, il commandait à l'armée du Rhin la 4e division du 6e corps, et se trouvait à la tête d'une des divisions de l'armée de Versailles lorsqu'il passa dans le cadre de réserve au mois de mars 1873.

Le général Levassor est grand-officier de la Légion-d'Honneur.

Landry de Saint-Aubin (Charles-Ferdinand-Maxime), né à Paris le 21 août 1811, servit d'abord pendant deux ans dans les pages du roi.

Six mois après la révolution de juillet, il fut placé comme sous-lieutenant au 7e de ligne, et fit la campagne de Belgique en 1832. Lieutenant en 1838, il passa l'année suivante au bataillon de tirailleurs qui devait former le noyau des chasseurs à pied.

Blessé d'un coup de feu au col de Mouzaïa le 15 juin 1840, il était nommé capitaine au 43e, mais revenait quelques mois après au bataillon de tirailleurs devenu le 1er bataillon de chasseurs à pied.

En 1843, M. de Saint-Aubin passe au 6e bataillon pour retourner en Algérie. Il y obtient en 1844 la croix de la Légion-d'Honneur, et reçoit en 1846 une nouvelle blessure.

Promu au grade de chef de bataillon en 1850, il est placé au 37e de ligne, qu'il quitte, le 24 décembre 1851, pour venir prendre le commandement du 5e bataillon de chasseurs.

Nommé, à la fin de janvier 1855, lieutenant-colonel au 91e de ligne, M. de Saint-Aubin mourut en Crimée le 4 août 1855, emporté par une attaque de choléra.

Il avait reçu en 1854 la croix d'officier de la Légion-d'Honneur.

Garnier (Isidore-Théodule), né le 3 décembre 1816, à la Chaussée, près de Vitry-le-François, s'engageait au 19e léger en 1834. Sous-lieutenant en 1840, il s'embarque l'année suivante pour l'Algérie et passe sept années consécutives dans la province de Constantine.

Lieutenant en juillet 1843, il est blessé d'un coup de feu à la jambe en 1846 pendant l'expédition de Djigelli.

Rentré en France au mois de mai 1848, il est nommé capitaine quelques jours après et prend en 1850 l'emploi d'adjudant-major.

M. Garnier passe au 5e bataillon de chasseurs en décembre 1853. Nous avons dit les services qu'il y rendit dès son arrivée et raconté le rôle brillant qu'il a joué pendant la campagne de Crimée.

Le 18 juin 1855 en a fait, après le maréchal Canrobert, le plus connu des anciens chefs du 5e bataillon de chasseurs, et celui dont le souvenir est resté le plus vivant dans ce corps.

Passé, le 11 septembre 1855, au bataillon des chasseurs de la garde, il revient en France à la fin de cette même année. Lieutenant-colonel au 19e de ligne en décembre 1857, il passe, au mois de mai 1859, au régiment des zouaves de la garde qu'il rejoint en Italie.

Nommé l'année suivante colonel du 18e de ligne, il passe, en juin 1862, au 51e et se rend au Mexique.

Le 23 mars 1863, le colonel Garnier est blessé devant Puebla et mis à l'ordre de l'armée après l'assaut du fort San-Xavier. Deux ans après, il est cité de nouveau à l'occasion du combat d'Espinaso del Diablo et de la prise de Guyamas.

Le 16 décembre 1865, le colonel Garnier était nommé général et rentrait en France. Il commandait une des brigades de la garde au moment de la guerre de 1870. Nommé général de division pour prendre rang du 27 octobre 1870, il commanda une des divisions de l'armée de Versailles pendant la lutte contre la Commune.

Au moment de l'organisation des corps d'armée, il fut mis à la tête de la 8e division d'infanterie.

Le général Garnier est commandeur de la Légion-d'Honneur depuis le 1er juin 1863.

Thouvenin (Charles-Jules), né à Lunéville le 11 novembre 1811, sortit de l'école militaire comme sous-lieutenant au 60ᵉ de ligne, en 1832. Passé l'année suivante au 7ᵉ léger, il devint lieutenant en 1840 et capitaine en 1845. Se trouvant en Algérie depuis 1851, il passa en décembre 1853 au 4ᵉ bataillon de chasseurs, alors employé dans la province d'Oran.

Le 4ᵉ chasseurs s'embarquait en janvier 1855 pour la Crimée où, le 24 juin de la même année, M. Thouvenin fut nommé chef de bataillon au 26ᵉ de ligne. Le 11 septembre il vint remplacer, au 5ᵉ chasseurs, le commandant Garnier.

Nommé, le 28 juin 1860, lieutenant-colonel au 103ᵉ de ligne qu'on formait avec les Savoisiens annexés, il fut placé au 26ᵉ, lorsqu'à la fin de l'année 1861, le 103ᵉ fut licencié.

Au mois de janvier 1865, M. Thouvenin fut admis à la pension de retraite.

Chevalier de la Légion-d'Honneur du 26 mars 1855, M. Thouvenin reçut, en août 1864, la croix d'officier de cet ordre.

Fraboulet de Kerleadec (Théodore-Eugène), né à Bitche le 5 août 1826, débute au sortir de l'école militaire en 1845 comme sous-lieutenant au 41ᵉ, où servait déjà son frère aîné (1). Il passe un an en Algérie et devient lieutenant en 1848. Au moment du dédoublement des bataillons de chasseurs, il est nommé capitaine au 6ᵉ bataillon, avec lequel il s'embarque pour la Crimée. Quelques mois après son arrivée devant Sébastopol, il passe au 3ᵉ bataillon en qualité d'adjudant-major.

Entré des premiers, le 7 juin, dans les ouvrages russes du Mamelon-Vert, il court les plus grands dangers par suite de l'explosion d'une poudrière, et a la figure et les mains complétement brûlées.

Nommé chef de bataillon au 83ᵉ, au mois de mars 1859, il permute au 21ᵉ de ligne dans l'espoir de prendre part à

(1) Aujourd'hui général, commandant la 16ᵉ division d'infanterie.

la campagne d'Italie, mais il ne peut rejoindre l'armée qu'après la cessation des hostilités.

Appelé le 2 juillet 1860 à commander le 5ᵉ bataillon de chasseurs, le commandant Fraboulet de Kerleadec fait preuve d'une infatigable activité. Les exercices physiques, surtout la gymnastique et l'escrime, tenus en honneur par suite de l'importance qu'il y attache, sont développés à un degré remarquable. Le bataillon y gagne un ensemble de vigueur et de force qui le signale à l'attention des généraux appelés à l'inspecter.

Nommé lieutenant-colonel au 54ᵉ de ligne, en 1864, M Fraboulet passe un mois après au 48ᵉ de ligne qui se trouve en Algérie. Il y fait campagne jusqu'à la fin de 1868.

Nommé, le 3 août 1869, colonel du 15ᵉ de ligne, il amène à Thionville, au mois de juillet 1870, ce régiment qui fait partie de la 3ᵉ division du 4ᵉ corps. Atteint par un éclat d'obus à la jambe gauche, pendant la bataille de Saint-Privat, le colonel de Kerleadec voit, à l'âge de 44 ans, se briser la carrière qu'il parcourait si brillamment. Le 11 septembre, il mourait à l'ambulance par suite de cette blessure.

Chevalier de la Légion-d'Honneur le 10 mai 1852, il était officier de l'ordre du 16 avril 1861.

Thibaudin (Jean), né à Moulins-Engilbert (Nièvre), le 12 novembre 1822, sortit de l'école militaire le 1ᵉʳ avril 1843, comme sous-lieutenant au 6ᵉ léger. Embarqué pour l'Afrique en avril 1844, il prend part aux rudes expéditions que ce régiment fait dans le sud de la province d'Oran sous les ordres du colonel Renault, et devient lieutenant en 1847.

Rentré en France en 1849 et nommé capitaine en 1853, il quitte le 6ᵉ léger pour entrer au 15ᵉ bataillon de chasseurs comme adjudant-major, au moment de l'organisation de ce bataillon. Il fait la campagne de 1859 en Italie et reçoit, le 13 août, la croix de la Légion-d'Honneur. Nommé major au 47ᵉ de ligne, au mois de février 1860, puis chef de bataillon au 35ᵉ en 1863, M. Thibaudin vient, le 12 août 1864, prendre le commandement du 5ᵉ bataillon de chasseurs.

Passionné pour la carrière militaire, très instruit, travaillant beaucoup et aimant à faire travailler les autres, le commandant Thibaudin sut développer de la façon la plus remarquable l'instruction de son bataillon. Il possédait au plus haut degré le don de rendre le service facile et de faire aimer le métier. Sous son impulsion, les plus indolents devenaient zélés sans s'en apercevoir.

Nommé lieutenant-colonel du 67e en 1868, M. Thibaudin devint colonel de ce régiment, en 1870, après le combat de Sarrebruck. Il est aujourd'hui colonel du 32e de ligne.

Carré (Louis-Auguste). — Voir aux notices des officiers tués.

Renaud (Thomas-Hippolyte), né à Paris le 21 avril 1828, sortit de l'école militaire en 1849 comme sous-lieutenant au 1er bataillon de chasseurs qu'il rejoignit à Rome.

Lieutenant au 3e bataillon, en 1852, il passe au 13e au moment du dédoublement de 1854. Placé au 1er zouaves peu de temps après la guerre de Crimée, il devient capitaine en 1856.

De 1856 à 1862, le capitaine Renaud ne quitte l'Afrique que pour faire la campagne d'Italie, pendant laquelle il prend l'emploi d'adjudant-major.

Embarqué pour le Mexique en 1862, il reçoit deux blessures au siége de Puebla, et se trouve cité le 2 mai 1863, après l'attaque de San-Inès.

Passé major au 67e de ligne, le 21 décembre 1866, il quitte ces fonctions, dès le début de la guerre de 1870, pour prendre le commandement d'un des bataillons du 67e. A la bataille de Mars-la-Tour, il a un cheval tué sous lui; et, le 11 septembre, il est appelé à venir remplacer, à la tête du 5e bataillon de chasseurs, le commandant Carré tué à l'ennemi.

Après avoir en 1871 présidé à la réorganisation du bataillon, M. Renaud a été nommé lieutenant-colonel au 22e de ligne au mois de décembre 1872. Placé d'abord à la suite au 25e, il est actuellement au 47e de ligne.

Chevalier de la Légion-d'Honneur en 1859, le lieutenant-colonel Renaud est officier de l'ordre du 19 octobre 1870.

Comte de Ligniville (Albert), né à Saint-Dié le 1er mars 1831, sortit de l'école militaire en 1850 comme sous-lieutenant au 14e de ligne. Nommé lieutenant en 1854, il s'embarquait au mois de janvier 1855 pour la Crimée, où il gagnait rapidement ses épaulettes de capitaine et la croix de la Légion-d'Honneur.

Il fit en 1859 la campagne d'Italie, et au mois de novembre 1863, se vit désigné pour remplir les fonctions d'officier d'ordonnance de l'Empereur. Nommé chef de bataillon au 35e de ligne, en 1866, il était quelques mois après chargé de diriger l'éducation militaire du prince impérial.

La sûreté de son jugement, l'étendue de son instruction, le charme de son caractère et l'exquise distinction de sa personne, l'avaient fait choisir pour ce poste de confiance qu'il quitta en 1870 afin d'aller rejoindre son régiment, le 2e grenadiers de la garde.

Appelé, le 12 septembre, à commander le bataillon des chasseurs de la garde, il eut le 7 octobre la main droite traversée par une balle, pendant qu'il conduisait son bataillon à l'attaque du hameau de Bellevue.

Après la guerre, M. de Ligniville, dont la blessure n'était pas guérie, resta quelque temps à la suite du 24e, puis au 9e bataillon.

Le 12 janvier 1873, il vint prendre à Laval le commandement du 5e bataillon de chasseurs. Le court séjour qu'il fit dans ce corps permit d'apprécier toutes ses nobles qualités et lorsqu'il fut nommé lieutenant-colonel au 26e de ligne, le 17 septembre de la même année, il emporta les regrets et la sympathie de tous ceux qui avaient servi sous ses ordres.

Depuis cette époque, M. de Ligniville a quitté le service actif. Il est officier de la Légion-d'Honneur du 24 décembre 1867.

Cugnier (Auguste-François-Emile), né à Besançon le 24 octobre 1833, entra au service en 1851 comme engagé volontaire au 8e bataillon de chasseurs. Passé au 19e au moment du dédoublement des bataillons, il était sergent-major, lorsqu'en avril 1854, le 19e bataillon partit pour l'Orient. M. Cugnier fit toute la campagne de Crimée et fut contusionné aux ouvrages blancs le 9 juin 1855.

Nommé sous-lieutenant au 4e bataillon, au mois d'août 1855, il revint en France en 1856 et, deux ans après, passa lieutenant sans changer de bataillon.

Capitaine instructeur de tir au 20e bataillon, en août 1867, il fit la campagne de Metz, assista aux trois journées de Borny, de Mars-la-Tours et de Saint-Privat, ainsi qu'au combat de Servigny, pendant lequel il reçut une forte contusion à l'épaule, et fut cité dans les ordres généraux du 4e corps, n° 20 et n° 24, relatifs à ces différentes affaires. Nommé adjudant-major du 20e bataillon au mois de septembre 1870, il contribua pour une grande part à la réorganisation de ce corps après la guerre.

Au mois de mai 1872, M. Cugnier, nommé major au 26e de ligne, faisait régler dans ce régiment tous les comptes arriérés pendant la campagne.

Le 17 septembre 1873, il passait au 5e bataillon de chasseurs qu'il commande actuellement.

Le commandant Cugnier est chevalier de la Légion-d'Honneur du 24 décembre 1869.

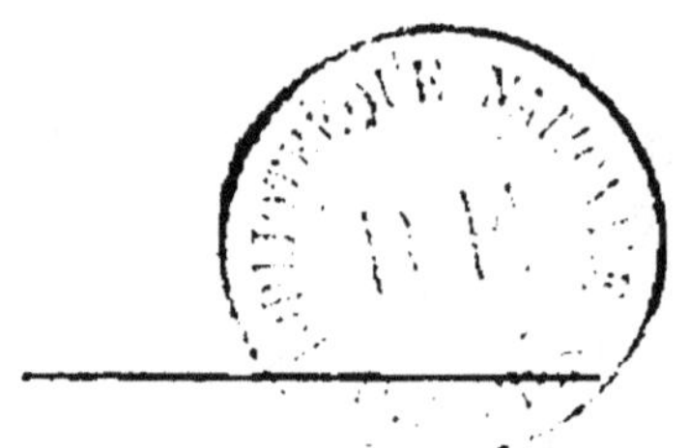

ÉTAT DES OFFICIERS

QUI ONT FAIT PARTIE DES CADRES DU 5ᵉ BATAILLON DE CHASSEURS

DEPUIS SA CRÉATION

des officiers	NOMS ET PRÉNOMS	A COMPTÉ AU BATAILLON		AVEC LE GRADE de	DEVENU
		du	au		
1	Mellinet Emile.	30 sept. 1840	16 oct. 1842	Chef de bataillon	Général de div.,sénat.,command.en chef les gardes nation. de la Seine. Passé dans le cadre de réserve.
2	De Sauville A. L. Hippolyte. .	17 oct. 1840	1ᵉʳ mai 1849	Capit. fais.fᵒⁿˢ de major	Retraité comme major.
3	Garnier de Labarère H.Alexand.	id.	27 avril 1846	Capit. adjud.-major	Chef de bataillon.
4	Minié C. Etienne.	20 oct. 1840	19 juillet 1845	S.-lieut., puis lieuten. instructeur de tir	Lieutenant-colonel.
5	Dufour Joseph	17 oct. 1840	18 juillet 1849	S.-lieut., lieut. trésor.	Décédé au corps en 1849.
	Id. Id.	18 juillet 1849	25 sept. 1849	Capitaine	
6	Couronne Félix.	17 oct. 1840	5 juillet 1842	Lieut. off. d'habillem.	Retraité comme capitaine.
7	D'Exéa A. Achille	21 oct. 1840	21 nov. 1841	Capitaine	Général de division.
8	De Jouvancourt P.J.G. Jules . .	29 nov. 1840	10 juin 1844	Id.	Tué à l'ennemi (Dahra).
9	De Luxer P. V. Edouard. . . .	24 oct. 1840	17 oct. 1844	Id.	Colonel comm. en sec. le prytanée.
10	Dubois-Descretons C.E.J. Alfred	id.	21 juillet 1841	Id.	Mort à l'hôpital de Mostaganem.
11	De Pontual L. M. Y. Toussaint.	21 oct. 1840	4 juillet 1849	Id.	Chef de batail. (dans le recrutem.)
12	Dufour de Montlouis L. Théod.	3 déc. 1840	22 sept. 1847	Id.	Chef de bataillon.
13	Dorlodot des Essarts C. C. Gilb.	6 nov. 1840	30 mai 1846	Id.	Retraité comme chef de bataillon.
14	Lecat P. Alexandre.	13 mars 1841	4 août 1849	Id.	Retraité comme capitaine.

N° du registre m[le] des officiers	NOMS ET PRÉNOMS	A COMPTÉ AU BATAILLON		AVEC LE GRADE de	DEVENU
		du	au		
15	Lefort P. V. Ernest	24 oct. 1840	10 fév. 1841	Lieutenant	Démissionnaire.
16	Montaudon L. Jules	21 oct. 1840	13 avril 1841	Id.	Décédé étant capitaine au 4° bataillon de chasseurs.
17	Dubois P. Jacques	24 oct. 1840	30 oct. 1842	Id.	Retraité comme sous-intendant de première classe, 1870.
18	De Lastic A. M. F. Harold	id.	id.	Id.	Capitaine au 3° bat., puis démiss.
19	Courson F. R. Placide	21 oct. 1840	19 juillet 1845	Id.	Mort étant colonel du 69° de ligne.
	Id. Id.	19 juillet 1845	9 mars 1854	Capitaine	
20	D'Hennezel C. A. Eugène	21 oct. 1840	25 oct. 1846	Lieutenant	Etait capit. au 3° bat. en 1850; ne figure pas sur l'annuaire de 1851.
21	Daillé P. Adolphe	6 nov. 1840	20 nov. 1842	Id.	Décédé à Grenoble en 1842.
22	Gabard Achille	13 mars 1841	17 mai 1848	Id.	Etait capit. au 3° bat. en 1850; ne figure pas sur l'annuaire de 1851.
23	Joba L. Jules	24 oct. 1840	20 mars 1841	Sous-lieutenant	Etait capit. au 42° de lig. en 1855; ne figure pas sur l'annuaire de 1856.
24	Guiomar J. Louis	21 oct. 1840	id.	Id.	Général de division.
25	Maynaud J. A. Joachim	id.	14 mars 1842	Id.	Etait lieut. au 3° chass. en 1844; ne figure pas sur l'annuaire de 1845.
26	De Raymond-Lasbordes E. Fr.	24 oct. 1840	17 avril 1842	Id.	Tué à Sidi-Brahim, étant lieuten. au 8° bataillon.
27	Liotet Théodore	21 oct. 1840	22 nov. 1842	Id.	Retraité comme capitaine en 1862.
	Id. Id.	22 nov. 1842	16 janv. 1850	Lieutenant	
28	Guilhem P. Victor	20 nov. 1840	3 sept. 1842	Sous-lieutenant	Tué au siége de Paris, étant général de brigade.
29	De Basterot des Granges Jean.	24 oct. 1840	1er janv. 1843	Id.	Retraité comme capitaine en 1860.
30	D'Arrinle Edouard	15 oct. 1840	16 déc. 1842	Id.	Retraité comme capitaine-major en 1853.
	Id. Id.	15 déc. 1842	31 mars 1847	Lieutenant	
31	Chopin J. F. Simon	13 mars 1841	10 juillet 1848	Lieutenant	Démissionnaire en 1848.
32	Bourgier Hippolyte	18 mars 1841	12 mai 1844	Sous-lieutenant	Retraité comme capitaine en 1856.
	Id. Id.	12 mai 1844	5 fév. 1846	Lieutenant	
33	Le Creurer N. E. Eugène	13 avril 1841	21 juillet 1848	Id.	Retr. comme chef de bat. en 1863.
34	Manson P. F. Honoré	id.	9 fév. 1843	Sous-lieutenant	Retraité comme capitaine en 1864.
35	Doré P. Savinien	2 janv. 1842	10 juillet 1845	Capitaine	Retr. comme comm. de pl. en 1854.
36	Le Creurer J. Henry	id.	25 août 1844	Id.	Intendant militaire.
37	Alaizeau E. Napoléon	11 fév. 1842	20 oct. 1845	Sous-lieutenant	Retraité comme capitaine en 1862.
38	Etournaud François	14 août 1842	15 juin 1845	Id.	Tué à l'ennemi (Dahra).
39	Cornulier de Lucinières M.E.A.	1er oct. 1842	31 janv. 1846	Id.	Tué à la prise de Malakoff, étant ch. de bat. des chass. de la garde.
40	De Roquefeuil C. F. M. Joseph.	id.	1er fév. 1848	Id.	Tué en Crimée, étant capitaine aux turcos.
41	Canrobert François	22 mai 1842	1er nov. 1845	Chef de bataillon	Maréchal de France.
42	Brugnon A. Cyrille	16 déc. 1842	2 janv. 1848	Sous-lieutenant	Retraité comme capitaine en 1862.
43	Régis P. S. Raymond	29 janv. 1843	1er mars 1848	Id.	Mort à l'hôpital d'Alger.
44	Boissier J. Louis	19 fév. 1843	11 juin 1848	Id.	Tué en Crimée : capitaine en 1855.
45	Balland Victor	1er avril 1843	21 juillet 1848	Id.	Retraité comme capitaine en 1857.
	Id. Id.	21 juillet 1848	1er nov. 1852	Lieut. instruct. de tir	
46	Bonnet A. Gustave	21 juillet 1843	9 oct. 1849	Lieutenant	Tué à l'ennemi (Zaatcha).
47	De Cargouët L. J. Delphin	11 juillet 1844	20 mai 1852	Capitaine	Tué en Crimée : chef de bataillon en 1855.
48	Esmieu L. Michel	11 sept. 1844	5 août 1848	Id.	Décédé étant lieutenant-colonel aux voltigeurs de la garde.
49	Olagnier François	27 oct. 1844	27 mai 1849	Id.	Tué à l'ennemi (Kabylie).
50	Leblanc Léopold	20 août 1845	29 fév. 1852	Lieut. inst. de tir, puis lieutenant trésorier	Retr. comme chef en bat. en 1867.
51	Romagnesi F. Edmond	19 juillet 1845	15 déc. 1846	Lieutenant	Mort de la fièvre, à Tiaret.
52	Neédevaux F. Edme	1er oct. 1845	18 déc. 1849	Sous-lieutenant	Mort d'une chute de cheval, en 1871, étant lieut.-colonel au 100° de l.
53	Castelly Jean	13 mars 1845	17 déc. 1851	Chirurgien aide-major de 1re classe	Mort à Paris, en 1851.
54	Gaillard de St-Germain M.C.E.	26 oct. 1845	10 nov. 1845	Chef de bataillon	Tué à l'oasis de Seriana, en 1849.
55	Soumain J. Henri	21 nov. 1845	4 juillet 1848	Id.	Général de divis. commandant la place de Paris. — Décédé.

N°	NOMS ET PRÉNOMS	A COMPTÉ AU BATAILLON du	au	AVEC LE GRADE de	DEVENU
56	Laurent Vincent	20 janv. 1846	14 nov. 1850	Lieut. ff^ons d'of. d'hab.	Mort à l'hôpital de Grenoble.
57	Nattier Jean-Claude	27 avril 1846	16 janv. 1850	Sous-lieutenant	
	Id. Id.	16 janv. 1850	10 août 1853	Lieutenant	Retraité comme capitaine en 1867.
	Id. Id.	10 août 1853	15 janv. 1854	Capitaine	
58	Alexandre J. Auguste	10 avril 1841	27 avril 1846	Sous-officier	Retraité comme capitaine adjudant-major en 1868.
	Id. Id.	27 avril 1846	23 mai 1850	Sous lieutenant	
59	Duplessis L.M.G.F.H.E. Eug.	9 mai 1846	16 janv. 1850	Capitaine adj.-major	Général de division.
60	Perès Vincent	4 juin 1846	26 sept. 1849	Capitaine	Mis en non-activité et réformé.
61	Debout Paul	25 oct. 1846	17 nov. 1849	Lieutenant	Tué à l'ennemi (Zaatcha).
62	Mangin Léon	27 avril 1847	29 fév. 1852	Id.	Général de brigade.
63	Lyonnard J. B. Adrien	3 juin 1847	10 août 1853	Id.	Retraité comme capitaine en 1863.
64	De St-Amand Lallement P. H.	1er oct. 1847	24 janv. 1851	Sous-lieutenant	Mis en non-activité.
65	Cambriels H. Albert	20 oct. 1847	25 juin 1853	Capitaine	Général de divis. commandant le 10e corps d'armée.
66	De Lacroix F.L.G. Adelard	18 janv. 1848	29 août 1851	Sous-lieutenant	Retraité comme capitaine en 1869.
67	Verdeil J. Auguste	3 mai 1848	3 juillet 1848	Lieutenant	(Voir au numéro matric. 116.)
68	Griffon L. Valentin	4 juin 1848	28 janv. 1850	Sous-lieutenant	Retraité comme capitaine en 1866.
69	Nauroy J. Louis	id.	1er oct. 1851	Id.	(Voir au numéro matric. 167.)
70	Le Borgne de la Tour A. J. Ch.	21 juin 1848	5 fév. 1850	Lieutenant	Etait s.-int. milit. de 1re cl en 1873; ne figure pas s. l'annuaire de 1874
71	Auzouy P. F. Henri	18 juin 1848	19 sept. 1849	Chef de bataillon	Retraité en 1869 étant colonel du 23e de ligne.
72	Lerouge P. Jules	21 juillet 1848	24 fév. 1849	Capitaine	Retraité comme major en 1867.
73	Masse C. Hyacinthe	19 mai 1852	18 juin 1855	Capitaine adj.-major	Tué à l'ennemi (Malakoff).
74	Hochedez L. Jules	9 oct. 1848	22 mai 1849	Sous-lieutenant	Tué à l'ennemi (Kabylie).
75	Bernard Philibert	23 avril 1849	15 janv. 1854	Capitaine	Etait chef de bataillon en 1866; ne figure pas sur l'annuaire de 1867.

N°	NOMS ET PRÉNOMS	A COMPTÉ AU BATAILLON du	au	AVEC LE GRADE de	DEVENU
76	Cheré A. Louis	6 mai 1849	17 nov. 1853	Capitaine major	Etait capit. au 20e de l. en 1859; ne figure pas sur l'annuaire de 1860.
77	Alpy J. Fédor	25 juin 1849	15 janv. 1854	Capitaine	Tué en Crimée étant chef de bataillon aux zouaves.
78	Bocher C. P. Auguste	4 août 1849	30 oct. 1855	Id.	Démissionaire en 1856.
79	Levassor-Sorval M. A. Rolland	25 août 1849	24 déc. 1851	Chef de bataillon	Général de division.
80	Jacquot A. Eugène	1er oct. 1849	11 mars 1852	Sous-lieutenant	Etait capit. au 17e bat. en 1859; ne figure pas sur l'annuaire de 1860
81	Roux J. Napoléon	29 oct. 1849	1er janv. 1853	Capitaine	Etait colonel au 9e de l. en 1870; ne figure pas s. l'annuaire de 1873.
82	Sara Edmond	29 nov. 1849	19 mai 1852	Id.	Etait capit. de gend. en 1855; ne figure pas s. l'annuaire de 1856.
83	Planel V. H. François	18 déc. 1849	10 sept. 1854	Lieutenant	Tué le 8 sept. 1855 étant capit. adjudant-maj. au 9e bataillon.
84	Lajus Joseph	11 oct. 1840	8 juillet 1841	Soldat	Décédé étant capitaine aux chass. de la garde en 1863.
	Id. Id.	8 juillet 1841	24 déc. 1849	Sous-officier	
	Id. Id.	24 déc. 1849	15 janv. 1853	Sous-lieutenant	
85	Hurvoy T. Charles	16 janv. 1850	id.	Capitaine adj.-major	Etait chef de bataillon au 6e chass. en 1853; ne figure pas sur l'annuaire de 1854.
86	Bossant H. G. Ernest	27 fév. 1850	15 janv. 1854	Lieutenant	Colonel au 4e d'infant. de marine
87	Bastien J. Chéri	id.	29 juin 1855	Id.	Etait capit. au 2e de l. en 1863; ne fig. pas s. l'ann. de 1864. Retraité
88	Alymondi L. Maximien	id.	8 avril 1850	Id.	(Voir au numéro matric. 173.)
89	Dautel Marc	3 avril 1850	10 août 1853	Sous-lieutenant	Retraité capit. au 6e bat. en 1860.
	Id. Id.	10 août 1853	15 janv. 1854	Lieutenant	
90	Gonod A. Joseph	26 mai 1850	1er sept. 1855	Lieut. ff^ons d'of. d'hab.	Retraité capit. au 9e bat. en 1868.
91	Teynier François	27 mai 1850	19 oct. 1853	Sous-lieutenant	(Voir au numéro matric. 196.)
92	Cour C. Pierre	4 juin 1850	1er oct. 1854	Id.	Actuellem. major au 73e de ligne.
93	Vasseur F. J. Jean	6 déc. 1850	16 janv. 1854	Lieutenant	Retraité capit. au 8e bataill. en 1861
94	Leroy P. Stanislas	20 fév. 1851	30 déc. 1854	Sous-lieutenant	Etait capit. en 1862 au 32e de l.; ne figure pas sur l'annuaire de 1863
95	Schmitz Jean-Baptiste	1er oct. 1851	15 janv. 1854	Id.	Retraité comme capitaine en 1867.
96	Paulin C. Ferdinand	id.	16 janv. 1854	Id.	Etait capit. en 1867 au 6e de l.; ne figure pas s. l'annuaire de 1868.

N° du registre m¹ des officiers	NOMS ET PRÉNOMS	A COMPTÉ AU BATAILLON		AVEC LE GRADE de	DEVENU
		du	au		
97	Landry de St-Aubin C.F.Max.	24 déc. 1851	24 janv. 1855	Chef de bataillon	Mort du choléra, en Crimée, étant lieut. colonel au 91° de ligne.
98	Martenot de Cordoux E. Hub.	17 janv. 1852	17 août 1852	Chirurgien aide-major de 1re classe	Actuellem. médecin principal de 1re classe (hôpit. de Besançon).
99	Poinsot F. Hubert	29 fév. 1852	28 fév. 1855	Lieut. ff^{ons} de trésorier	Retraité comme capitaine en 1868.
100	Rome J. François.	5 mars 1852	13 mai 1856	Sous-lieutenant	Mort étant lieuten. au 3° bataill.
101	Coursot Charles.	29 fév. 1852	15 janv. 1854	Lieutenant	Retraité comme capitaine.
102	Carré L. Auguste.	19 mai 1852	29 juin 1855	Id.	(Voir au numéro matric. 251.)
103	Larrazet Jérôme	id.	16 fév. 1855	Capitaine	Retraité comme capitaine en 1861.
104	François C. Auguste	12 juin 1852	12 mars 1853	Méd. aide-maj. de 1re cl	Actuell. médec. maj. au 19° d'artill.
105	Toupet J. Frédéric.	14 oct. 1852	31 déc. 1853	Lieut. instruct. de tir	Chef de bataill. en retr. en 1871.
106	Theuvez F. Adolphe	30 déc. 1852	29 mars 1856	Capitaine	Mort colonel du 118° rég. en 1874.
107	Gigot Auguste	30 déc. 1852	15 janv. 1854	Sous-lieutenant	Actuell. capit. ad.-maj. au 74° de l.
108	Astier C. Joseph	2 fév. 1853	id.	Capitaine	(Voir au numéro matric. 209.)
109	Lallemand Ludger	22 janv. 1853	1er mars 1854	Méd. aide-maj. de 2° cl.	Mort au Mexique.
110	Perrin M. Constantin.	28 fév. 1853	27 mai 1853	Id.	Actuellement médecin principal de 1re cl. à l'Éc. milit. de médecine.
111	Janin J. Hippolyte	7 mai 1853	26 fév. 1854	Id.	Actuellem. médecin-maj. de 1re cl. au 11° d'artillerie.
112	Loos J. Charles.	10 août 1853	15 août 1854	Lieutenant	Mort du choléra, à Varna.
113	Aulier J. Auguste	1er oct. 1853	15 janv. 1854	Sous-lieutenant	Tué en Kabylie, en 1856, étant lieutenant au 8° bataillon.
114	Potier Victor	id.	30 janv. 1855	Id.	Actuellem. command. au 26° bat.
	Id. Id.	30 janv. 1855	30 août 1860	Lieutenant	
115	Thiriot N. Louis	17 nov. 1853	24 mars 1860	Capitaine major	Lieut.-colonel dans le recrutem.
116	Verdeil J. Auguste	3 mai 1848	23 juin 1848	Lieutenant	Tué à Metz étant lieuten.-colonel du 43° de ligne.
	Id. Id.	30 déc. 1853	27 juin 1854	Capitaine inst. de tir	
117	Morhain L. Félix.	29 déc. 1853	16 janv. 1854	Lieutenant	Capitaine au régim. étranger (disparu en 1868).
118	Garnier J. Théodule	25 déc. 1853	28 déc. 1854	Capitaine	(Voir numéro matric. 148.)
119	Clinchant Justin	id.	14 juillet 1855	Id.	Général de division commandant le premier corps d'armée.
120	Rogier L. Adolphe.	id.	7 juillet 1855	Id.	Actuellem. colonel au 48° de ligne.
121	Boucherie Pierre	id.	6 mars 1861	Id.	Retraité comme capitaine en 1864.
122	Duval A. J. Paul	id.	1er mars 1855	Lieutenant	Capitaine démissionnaire.
123	De Laboissière M. L. Armand.	id.	26 mars 1855	Id.	Démissionnaire.
124	Vermot P. Edouard	id.	25 déc. 1854	Id.	Amputé d'un bras et d'une jambe en Crimée. Retraité comme capitaine au 2° bataillon.
125	Le Luyer P. F. Marie	id.	3 oct. 1855	Id.	Capitaine démissionnaire.
126	Cavenne C. A. Ernest	id.	31 oct. 1854	Sous-lieutenant	Décédé capitaine au 11° bataillon.
127	Coussirat Jean	29 déc. 1853	1er mars 1855	Id.	Passé dans la garde. Tué en Crimée
128	Fayol A. E. Polydore	25 déc. 1853	3 mars 1854	Id.	Actuell. ch. de bataill. au 67° de lig.
129	De Vernou de Bonneuil D. Gast.	id.	30 janv. 1855	Id.	Capitaine démissionnaire.
130	Castera 3. Gustave.	id.	11 août 1855	Capitaine	Chef de bataillon au 5° de ligne.
131	Leroy E. Victor.	id.	22 fév. 1855	Lieutenant	Etait capit. au 17° bataill. en 1858; ne fig. pas s. l'annuaire de 1859.
132	De Matrécy Constant.	id.	15 juillet 1854	Id.	Décédé en 1861 étant capitaine aux zouaves de la garde.
133	De Geslin H. L. R. Marie . . .	id.	22 mars 1859	Capit. adjud.-major.	Général de brigade commandant la place de Paris.
134	Roger du Nord C. F. Edouard.	29 déc. 1853	24 mars 1855	Sous-lieutenant	Tué à l'ennemi (Malakoff).
	Id. Id.	24 mars 1855	12 juillet 1855	Lieutenant	
135	Moulinier P. P. Emile	18 fév. 1854	23 oct. 1854	Médecin maj. de 2° cl.	Etait méd. major de 2° cl. au serv. des hôp. en 1855; ne figure pas sur l'annuaire de 1856. Décédé.
136	De la Rochelambert J. J. Pierre.	28 fév. 1854	30 juin 1855	Sous-lieutenant	Actuellement major au 2° tirailleurs.
137	Texier J. Charles.	3 mars 1854	30 sept. 1866	Lieut. ff^{ons} de trésorier	Retraité comme capitaine.
138	Gaduel V. Charles	10 mars 1854	18 août 1863	Capitaine	Etait chef de bataill. du 18° de lig. en 1870. Tué à Wœrth.

N° du registre m¹ᵉ des officiers	NOMS ET PRÉNOMS	A COMPTÉ AU BATAILLON		AVEC LE GRADE de	DEVENU
		du	au		
139	Normand S. Guillaume	20 fév. 1854	10 oct. 1855	Méd. aide-maj. de 2ᵉ cl.	Etait méd. major de 2ᵉ cl. au dépôt du recrutem. de la Seine en 1869; ne fig. pas s. l'annuaire de 1870;
140	Bureau S. Achille	8 juillet 1854	18 juin 1855	Lieutenant	Tué à Reischoffen étant commandant du 1ᵉʳ bataillon.
141	Cabart C. Armand	10 juillet 1854	10 août 1868	Capitaine adj.-major	Actuell. colonel au 119ᵉ de ligne.
142	De Prudhomme D. Etienne	21 sept. 1854	11 sept. 1859	Lieutenant	Actuell. lieut.-col. au 18ᵉ de ligne.
143	Garnier des Garets J. Marie	1ᵉʳ oct. 1854	22 juin 1855	Sous-lieutenant	Tué à l'ennemi (Malakoff).
144	Baillet F. Alphonse	25 oct. 1854	22 déc. 1855	Id.	Décédé étant lieut. au 1ᵉʳ bataillon en 1858.
145	Laurent Jacques	10 sept. 1854	1ᵉʳ mars 1855	Lieutenant	Etait capit. au 35ᵉ de lig. en 1870; ne fig. pas s. l'annuaire de 1873.
146	Blanvillain	»	»	Médecin major	Décédé aux ambulances en Crimée
147	Copri Alexandre	27 déc. 1854	18 août 1857	Lieutenant	Retraité étant comm. du 20ᵉ bat.
148	Garnier J. Théodule	24 janv. 1855	14 sept. 1855	Chef de bataillon	Général comm. la 8ᵉ div. d'infant.
149	De Monttessuy D. Alphonse	31 déc. 1854	24 mai 1867	Capitaine inst. de tir	Retraité comme capitaine.
150	Jambon Jean	id.	22 avril 1856	Sous-lieutenant	Retraité comme capitaine.
151	Ganot Nicolas	31 janv. 1855	19 oct. 1858	Id.	Actuellem. major au 122ᵉ de ligne.
152	Faivre C. E. Séraphin	17 fév. 1855	12 août 1855	Sous-lieut fᵗ de trés.	Mis en non-activité.
153	Guignet T. Henri	id.	4 janv. 1856	Sous-lieutenant	Actuell. chef de bataill. au 28ᵉ de l.
154	Pelletent Joseph	17 nov. 1840	9 nov. 1845	Sous-officier	Retraité comme capitaine.
	Id. Id.	15 mars 1855	6 juillet 1867	Capitaine	
155	Gouget J. E. Joseph	24 mars 1855	29 nov. 1858	Méd. major de 2ᵉ cl.	Actuellement médecin principal de 1ʳᵉ classe à l'hôpital de Belfort.
156	Antonini E. René	28 avril 1855	1ᵉʳ août 1862	Lieutenant	Actuell. comm. du 8ᵉ bataillon.
157	Eblinger Pierre	27 mars 1855	3 nov. 1855	Sous-lieutenant	Décédé étant capit. maj. au 15ᵉ bat.
158	Renard L. E. Martin	24 mars 1855	13 avril 1855	Id.	Tué à l'ennemi (Sébastopol).

N°	NOMS ET PRÉNOMS	du	au	AVEC LE GRADE de	DEVENU
159	Lamagnère Marcel	29 juin 1855	12 août 1855	Lieutenant	Mort par suite de blessures.
160	Gaugain V. Frédéric	id.	7 nov. 1859	Sous-lieutenant	Retraité comme capitaine.
161	Delbrel J. Camille	id.	21 juillet 1859	Id.	Actuell. capitaine au 19ᵉ bataillon.
162	Proust A. F. René	id.	12 janv. 1860	Id.	Retraité comme capitaine en 1872.
163	Piazza Joseph	id.	11 avril 1860	Capitaine	Retraité comme capitaine.
164	Guilhamat A. F. Joseph	id.	3 fév. 1864	Lieutenant	Actuell. capitaine au 15 bataillon
165	Coussirat Jean	29 déc. 1853	31 mars 1855	Sous-lieutenant	(Voir n° matr. 127, porté en double emploi, par erreur, sur la matric.)
166	Brasseur J. Eugène	1ᵉʳ août 1855	11 janv. 1858	Capitaine	Etait au 1ᵉʳ voltigeurs en 1870; ne figure pas s. l'annuaire de 1873.
167	Nauroy J. Louis	id.	23 avril 1860	Id.	Passé dans l'état-maj. des places.
168	Leureau Louis	19 sept. 1855 / 1ᵉʳ août 1855	18 août 1858	Sous-lieutenant	Tué à l'armée de la Loire étant chef de bataillon.
169	Letourneux E. Noël		10 janv. 1862	Id.	Actuell. ch. de bat au 112ᵉ de lig.
170	Thouvenin C. Jules	6 oct. 1855	7 juillet 1860	Chef de bataillon	Retraité en 1869 étant lieut.-colonel au 26ᵉ de ligne.
171	Lacassin Charles	1ᵉʳ août 1855	10 fév. 1859	Lieutenant	Actuell. capitaine au 90ᵉ de ligne.
172	Micheli Jean-Baptiste	23 sept. 1855	4 sept. 1864	Id.	Retraité comme capitaine en 1873.
173	Alimondy L. Maximin	29 juin 1855	1ᵉʳ juin 1859	Capitaine	Retr. comme capit. maj. en 1862.
174	Gueydon J. Marie	4 août 1855	11 avril 1860	Lieutenant	Etait capit. au 50ᵉ de lig. en 1864; ne fig. pas s. l'annuaire de 1865.
175	Gigot Auguste	29 juin 1855	10 mai 1856	Id.	Actuel. capit. adj.-maj. au 74ᵉ de lig.
176	Etienne Pierre	id.	23 avril 1860	Sous-lieutenant	Tué à Spikeren étant capitaine au 8ᵉ de ligne.
177	Martin Jacques	3 nov. 1855	24 sept. 1861	Capitaine major	Retraité comme capitaine en 1868.
178	Cavade Bertrand	id.	7 juillet 1865	Lieutenant	Tué à Metz en 1870 étant capitaine au bataillon de la garde.
179	Marmouget P. Adolphe	id.	3 août 1862	Sous-lieutenant	Actuell. capitaine au 11ᵉ bataillon.
180	Gathe-Césard E. Jean	id.	6 fév. 1870	Officier d'habillement	Retraité comme capit en 1872.
181	Lespiau G. Henri	13 oct. 1855	4 août 1858	Méd. aide-maj. de 1ʳᵉ cl.	Actuell. médec. maj. de 1ʳᵉ cl. à l'hôpital d'Amélie-les-Bains.
182	Trousson E. P. Louis	15 déc. 1855	17 sept. 1862	Officier d'habillement	Retraité comme capitaine en 1873.
183	Vuibert Charles	10 mai 1856	19 janv. 1859	Capitaine	Tué devant Puebla.
184	Dreux F. Dominique	14 avril 1856	14 fév. 1866	Lieutenant	Chef de bataillon en retraite.

N° du registre matricule des officiers	NOMS ET PRÉNOMS	A COMPTÉ AU BATAILLON		AVEC LE GRADE de	DEVENU
		du	au		
185	Grimard N. G. Joseph	1er oct. 1856	25 juin 1859	Sous-lieutenant	Tué à l'ennemi (Solferino).
186	Riel E. C. Jules	12 août 1857	8 juillet 1858	Lieutenant	Mis en non-activité.
187	Esselin Léon	30 déc. 1857	25 août 1861	Capitaine	Retraité comme capitaine.
188	Donnier J. F. Auguste	8 août 1858	11 avril 1860	Lieutenant	Actuell. capit. au 3e régiment de tirailleurs algériens.
189	Jogand Louis	28 mai 1859	17 janv. 1866	Méd. aide-maj. de 1re cl.	Etait méd.-maj. de 2e cl. au 55e de l. en 1876; ne fig. pass. l'ann. de 1873.
190	Lemarchand P. L. Victor	1er déc. 1858	2 mai 1859	Médecin major de 2e cl.	Actuell. méd. principal de 1re classe à l'hôpital d'Amélie-les-Bains.
191	Mallarmé H. Eugène	1er oct. 1858	23 janv. 1864	Sous-lieutenant	Actuellem. adjoint de 1re cl. dans l'intendance.
	Id. Id.	23 janv. 1864	2 avril 1870	Lieutenant	
	Id. Id.	2 avril 1870	2 déc. 1870	Capitaine	
192	Pottier Charles	1er oct. 1858	13 janv. 1864	Sous-lieutenant	Actuell. capit. adj.-maj. au 10e bat.
193	Barneaud J. Bonaventure	12 fév. 1859	25 août 1864	Lieutenant	Retraité comme capitaine en 1873.
194	Grenier Eugène	10 fév. 1859	17 oct. 1859	Capitaine	Mort à l'hôpital de Besançon.
195	Avril de l'Enclos A. T Aimé	14 mars 1859	3 juillet 1867	Id.	Tué comme ch. de batail. en 1870.
196	Teynier François	24 mai 1859	21 avril 1861	Id.	Etait capit. au 2e zouaves en 1862; ne fig. pas s. l'annuaire de 1863.
197	De Launay C. F. Marie	28 mai 1859	23 juin 1862	Méd. maj. de 2e classe	Etait méd.-maj. de 1re cl. au 12e de ligne en 1870; ne figure pas sur l'annuaire de 1873.
198	Thomas F. Augustin	5 juillet 1859	26 mars 1863	Sous-lieutenant	Actuell. capit. adj.-maj. au 21e bat.
199	Planet J. E. Numa	15 juillet 1859	14 sept. 1862	Id.	Actuell. capit. maj. au 27e batail.
200	Rossi Dominique	30 août 1859	11 janv. 1869	Lieutenant	Capitaine en retraite.
201	Méniolle de Cizancourt M. Ed.	7 déc. 1859	28 avril 1870	Capitaine	Démissionnaire.
202	Bullier Pontus	26 mars 1860	23 août 1863	Capitaine major	Retraité comme capit. archiviste.
203	Fraboulet de Kerléadec T. Eug.	2 juillet 1860	25 août 1864	Chef de bataillon	Tué à Metz étant col. du 15e de lig.
204	Renault L. Claude	22 août 1860	6 mars 1869	Lieutenant	Capitaine en retraite en 1873.
	Id. Id.	6 mars 1869	30 sept. 1870	Capitaine	
205	Morlan P. H. Jostheric	21 avril 1861	14 janv. 1862	Id.	Actuell. chef de batail. au 7e de l.
206	Passant A. Louis	6 avril 1861	6 nov. 1867	Id.	Chef de bataillon en retraite.
207	Thomas A. Jean	1er oct. 1860	19 août 1866	Sous-lieutenant	Retraité comme capitaine, par suite de blessures.
208	Donati J. Antoine	24 août 1861	1er sept. 1864	Capitaine	Retraité comme capitaine en 1873.
209	Astier C. Joseph	21 sept. 1861	3 mars 1863	Capitaine-major	Retraité comme capitaine en 1865.
210	Eliet E. F. Aimé	27 déc. 1861	28 avril 1864	Capitaine	Etait adj.-maj. au 10e bat. en 1870; ne fig. pas s. l'annuaire de 1873.
211	Truchy P. Emile	29 déc. 1861	7 août 1867	Sous-lieutenant	Actuell. capitaine au 19e bataillon.
212	Perret L. J. H. Gustave	21 juillet 1862	21 janv. 1868	Id.	Actuell. capitaine au 101e de ligne.
213	Bertrand J. N. Louis	28 mai 1862	28 sept. 1863	Méd. aide-maj. de 2e cl.	Etait méd. maj. de 1re cl. dans la division d'Oran, en 1867; ne figure pas sur l'annuaire de 1868.
214	Richalley L. Charles	1er oct. 1862	15 avril 1865	Sous-lieutenant	Act. capit. au 22 batail. de chass.
215	Guesnier Charles	11 déc. 1862	16 fév. 1866	Lieutenant	Etait au 1er tiraill. en 1866; ne fig. pas s. l'annuaire de 1867. Mort.
216	Bouvier d'Acher Henri	21 janv. 1863	24 août 1868	Sous-lieutenant	Actuell. capitaine au 4e bataillon.
217	De Négroni R. P. N. Cyr.	18 fév. 1863	24 fév. 1869	Capitaine major	Actuell. ch. de bataill. au 57e de l.
218	Béchet E. Justin	24 août 1863	22 déc. 1863	Capitaine	Démissionnaire.
219	Piguot A. J. H. A. L. Léon	id.	31 mars 1868	Id.	Actuell. capitaine de gendarmerie.
220	Chaumeron A. Auguste	1864	16 oct. 1864	Méd. major de 2e classe	Etait méd. maj. de 1re cl. au 98e de l. en 1869; ne fig. p.s. l'ann. de 1870.
221	Millet C. Ferdinand	1er oct. 1863	10 juin 1865	Sous-lieutenant	Act. capit. au 4e rég. de zouaves.
222	Mauduy J. R. Léon	31 déc. 1863	24 août 1868	Capitaine	Actuell. capitaine au 96e de ligne.
223	Lamy P. Etienne	1865	3 juillet 1867	Id.	Act. lieut.-colonel au 2e zouaves.
224	Thibaudin Jean	12 août 1864	19 mars 1868	Chef de bataillon	Actuell. colonel du 32e de ligne.
225	Prevost Sansac de Traversay L.J.	id.	24 août 1870	Lieutenant	Actuell. au corps cap. adj.-major.
	Id. Id.	24 août 1870	»	Capitaine	
226	Barrety N. L. Benjamin	12 août 1864	10 janv. 1865	Lieutenant	Actuell. capitaine au 16e de ligne.
227	Grimaldi d'Esdra Vincent	22 sept. 1864	15 fév. 1870	Méd. major de 2e classe	Actuell. médecin major de 1re cl. au 22e régiment d'artillerie.
228	Bodin J. A. N. André	1er oct. 1864	13 avril 1867	Sous-lieutenant	Actuell. capitaine d'état-major.

N° du registre matricule des officiers	NOMS ET PRÉNOMS	À COMPTÉ AU BATAILLON du	À COMPTÉ AU BATAILLON au	AVEC LE GRADE de	DEVENU
229	De Sarrasin R. A. Alfred. . . .	1er oct. 1864	21 mai 1865	Sous-lieutenant	Lieutenant démissionnaire.
230	Tarrillon J. N. F. Félix	7 janv. 1865	28 oct. 1870	Capitaine major	Act. commandant du 14e bataill.
231	Pottier Charles.	13 janv. 1865	22 juillet 1870	Lieutenant	Act. adj.-major au 10e bataillon.
232	Roche C. P. Adrien	2 mars 1865	21 mai 1866	Méd. major de 1re classe	Etait dans les chass. de la g. en 1870; ne fig. pas s. l'annuaire de 1873.
233	Domenech C. M. Joseph	24 juin 1865	14 août 1870	Lieutenant	Tué à l'ennemi (Borny).
234	Coste A Lucien	id.	18 janv. 1868	Sous-lieutenant	Actuell. capitaine au 94e de ligne.
235	Dumarest H. Albert	1er oct. 1865	6 mars 1869	Id.	Actuell. capitaine au 19e de ligne.
	Id. Id.	6 mars 1869	23 juillet 1872	Lieutenant	
236	Fouineau Ernest	12 fév. 1866	20 août 1870	Lieut. ffons de trésorier	Retraité comme capitaine en 1873.
237	Falque Joseph	14 fév. 1866	19 août 1869	Lieutenant	Actuell. capitaine au 109e de ligne.
238	De Brunier L. Georges.	21 mars 1866	13 mars 1869	Capitaine	Chef de bataillon en retraite.
239	Bleicher M. Gustave	26 avril 1866	24 fév. 1869	Méd. aide-maj. de 1re cl.	Actuellem. méd. maj. de 2e classe dans la division d'Oran.
240	Laurent L. Désiré	12 août 1866	4 juillet 1870	Sous-lieutenant	Capitaine au 95e de ligne.
241	Perrin-Machoux M. François. .	30 sept. 1866	30 sept. 1870	Lieutenant	Retraité comme capitaine.
242	Trollat J. L. Marcellin	1er oct. 1866	27 juillet 1870	Sous-lieutenant	Capitaine adj.-maj. au 23e bataill.
243	Cézerac J. J. M. Martial	17 juillet 1867	23 nov. 1870	Capitaine	Act. chef de bataill. au 94e de lig.
244	Ramakers P. Tristan	id.	3 janv. 1870	Id.	Retraité comme capitaine.
245	Mourain de Sourdeval Georges.	id.	26 mars 1875	Capitaine adj.-major	Actuell. chef de bat. au 19e de lig.
246	Chédeville Eugène	id.	16 sept. 1870	Capitaine	Actuell. chef de bat. au 73e de lig.
247	Knœpffler M. A. Fernand. .	1er oct. 1867	14 août 1870	Sous-lieutenant	Tué à l'ennemi (Borny).
248	Villa Désiré.	id.	24 août 1870	Id.	Act. capitaine au 25e bataillon.
	Id. Id.	24 août 1870	10 avril 1872	Lieutenant	
249	Régnier D. Ernest	17 nov. 1867		Capitaine	Actuellement au corps.
250	Guaitella J. Marie	7 janv. 1868	28 mai 1868	Sous-lieutenant	Démissionnaire.
251	Carré L. Auguste.	4 mars 1868	31 août 1870	Chef de bataillon	Tué à l'ennemi (Servigny).
252	Chabert P. Frédéric	10 août 1868	27 août 1870	Capitaine adj.-major	Tué à l'ennemi (Borny).
253 254 255	Sur la matricule des officiers du corps, ces numéros n'ont pas été donnés.				
256	Coulon A. Bonaventure	id.	20 nov. 1870	Capitaine	Tué à l'ennemi (Woippy).
257	Chamereau J. Alfred	id.	22 oct. 1870	S.-lieut. ffons d'of. d'hab.	
	Id. Id.	22 oct. 1870	2 nov. 1870	Lieutenant	Act. lieutenant au 19e bataillon.
	Id. Id.	2 nov. 1870	13 mars 1872	Capitaine major	
258	Chomer N. Charles.	1er oct. 1868	12 sept. 1870	Sous-lieutenant	Act. capitaine au 1er zouaves.
259	Le Gal J. Marie	26 déc. 1868	22 juillet 1872	Lieutenant	Act. capitaine au 9e de ligne.
260	Pierre C. F. Xavier	6 mars 1869	24 nov. 1869	Capitaine	Retraité en 1872.
261	Molle A. Théophile.	id.	3 août 1872	Sous-lieutenant	Act. lieutenant au 11e bataillon.
	Id. Id.	3 août 1872	15 août 1872	Lieutenant	
262	Meynier J. H. Marie	20 juin 1869	8 mars 1870	Méd. aide-maj. de 1re cl.	Act. méd. maj. de 2e cl. au 3e bat.
263	Bezier-Lafosse A. F. Hippolyte.	7 août 1869	25 nov. 1870	Lieutenant	Act. capitaine au 19e bataillon.
264	Demoussent P. L. Eugène . . .	20 nov. 1859	8 janv. 1870	Capitaine	Retraité en 1870.
265	Charpentier du Moriez F. L. M. P.	1er oct. 1869	25 nov. 1870	Sous lieutenant	Act. lieutenant au 3e bataillon.
266	Le Caron de Fleury J. Eugène.	3 janv. 1870	1er août 1873	Capitaine	Act. au 2e bataillon.
267	Campion E. Ernest.	28 janv. 1870	4 juillet 1870	Id.	Act. au 21e bataillon.
268	Suquet N. Alexandre	9 fév. 1870	17 mai 1873	Médecin major de 2e cl.	Act. au rég. du génie, à Montpell.
269	Géniaux C. M. Joseph	16 mars 1870	1er mars 1872	Méd. aide-maj. de 1re cl.	Act. méd. maj. de 2e cl. au 90e de lig.
270	Depréaux O. Barthélemy. . . .	2 avril 1870	17 mai 1870	Lieutenant	Capitaine démissionnaire.
271	Azéma C. F. Jean-Baptiste. . .	11 mai 1870	27 fév. 1873	Id.	Act. adjoint à l'intendance.
272	Humbert C. Ernest.	24 juin 1870	14 août 1870	Capitaine	Tué à l'ennemi (Borny).
273	Garcet L. Théodore.	id.	1875	Id.	A pris sa retraite en 1875, comme capitaine.
274	Clère Emile.	18 mai 1857	9 fév. 1863	Soldat	Act. lieutenant au 30e bataillon.
	Id. Id.	9 fév. 1863	24 juillet 1870	Sous-officier	
	Id. Id.	24 juillet 1870	2 sept. 1871	Sous-lieutenant	
275	Mondain H. C. Camille	15 juillet 1870	23 nov. 1870	Id.	Act. lieutenant d'état-major.
276	De Reviers de Mauny R. M. J.	17 juillet 1870	28 sept. 1870	Id.	Act. capitaine au 101e de ligne.
277	Joannet N. Jules	3 mars 1867	16 sept. 1869	Soldat	Act. lieutenant au 10e bataillon.
	Id. Id.	16 sept. 1869	28 sept. 1870	Sous-officier	
	Id. Id.	28 sept. 1870	13 mars 18.2	Sous-lieutenant	

N° du registre matric. des s.-off.	NOMS ET PRÉNOMS	A COMPTÉ AU BATAILLON — du	au	AVEC LE GRADE de	DEVENU
278	Boufflet D. E. Stanislas	28 sept. 1870	30 sept. 1870	Sous-lieutenant	Act. lieutenant au 26° bataillon.
279	Suzini A. François	id.	id.	Id.	Act. lieutenant au 29° bataillon.
280	Lorenzo E. H. Hyacinthe	27 sept. 1870	id.	Lieutenant	Act. capitaine au 27° bataillon.
281	Dumont L. Léon	1er oct. 1870	29 oct. 1870	Sous-lieutenant	
	Id. id.	29 oct. 1870	4 nov. 1870	Lieutenant	Act. lieutenant au 22° bataillon.
	Id. id.	4 nov. 1870	8 nov. 1870	Capitaine	
282	Négrier L. Antoine	11 oct. 1870	12 oct. 1870	Sous-lieutenant	Ne figure plus sur l'annuaire.
283	Le Dall J. Auguste	9 oct. 1870	id.	Id.	Act. lieutenant au 20° bataillon.
284	Février A. Marie	20 oct. 1870	22 mai 1873	Id.	
	Id. Id.	22 mai 1873		Lieutenant	Act. au corps.
285	Battut J. Auguste	24 oct. 1870	4 nov. 1870	Sous-lieutenant	
	Id. Id.	4 nov. 1870	8 nov. 1870	Lieutenant	Act. lieutenant au 66° de ligne.
286	Pasques P. C. Ernest	24 oct. 1870	4 nov. 1870	Sous-lieutenant	
	Id. Id.	4 nov. 1870	8 nov. 1870	Lieutenant	Act. lieutenant au 11° bataillon.
287	Magon de la Vieuville A. M. A.	24 oct. 1870	4 nov. 1870	Sous-lieutenant	
	Id. Id.	4 nov. 1870	8 nov. 1870	Lieutenant	Tué à l'armée de la Loire.
288	Pech P. Jean	28 oct. 1870	4 nov. 1870	Sous-lieutenant	
	Id. Id.	4 nov. 1870	19 nov. 1870	Lieutenant	Remis sous-officier par décision de la comm. de révis. des grades.
289	Marchi O. Philippe	28 oct. 1870	7 nov. 1870	Sous-lieutenant	
	Id. Id.	7 nov. 1870	19 nov. 1870	Lieutenant	Act. sous-lieutenant au 23° bataill.
290	Renaud T. Hippolyte	11 sept. 1870	31 déc. 1872	Chef de bataillon	Act. lieuten.-colonel au 47° de lig
291	Bridon François	20 avril 1857	4 juillet 1867	Soldat	
	Id. Id.	4 juillet 1867	12 sept. 1870	Sous-officier	Act. off. d'habill. au 2° bataillon.
	Id. Id.	12 sept. 1870	1er juillet 1872	Sous-lieutenant	
292	Mariani Antoine	30 nov. 1867	1er janv. 1870	Soldat	
	Id. Id.	1er janv. 1870	1er janv. 1871	Sous-officier	Act. sous-lieutenant au 6° bataill.
	Id. Id.	1er janv. 1871	17 nov. 1874	Sous-lieutenant	
293	Bonzon Gabriel	12 sept. 1870		Capitaine	Actuellement au corps.
294	Gouniault Henri	18 sept. 1870	23 nov. 1870	Sous-lieutenant	Tué à l'armée de la Loire, au 62° de marche.
295	Baudemont Baratte P.P. Alfred	24 août 1870	16 fév. 1874	Lieutenant	Act. capitaine au 7° bataillon.
296	Patron B. R. Pierre	16 sept. 1871		Id.	Actuellement au corps.
297	Darras P. Joseph	16 avril 1856	5 fév. 1871	Soldat	
	Id. Id.	5 fév. 1871	20 fév. 1871	Sous-lieutenant	Remis soldat par décis. de la commission de révision des grades.
	Id. Id.	20 fév. 1871	31 oct. 1871	Lieutenant	
298	De Maupas J. Maurice	21 fév. 1871	21 fév. 1871	Soldat	Elève à l'Ecole milit. de St-Cyr.
	Id. Id.	20 fév. 1871	5 fév. 1871	Sous-lieutenant	
299	Salel M. V. Jean	10 nov. 1870	12 nov. 1870	Id.	Act. lieutenant au 25° bataillon.
300	Bertrand L. Alexandre	7 nov. 1870	11 nov. 1870	Id.	Tué à l'armée de la Loire.
300 bis	Cottereau Louis	10 nov. 1870	19 nov. 1870	Id.	Ne figure plus sur l'annuaire.
301	Saglio Paul	4 nov. 1870	8 nov. 1870	Capitaine	Actuellement capitaine major au 28° bataillon.
302	Grapin Pierre	28 oct. 1870	6 nov. 1870	Lieutenant	Actuellem. lieutenant au 3° bat.
	Id. Id.	6 nov. 1870	8 nov. 1870	Capitaine	
303	Feuchères C. Louis	4 nov. 1870	7 nov. 1870	Sous-lieutenant	Actuellem. lieutenant au 29° bat.
	Id. Id.	7 nov. 1870	8 nov. 1870	Lieutenant	
304	Bernault M. L. Emmanuel	24 août 1870	18 fév. 1873	Id.	Actuellement capitaine au 6° bat.
305	Noel A. Xavier	28 oct. 1870	4 nov. 1870	Sous-lieutenant	Actuellem. sous-lieut. au 3° bat.
	Id. Id.	4 nov. 1870	8 nov. 1870	Lieutenant	
306	Thomas de la Pintière Paul	id.	id.	Sous-lieutenant	Actuellem. sous-lieut. au 18° bat.
	Id. Id.	1er sept. 1870	21 oct. 1870		(Voir au numéro matric. 353.)
307	Hyart H. L. Eugène	4 nov. 1870	8 nov. 1870	Id.	Actuellement sous-lieutenant au au 88° de ligne.
308	Renoir Louis	id.	id.	Id.	Ne figure plus sur l'annuaire.
309	Rivet J. Louis	id.	id.	Id.	Actuellem. lieutenant au 1er bat.
310	Souvestre Ernest	6 nov. 1870	4 mars 1871	Lieutenant	Retraité.
311	De Monttessuy D. Alphonse	1er oct. 1870	1er avril 1871	Capitaine	Actuellem. lieutenant au 30° bat.
312	Pigeat A. L. L. Emile	21 août 1870	7 mai 1871	Sous-lieutenant	Actuel. sous-lieut. au 19° de ligne.
313	Gueneau de Mussy A.F. Gaston	26 oct. 1870	12 nov. 1870	Id.	Actuellem. sous-lieut. au 26° bat.
314	Hiraux L. Gustave	28 oct. 1870	4 nov. 1870	Id.	
	Id. Id.	4 nov. 1870	12 nov. 1870	Lieutenant	

N° du registre m^{le} des officiers	NOMS ET PRÉNOMS	A COMPTÉ AU BATAILLON		AVEC LE GRADE de	DEVENU
		du	au		
315	Brisset L. P. Augustin	4 nov. 1870	15 nov. 1870	Sous-lieutenant	
	Id. Id.	15 nov. 1870	4 déc. 1870	Lieutenant	Rendu à la vie civile.
	Id. Id.	4 déc. 1870	20 déc. 1870	Capitaine	
316	Malagutti C. E. Joachim	8 oct. 1870	12 nov. 1870	Sous-lieutenant	Actuel. sous-lieut. au 1er de ligne.
317	Bertrand J. Antoine	7 nov. 1870	id.	Id.	Actuellem. sous-lieut. au 13e bat.
318	Allanic Mathurin	id.	id.	Id.	
319	Deshommes E. Louis	15 nov. 1870		Id.	Actuellem. sous-lieut. au 24e bat.
320	Claret de la Touche G.P. Anne	id.		Id.	Actuellem. lieutenant au 2e bat.
321	Canton J. B. Casimir	17 nov. 1870	4 déc. 1870	Id.	Actuellem. sous-lieut. au 12e bat.
	Id. Id.	4 déc. 1870	19 janv. 1871	Lieutenant	
322	Olmi Etienne	id.	19 déc. 1870	Sous-lieutenant	
	Id. Id.	19 déc. 1870	17 janv. 1871	Lieutenant	Actuellem. sous-lieut. au 28e bat.
	Id. Id.	17 janv. 1871	19 janv. 1871	Capitaine	
323	Sébire A. Théophile	19 déc. 1870	id.	Sous-lieutenant	Réformé.
324	Sabin Alphonse	19 janv. 1871	id.	Id.	Démissionnaire.
325	Capitan J. François	17 janv. 1871	id.	Id.	Ne figure plus sur l'annuaire.
326	Pellerin Théodule	id.	id.	Id.	Id. id.
327	La Guerre Charles	5 fév. 1871	22 mars 1871	Id.	Mis en non-activité.
328	Remy A. Ferdinand	4 nov. 1870	11 avril 1871	Capitaine	Démissionnaire.
329	Vidal P. H. Amédée	15 oct. 1870	avril 1875	Id.	A pris sa retraite en 1875.
330	Brum G. Frédéric	21 mai 1871	5 mai 1872	Sous-lieutenant	Retraité par suite de blessures.
331	Laurent L. Désiré	9 août 1870	27 fév. 1873	Lieut. ff^{ons} de trésorier	Capitaine au 95e de ligne.
332	Chamard-Boudet Ant.-Eugène	6 juillet 1871	26 fév. 1872	Chef de bataillon	Act. chef de bat. au 52e de ligne.
333	Salaün J. Julien	id.		Capitaine	Actuellement au corps.
334	Michon Émile	id.	24 oct. 1871	Id.	Actuellem. capitaine au 27e bat.
335	Gérard A. V. Alphonse	id.		Capitaine major	En non-act. pour infirmités temp.
336	Fournié Victor	id.	17 oct. 1871	Capitaine	Actuel. capitaine au 60e de ligne.

N°	NOMS ET PRÉNOMS	du	au	AVEC LE GRADE de	DEVENU
337	Albaret Théodore	6 juillet 1871	20 mai 1872	Capitaine	Actuellement capitaine au 23e bat.
338	Boyenval C. Zénon	id.	25 fév. 1872	Id.	Actuellem. lieutenant au 28e bat.
339	Paulus Léon	id.	id.	Lieutenant	Actuellem. lieutenant au 6e bat.
340	Bourgois Jean-Baptiste	id.	17 oct. 1871	Id.	Rendu à la vie civile.
341	Métrot A. Alexandre	id.	id.	Id.	Actuellem. lieutenant au 11e bat.
342	Gallat C. François	id.	13 mars 1872	Id.	Rendu à la vie civile.
343	Bouvier F. Marie	id.	26 déc. 1870	Sous-lieutenant	Remis s.-of. par décision de la commission de révision des grades.
344	Bonnard Antoine	id.	13 mars 1872	Id.	Rendu à la vie civile.
345	Haulon J. J. Ernest	id.	22 nov. 1872	Id.	Réformé.
346	Pavot A. P. Marie	8 avril 1872	3 mars 1873	Capitaine major	Act. adj. de 2e cl. à l'intend. mil.
347	Maurice P. Jean	2 déc. 1870	31 mai 1872	Sous-lieutenant	Act. lieutenant aux sap.-pompiers.
348	Gavard J. Pierre	5 fév. 1872	2 juillet 1874	Id.	Actuellement au corps.
	Id. Id.	2 juillet 1874		Lieutenant	
349	Poncelet Louis	19 juillet 1871	5 juin 1872	Id.	Actuellem. lieutenant au 21e bat.
350	Montavon J. Victor	21 mars 1872	8 avril 1872	Capitaine major	Actuellem. capitaine au 26e bat.
351	Balan G. J. G. Eugène	5 fév. 1872	6 fév. 1874	Lieutenant	Act. cap. adj.-maj. au 11e bataillon.
	Id. Id.	6 fév. 1874	mai 1875	Capitaine	
352	Potiron de Boisfleury C.J.P.M.	3 avril 1872	6 juin 1872	Chef de bataillon	Act. chef de bat. au 6e chasseurs.
353	Hyart H. L. Eugène	4 nov. 1870	mai 1875	Sous-lieutenant	Act. lieut. aux 2e tiraill. algériens.
354	De la Borde Caumont M.G.M.L. Henri	26 fév. 1872	mai 1875	Id.	Actuellem. lieut. au 56e de ligne.
355	Kalme Henry	8 août 1872		Id.	Actuellem. lieutenant au 13e bat.
356	Brun Jean-Baptiste	28 août 1872		Id.	Actuellement au corps.
357	Charon G. Olivier	29 oct. 1872	2 mars 1874	Id.	Act. lieut., officier d'ordonnance du gouverneur général de l'Algérie.
358	De Ligniville Albert	4 janv. 1873	17 sept. 1873	Chef de bataillon	Retraité comme lieutenant-colonel.
359	Schmitt A. Joseph	17 fév. 1873	fév. 1875	Lieut. ff^{ons} de trésorier	Act. capitaine-major au 11e bat.
360	Dusigne C. Prudent	3 mars 1873	mai 1875	Lieutenant	Actuellement au 56e de ligne.
361	Baudier Gabriel	id.	id.	Id.	Actuellement au 69e de ligne.
362	Cuénin M. F. Altidor	id.		Id.	Actuellement au corps.
363	Juloux A. E. Marie	31 déc. 1872		Méd. aide-maj. de 1re cl.	Id. id.
363bis	Lambert Pierre	31 août 1870	30 déc. 1870	Sous-lieutenant	Retraité comme capitaine par suite d'amputation d'un bras.
364	Charton Charles	8 mai 1873	2 sept. 1873	Méd. major de 2e classe	Act. méd.-maj. de 2e cl. au 27e d'art.

N° du registre m³⁵ des officiers	NOMS ET PRÉNOMS	A COMPTÉ AU BATAILLON		AVEC LE GRADE de	DEVENU
		du	au		
365	Le Monniès de Sagazan A. F. M.	13 mai 1873	5 juillet 1875	Capitaine	Actuellement au 37° de ligne.
366	Busch J. Antoine	27 mai 1873	17 juillet 1875	Sous-lieutenant	Actuellement au 10° de ligne.
367	Descamps Louis	12 nov. 1870	16 avril 1871	Id.	Démissionnaire.
368	Thiébaut F. Justin	3 sept. 1873	19 oct. 1875	Médec. major de 2° cl.	Décédé.
369	Gagnier A. F. Emile	17 sept. 1873		Chef de bataillon	Actuellement au corps.
370	D'Allard J. Albert	1ᵉʳ oct. 1873		Sous-lieutenant	Id. id.
371	Laporte M. J.	21 fév. 1874	24 avril 1876	Lieutenant	Actuellement au 64° de ligne.
372	Henriet A. T. Marcelin . . .	11 mai 1874	18 mai 1875	Id.	Actuellement au 19° de ligne.
373	Harinte A. Antoine	7 nov. 1874	14 nov. 1875	Id.	Actuellement en non-activité.
374	Labadie Antoine	8 nov. 1874		Lieut. fⁱᵉⁿˢ de trésorier	Actuellement au corps.
375	Lacthiez M. Armand	1ᵉʳ oct. 1874		Sous-lieutenant	Id. id.
376	Arnaud Anthelme	21 avril 1875	27 juilet 1875	Capitaine.	Retraité.
377	Guérard Henri Augustin Amb.	29 juillet 1875		Sous-lieutenant	Actuellement au corps.
378	Senepart Alph. Stephane Virgile	18 août 1875		Lieutenant	Id. id.
379	Chaffaut Nicolas Marie Lucien.	11 août 1875		Capitaine	Id. id.
380	Laffon Charles Bernard Elie . .	20 nov. 1875		Id.	Id. id.
381	Gallo Fortuné Alph. Amédée. .	1ᵉʳ oct. 1875		Sous-lieutenant	Id. id.
»	Bresson Marc Henri Léon . . .	18 déc. 1875		Méd. major de 2° cl.	Id. id.
382	Mariani Camille	24 déc. 1875		Capitaine major	Id. id.
383	Hélis Pierre Victor	29 fév. 1876		Sous-lieutenant	Id. id.
384	Lorentz Louis	19 avril 1876		Lieutenant	Id. id.
385	Boutier Louis Fernand	1ᵉʳ oct. 1876		Sous-lieutenant	Id. id.

Dij n, imp. F. Carré, rue Amiral-Roussin.

www.ingramcontent.com/pod-product-compliance
Lightning Source LLC
Chambersburg PA
CBHW051236050726

47594CB00001B/187